铁道机车运用与维护专业学习工作页系列教材

# 铁道机车构造及检查维护


毛永文　龙明贵◎主　编

阙晓宇　李　勇　李建龙◎副主编

王平华◎主　审



中国铁道出版社有限公司

2025年·北　京

## 内 容 简 介

本书为铁道机车运用与维护专业学习工作页系列教材之一，从铁道机车的发展史出发，选择典型交流传动 HXN5 型内燃机车、直流传动 SS4G 型电力机车、交流传动 HXD3 型电力机车作为主要学习对象，设计六个项目，分别是认识铁道机车、认识铁道机车车体结构、铁道机车设备布置及检查维护、铁道机车转向架结构及检查维护、牵引装置及牵引缓冲装置检查维护、铁道机车通风系统检查维护。

本书可作为高等职业院校铁道机车运用与维护专业及中等职业院校电力机车运用与检修、内燃机车运用与检修专业的教材，也可作为铁路相关专业工程技术人员的参考书。

**图书在版编目（CIP）数据**

铁道机车构造及检查维护/毛永文，龙明贵主编. —北京：中国铁道出版社有限公司，2023.9（2025.8 重印）
铁道机车运用与维护专业学习工作页系列教材
ISBN 978-7-113-30383-9

Ⅰ.①铁… Ⅱ.①毛…②龙… Ⅲ.①机车-构造-高等职业教育-教材②机车-车辆检修-高等职业教育-教材 Ⅳ.①U26

中国国家版本馆 CIP 数据核字（2023）第 130416 号

**书　　名：铁道机车构造及检查维护**
**作　　者：**毛永文　龙明贵

---

**策　　划：**亢丽君
**责任编辑：**亢丽君　　**编辑部电话：**（010）51873205　　**电子邮箱：**67204751@qq.com
**封面设计：**刘　莎
**责任校对：**苗　丹
**责任印制：**赵星辰

---

**出版发行：**中国铁道出版社有限公司（100054，北京市西城区右安门西街 8 号）
**网　　址：**https://www.tdpress.com
**印　　刷：**北京联兴盛业印刷股份有限公司
**版　　次：**2023 年 9 月第 1 版　2025 年 8 月第 2 次印刷
**开　　本：**787 mm×1 092 mm 1/16　**印张：**16　**字数：**332 千
**书　　号：**ISBN 978-7-113-30383-9
**定　　价：**60.00 元

---

# 前　言

本书基于新型活页式教材的深刻内涵和承载功能，遵循以能力为本位、以学生为中心、以成果为导向的职业教育基本规律，将专业教育、创新教育、课程思政及“1+X”融为一体，教材功能指向职业能力培养，充分体现职业教育类型特征。

本书以项目为构架，每一项目由若干任务构成。在内容组织上，选择典型交流传动 $HXN_5$ 型内燃机车、直流传动 $SS_{4G}$ 型电力机车、交流传动 $HXD_3$ 型电力机车作为主要学习对象，重点介绍我国铁道机车发展史、铁道机车车体、铁道机车设备布置、铁道机车转向架、牵引装置与牵引缓冲装置、铁道机车通风系统相关知识。另外，还增加机车司机室检查、机车机械间检查、机车车顶检查、机车走行部检查、第四种检查器使用、车钩拆装等相关实训内容。全书内容简明扼要，通俗易懂，并配有彩色图例；职业知识表格化处理，易于查找。本书具体特点如下：

**1. 突出职业能力培养**

以岗位需求为导向，深入剖析机车钳工、机车电工、电力(内燃)司机岗位所需要的理论知识和技能技术，对标岗位培训规范标准，寻找知识和技能内化的逻辑关系，将教学内容按照“认知—模仿—整合—熟练”的技能形成规律重构，逐步提升学生职业能力。

**2. 体现学生中心思想**

活页装订方便学生增添新知识、新技能及学生心得，页面留白处方便学生学习记录，多元目录索引方便学生学习查阅。

**3. 满足“1+X”证书要求**

在“1”的基础上，针对职业岗位需求进行拓展和补充，将机车电工、机车钳工、电力(内燃)司机岗位等级标准有关内容有机融入教材中，实现课证融通。

**4. 融合思政教育元素**

以培养“大国工匠”为目的，将典型人物故事有机融入教学全过程，分解映射到各个任务，打造“岗位能力—课程知识—工匠精神”立体三维矩阵，实现知识、技能、素养培养在课程教学过程中相互融通。

**5. 辅以丰富数字资源**

本书配套开发了视频、动画、PPT、习题库等丰富的信息化数字资源，通过扫描二维码，师生可以学习查阅。另外本书配套四川省职业教育在线开放精品课程，满足线上线下一体融合的学习与教学模式,有利于教师授课和学生线上线下学习,方便师生交流互动。

**6. 践行任务导向理念**

以机车钳工、机车电工、电力(内燃)司机岗位典型工作任务作为教学载体,通过任务驱动教学,每一个任务按照“任务导入—任务目标—任务内容—任务分组—任务计划—任务实施—任务评价—任务拓展”八个环节展开,有效激发学生学习兴趣。

**7. 强化校企合作开发**

企业铁道机车检修、运用方面的专家参与教材开发,校企共同研究制定人才培养方案,明确培养目标,强化学生项目实训。坚持知行合一、工学结合,发挥企业在职业教育人才培养中的重要作用。

本书由四川铁道职业学院毛永文、龙明贵担任主编,四川铁道职业学院阙晓宇、内蒙古伊泰呼准铁路有限公司李勇、郑州铁路职业技术学院李建龙担任副主编,中车资阳机车有限公司王平华担任主审。具体编写分工如下:龙明贵编写项目一;李建龙编写项目二;毛永文编写项目三、项目四;阙晓宇编写项目五;李勇编写项目六。本书在编写过程中得到了中国铁路成都局集团有限公司成都机务段提供的大量案例和技术支持,在此表示感谢!

由于编者水平所限,疏漏及不当之处在所难免,敬请广大读者和同行批评指正。

编　者

2023 年 8 月

# 写给同学们的一封信

亲爱的同学：

你好！欢迎你学习“铁道机车构造及检查维护”课程。

与你过去使用的传统教材相比,这是一种全新的学习材料,它能帮助你更好地了解未来的工作及其要求。在正式开始学习之前请你仔细阅读以下内容,了解即将开始的全新学习模式,做好相应的学习准备。

**1. 主动学习**

在学习过程中你将获得与以往完全不同的学习体验——你是学习的主体,自主学习将成为本课程的主旋律。工作能力只有你自己亲自实践才能获得,而不是仅仅依靠教师的知识传授与技能指导。在工作过程中获取的知识最为牢固,教师在你学习和工作的过程中会对你进行方法的指导,为你提供帮助。例如,教师可以为你讲授如何进行牵引缓冲装置的受力分析,给你解释轮对踏面为什么会是锥形而不是圆柱形,为你演示如何进行转向架检查等。但在学习中,这些都是外因,你的主动学习与工作才是内因,外因只能通过内因起作用。你想成为铁道机车领域内的技术能手,就必须主动、积极去完成每一个任务,通过完成任务学会知识。主动学习将伴随你的职业生涯成长全过程,它可以使你快速适应新工艺、新技术、新规范。

**2. 用好工作活页**

首先,你要深刻理解学习情境的每一个学习目标,利用这些目标指导自己的学习并评价自己的学习效果;其次,你要明确学习内容的结构,在引导问题帮助下,尽量独自地去学习并填写好工作活页内容,完成整个学习任务;同时你可以在教师和同学的帮助下,通过查阅资料,学习重要的工作过程知识;另外,你应当积极参与小组讨论,去尝试解决复杂和综合性的问题,进行工作质量的自检和小组互检,并注意操作规范和安全要求,在多种技术实践活动中形成自己的技术思维方式;最后,在完成一个工作任务后,反思是否有更好的方法或更少的时间来完成工作目标。

**3. 团队协作**

课程的每个任务都是一个完整的工作过程,大部分的工作需要团队协作才能完成,教师会帮助大家划分学习小组,你与小组成员一起制定可行的学习与工作计划,并能合理安排学习与工作时间,分工协作、互相帮助、互相学习,广泛开展交流,请大胆发表你的观点和见解,按时、保质、保量地完成任务。你是小组中的一员,你的参与和努力是团队完成任务的重要保证。

**4. 把握好学习过程和学习资源**

学习过程是由学习准备、计划与实施和评价反馈所组成的完整过程。你要养成理论与实践紧密结合的习惯,教师引导、同学交流、学习中的观察与独立思考、动手操作和评价反思都是专业技术学习的重要环节。

学习资源可以参考每个学习任务关联的知识点。此外,你还可以通过图书馆、互联网等途径获得更多的专业技术信息,这将为你的学习与工作提供更多的帮助,拓展你的学习视野。

你在职业院校的核心任务是在学习中学会工作,这要通过在工作中学会学习来实现。学会学习和学会工作是我们对你的期待。预祝你学习取得成功,早日成为铁道机车领域的技术能手!

编　者

2023 年 8 月

# 写给教师们的一封信

尊敬的老师：

您好！感谢您选择《铁道机车构造及检查维护》这本教材！

《铁道机车构造及检查维护》是针对铁道机车运用与检查维护职业典型工作任务学习领域课程开发的活页式教材，是一本强调学生主动学习和有效学习的新教材。它的特点是在学习与工作一体化的情境下，引领学生完成"铁道机车检查与维护"这一职业典型工作任务，经历完整的学习与工作过程，在培养专业能力的同时，促进其关键能力的提升和综合素质的提高，从而发展学生的综合职业能力。为对您的教学有所帮助，在教学实施过程中，有如下建议：

### 1. 教师作用与有效教学

在教学组织与实施方面，需要您去组建教学团队，构建和改善教学环境，以实现工作过程系统化的教学；在指导学生学习时，请您尽量改善学生的学习环境，为学生提供学习资源，充分调动学生学习的主动性，让学生在小组合作与交流的氛围中，尽可能通过亲自实践来学习，并加强学习过程的质量控制。您的耐心指导和有效的管理将使学生的学习更加有效。

### 2. 学习目标与学业评价

学习目标反映学生完成学习任务后预期达到的能力和水平，含专业能力与关键能力。这既有针对本学习任务的过程和结果的质量要求，也有对今后完成类似工作任务的要求。每个学习目标都要落实到具体的教学活动中，对学生的学业评价要在学习过程中体现，可以通过学生的自评、小组同学的互评及您的检查与评价来实现对学生学业的综合评价。

### 3. 学习内容与活动设计

本课程的学习内容是一体化的学习任务。在教学时，您可以根据当前的实际情况自行设计或者从企业引进一个真实的工作任务作为教学的载体。重要的是建立任务完成与知识学习之间的内在联系，将完成工作任务的整个过程分解为一系列可以让学生独立学习和工作的相对完整的教学活动，这些活动可以依据实际教学情况来设计。在实施时，要充分相信学生并发挥学生的主体作用，与他们共同进行活动过程的质量控制。

### 4. 教学方法与组织形式

本课程倡导行动导向的教学，通过问题的引导，促进学生进行主动的思考和学习。请您根据任务工作要求，组建学生学习小组。学生在合作中共同完成工作任务。分组时请注意兼顾学生的学习能力、性格和态度等个体差异，以自愿为原则。

**5. 其他建议**

本教材的教学须在工学结合一体化的真实环境或仿真环境里完成。建议您在教学过程中,加强对教学环境的管理,强调必须按照操作规程安全文明操作,做好安全与健康防范预案。

编　者

2023 年 8 月

# 目　录

# 本书配套数字资源索引

| 资源编号 | 资源名称 | 资源类型 | 页码 |
| --- | --- | --- | --- |
| 1 | 我国内燃机车发展谱系图绘制 | PPT | 6 |
| 2 | 我国电力机车发展谱系图绘制 | PPT | 14 |
| 3 | 机车总体认知 | PPT | 24 |
| 4 | 铁道机车总体认知习题 | 文档 | 29 |
| 5 | 机车车体总体认知 | PPT | 35 |
| 6 | $HXN_5$ 型内燃机车车体认知 | PPT | 41 |
| 7 | $SS_{4G}$ 型电力机车车体认知 | PPT | 50 |
| 8 | $HXD_3$ 型电力机车车体认知 | PPT | 60 |
| 9 | 铁道机车车体结构认知习题 | 文档 | 63 |
| 10 | $HXN_5$ 型内燃机车设备布置认知 | PPT | 69 |
| 11 | $SS_{4G}$ 型电力机车设备布置认知 | PPT | 77 |
| 12 | $HXD_3$ 型电力机车设备布置认知 | PPT | 86 |
| 13 | $HXD_3$ 型电力机车司机室设备布置 | 视频 | 86 |
| 14 | $HXD_3$ 型电力机车机械间设备布置 | 视频 | 87 |
| 15 | 铁道机车设备布置及检查维护习题 | 文档 | 112 |
| 16 | 机车转向架总体认知 | PPT | 119 |
| 17 | $HXN_5$ 型内燃机车转向架认知 | PPT | 128 |
| 18 | 轮缘润滑新技术 | 视频 | 134 |
| 19 | $SS_{4G}$ 型电力机车转向架认知 | PPT | 141 |
| 20 | 车轴加工新技术 | 视频 | 143 |
| 21 | $HXD_3$ 型电力机车转向架认知 | PPT | 152 |

续上表

| 资源编号 | 资源名称 | 资源类型 | 页码 |
|---|---|---|---|
| 22 | 轮对组装新技术 | 视频 | 154 |
| 23 | 轮对常见故障分析与处理 | PPT | 161 |
| 24 | 第四种检查器的使用 | PPT | 167 |
| 25 | 铁道机车转向架结构及检查维护习题 | 文档 | 188 |
| 26 | 机车牵引装置认知 | PPT | 194 |
| 27 | 机车牵引缓冲装置认知 | PPT | 202 |
| 28 | 上作用式车钩三态作用 | 动画 | 204 |
| 29 | 下作用式车钩三态作用 | 动画 | 204 |
| 30 | 牵引装置及牵引缓冲装置检查维护习题 | 文档 | 215 |
| 31 | $HXN_5$ 型内燃机车通风系统认知 | PPT | 221 |
| 32 | $SS_{4G}$ 型电力机车通风系统认知 | PPT | 229 |
| 33 | $HXD_3$ 型电力机车通风系统认知 | PPT | 236 |
| 34 | 铁道机车通风系统检查维护习题 | 文档 | 244 |

# 项目一　认识铁道机车

## 致敬最美铁路人，铸就大国工匠心

### “铁调度”马如铁——扛起国门下的担当

马如铁是中国铁路哈尔滨局集团有限公司满洲里站运转车间二班的值班站长，主要负责满洲里运转车间二班安全生产指挥工作。

满洲里站是全国最大的陆路口岸站，2016年，马如铁刚担任值班站长时，正值国家“一带一路”倡议向纵深推进，满洲里口岸站的运量急剧攀升，运输异常繁忙。为了解决作业效率问题，他带领业务骨干蹲在现场，反复揣摩作业环节，通过动态掌握班列开行信息，合理调配机车，用心用情守护中欧班列国际物流通道畅通，为中欧班列开行提供有力保障。

马如铁介绍：“如今班列满载货物，品类有上百种，我们比以前更忙了。如何保安全，举措就是两种，一种是我的规章，一种是我的记事本。”

10年来，满洲里站出入的班列近2万列，为了保证畅通，就要不断翻看学习规章。“落实好规章是为了更好地为安全生产服务。我的记事本，其实就是个问题本。我在现场检查时，发现问题就记录下来，带回班组，和同事们共同复盘，解决问题，提高通行效率。”

马如铁亲眼见证了中欧班列高速发展。从原来每几天开行一列，到现在每天开行十几列，满洲里口岸的运量稳步增长，进出口贸易大幅提升。他说：“我亲身参与了口岸站的扩能改造，返程班列的换装效率提高近10倍，为中欧班列的开行提供了更加优质的保障。”

马如铁认为：“国门之下无小事，我们的一言一行、一钩一调都代表着中国效率、中国标准，作为一名口岸铁路人，我会带领班组干好每钩活儿，编好每列车，扛起国门下的‘钢铁’担当。”

马如铁名如其人，志坚如铁，不愧为国门之下的“铁调度”。

心得感悟：

学习笔记

# 任务一　我国内燃机车发展谱系图绘制

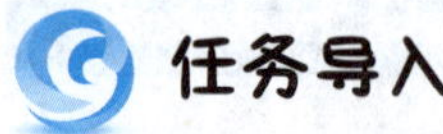

## 任务导入

1. 生活中你见过哪些型号的内燃机车？
2. 我国内燃机车研制和生产分为几个阶段？
3. 我国目前用于干线货运的主流内燃机车是什么型号？其具有什么技术特征？

## 任务目标

了解我国内燃机车发展历史，掌握不同发展阶段内燃机车的技术特点和代表车型，并利用信息化手段学习内燃机车发展的新动态、新趋势。

## 任务内容

任务书见表1-1-1。

表1-1-1　任务书

| 任务名称 | 我国内燃机车发展谱系图绘制 | 参考学时 | 2 |
| --- | --- | --- | --- |
| 任务内容：<br>查阅图书馆和网络上相关资料，阅读项目一任务一中任务关联知识；掌握我国内燃机车发展史，分组绘制我国内燃机车发展谱系图。各小组展示汇报，开展评比活动 | | | |
| 任务要求：<br>以小组为单位，每组5～8人，剖析任务内容，商定工作方案，明确成员分工，有序规范安全完成任务。小组选派代表，逐一汇报展示成果。谱系图绘制要求整体布局合理，文字描述简洁，逻辑性强。分享时采用普通话，口齿清晰，声音洪亮 | | | |
| 检查意见： | | | |
| 签　　章：<br>日期：____年____月____日 | | | |

说明：检查意见是在汇总任务评价表内容后，小组集体讨论，由担任学习小组的组长写出小组人员在任务完成过程中存在的问题，描述要准确，便于小组人员后期整改，并给出总体评价成绩[统一采用A（优秀）、B（良好）、C（合格）、D（努力）4个]。签章由任课教师签字确认评判成绩的合理性、公正性。

学习笔记

## 任务分组

请在表 1-1-2 中填写任务分工情况。

**表 1-1-2　任务分配表**

<table>
<tr><td>班级</td><td></td><td>组号</td><td></td><td>指导教师</td><td></td></tr>
<tr><td>组长</td><td></td><td>学号</td><td colspan="3"></td></tr>
<tr><td rowspan="5">组员</td><td>姓名</td><td>学号</td><td>姓名</td><td colspan="2">学号</td></tr>
<tr><td></td><td></td><td></td><td colspan="2"></td></tr>
<tr><td></td><td></td><td></td><td colspan="2"></td></tr>
<tr><td></td><td></td><td></td><td colspan="2"></td></tr>
<tr><td></td><td></td><td></td><td colspan="2"></td></tr>
<tr><td colspan="6">任务分工：</td></tr>
</table>

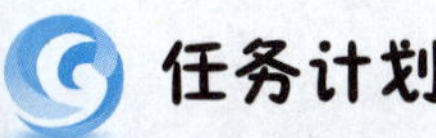

## 任务计划

制定工作方案，填写在表 1-1-3 中。

**表 1-1-3　工作方案**

| 步骤 | 工作内容 | 负责人 |
|---|---|---|
| 1 | | |
| 2 | | |
| 3 | | |
| 4 | | |
| 5 | | |
| 6 | | |

## 任务实施

### 一、知识储备

查阅任务关联知识，完成以下问题。(30 min)

**引导问题 1**：完成下列判断题。

(1) 内燃机车是以内燃机作为原动力，通过传动装置(电力传动或液力传动)驱动车轮转动的机车。　(　　)

学习笔记

(2)我国第一台内燃机车是1958年大连机车车辆工厂生产的"巨龙型"干线货运内燃机车。 ( )

(3)$DF_4$型内燃机车属于我国第一代电力传动内燃机车的代表。 ( )

(4)$DF_{11}$型内燃机车采用了微机控制,属于我国第三代内燃机车的代表。 ( )

(5)$HXN_5$型内燃机车采用交流传动技术,已成为我国干线货运主型机车。 ( )

**引导问题2:**完成下列选择题。

(1)下列属于我国第三代内燃机车的是( )。

A. $DF_4$　　B. $DF_{11}$　　C. $HXN_3$　　D. $DFH_3$

(2)我国第四代内燃机车的技术特点说法不正确的是( )。

A. 机车采用微机控制

B. 直流电力传动匹配二冲程中速柴油机和四冲程高速柴油机

C. 准高速机车采用牵引电机架悬式转向架

D. 柴油机电子喷射

(3)$DFH_1$型内燃机车属于我国第( )代内燃机车的代表。

A. 一　　B. 二　　C. 三　　D. 四

(4)$HXN_5$型内燃机车属于我国第( )代内燃机车的代表。

A. 一　　B. 二　　C. 三　　D. 四

(5)下列采用液力传动的内燃机车是( )。

A. $DF_1$　　B. $DF_6$　　C. $HXN_3$　　D. BJ

**引导问题3:**我国内燃机车主要有哪些型号?不同型号内燃机车的技术特征是什么?

**引导问题4:**目前内燃机车发展的新技术、新趋势是什么?

学习笔记

## 二、游戏热身

准备好若干小纸条，分别在小纸条上写上 $DF_1$、$DF_4$、$DFH_1$、$HXN_3$ 等不同内燃机车，每组选出一名代表，随机抽取一个小纸条，向另外一组口述小纸条上所写内燃机车属于我国哪一代内燃机车，其技术特征是什么，然后交替进行。以口述的完整性（50%）、准确性（50%）判定输赢。（30 min）

## 三、任务活动

以小组为单位，制作我国内燃机车发展谱系图，要求版式新颖，内容有创意。各小组展示汇报，开展评比活动。以谱系图的画面布局合理性、逻辑准确性，文字描述简洁性等判定成绩。成绩判定标准见表 1-1-4。（30 min）

表 1-1-4　成绩判定标准

| 判定项目 | 判定标准 | 判定分值 | 得分 |
| --- | --- | --- | --- |
| 布局合理性 | 谱系图大小与所选用纸张的大小协调，谱系图大小占纸张大小的 3/4 为宜；谱系图布局紧凑，图片、文字安排恰到好处 | 0～20 | |
| 逻辑准确性 | 谱系图按照机车诞生先后顺序绘制，时间准确；设计内容安排合理，不混淆，不混乱 | 0～20 | |
| 内容全面性 | 能体现所涉及机车的型号、生产背景、技术特点、优缺点等，内容准确，无错误，无遗漏 | 0～20 | |
| 文字简洁性 | 文字描述简洁，采用关键词、口诀、顺口溜等反映相应内容，无大段文字堆砌现象 | 0～20 | |
| 版式新颖性 | 谱系图画面清晰美观，图片设计、文字样式、线条格式视觉体验感较好 | 0～20 | |
| 合　计 | | 100 | |

# 任务评价

各组代表展示任务完成结果，介绍任务完成过程，并填写评价表 1-1-5。

表 1-1-5　评价表

| 序号 | 评价项目 | 分值 | 自我评价 | 互相评价 | 教师评价 | 总评 |
| --- | --- | --- | --- | --- | --- | --- |
| 1 | 学习准备 | 0～10 | | | | |
| 2 | 引导问题填写 | 0～20 | | | | |
| 3 | 任务完成质量 | 0～20 | | | | |
| 4 | 是否在规定时间完成 | 0～10 | | | | |

学习笔记

续上表

| 序号 | 评价项目 | 分值 | 自我评价 | 互相评价 | 教师评价 | 总评 |
|---|---|---|---|---|---|---|
| 5 | 是否有序规范安全 | 0～10 | | | | |
| 6 | 是否主动参与互动 | 0～10 | | | | |
| 7 | 展示汇报 | 0～20 | | | | |
| 合　计 | | 100 | | | | |

## 任务拓展

查阅资料，了解国外内燃机车的发展历程，制作PPT。PPT制作要求结构、布局合理，整体色调、风格协调，图文搭配合理，切勿大段文字堆砌。

## 任务关联知识

我国内燃机车发展谱系图绘制

内燃机车是以内燃机作为原动力，通过传动装置（电力传动或液力传动）驱动车轮转动的机车。内燃机车是铁路主要牵引动力设备，以其良好的适应性和经济性得以广泛运用。

我国于1958年开始跨入内燃机车时代，经过长期的发展和积累，已建成比较完善的技术体系。从研发、制造、检验到技术标准体系的建立，形成了一套具有中国特色的内燃机车产品发展模式。我国内燃机车的发展，大体上可分为五个阶段。

### 一、内燃机车早期试制

1958年开始，大连、戚墅堰、四方、二七等机车车辆工厂根据国外已有车型先后仿制出巨龙（图1-1-1）、先行、卫星、建设（图1-1-2）等型内燃机车。

图1-1-1　巨龙号内燃机车

图1-1-2　建设号内燃机车

技术特征：

（1）机车或柴油机基本上是仿制国外的产品。

（2）直流电力传动匹配二冲程中速柴油机和四冲程高速柴油机。

学习笔记

(3)液力传动匹配四冲程高速柴油机。

(4)设计技术水平低,可靠性差。

## 二、第一代内燃机车

从1963年开始,东风系列如$DF_1$(图1-1-3)、$DF_2$(图1-1-4)、$DF_3$型内燃机车,红星、$DFH_1$(东方红)等型内燃机车陆续投入批量生产。它们奠定了我国内燃机车设计、制造、运用改进的基础。

技术特征:

与早期试制的内燃机车相比性能有所提高,但是其经济性、耐久性、可靠性、机车功率及其他指标都较低。

图1-1-3 $DF_1$型内燃机车

图1-1-4 $DF_2$型内燃机车

## 三、第二代内燃机车

我国第二代内燃机车的研制工作首先从柴油机开始,例如,大连机车车辆工厂从1965年开始研制16V240ZJ型柴油机,并于1969年试制出第一台$DF_4$型内燃机车,经过样车反复试验,不断改进,于1974年定型转入批量生产。从20世纪60年代末至80年代中期,我国先后设计试制出$DF_4$、$DF_5$(图1-1-5)、$DF_7$、$DF_8$、$DFH_3$(图1-1-6)、$DFH_5$和BJ(北京)型等干线和调车内燃机车,并批量投入运用。

技术特征:

(1)机车、柴油机及主要部件都是我国自主开发的。

(2)机车技术性能和可靠性、经济性有大幅度提高。

(3)液力传动既配高速柴油机,也配中速柴油机。

## 四、第三代内燃机车

20世纪80年代,我国开始与国外合作开发新一代柴油机和内燃机车。1991年,第一台国产化$DF_6$型内燃机车落成,国产化率达96.3%,标志着我国内燃机车设计制造跨入了一个新的时代。20世纪90年代中期,装有240系列D型柴油机、280系列A型柴油

学习笔记

图 1-1-5　$\mathrm{DF}_{5}$ 型内燃机车

图 1-1-6　$\mathrm{DFH}_{3}$ 型内燃机车

机和以车载微机为机车主控系统的 $\mathrm{DF}_{11}$、$\mathrm{DF}_{4D}$（图 1-1-7）、$\mathrm{DF}_{8B}$（图 1-1-8）、$\mathrm{DF}_{10F}$ 等型内燃机车诞生，标志着我国内燃机车技术性能已经接近国外同类产品的先进水平。

技术特征：

（1）干线机车采用与国外合作开发或进一步自主开发的新型 16V240ZJD（及其系列）和 16V280ZJA 型柴油机。

（2）干线机车为中速柴油机匹配交—直流电传动。

（3）采用微机控制。

（4）准高速机车采用牵引电机架悬式转向架。

（5）机车整体水平有了很大提高，在我国铁路提速中发挥了主力军作用。

图 1-1-7　$\mathrm{DF}_{4D}$ 型内燃机车

图 1-1-8　$\mathrm{DF}_{8B}$ 型内燃机车

## 五、第四代内燃机车

2004 年，根据“引进先进技术、联合设计生产、打造中国品牌”的基本方针，我国引进了 $\mathrm{HXN}_{3}$ 型（图 1-1-9）、$\mathrm{HXN}_{5}$ 型（图 1-1-10）内燃机车，通过技术引进和消化吸收，基本掌握了大功率电喷柴油机的生产制造、交流传动和微机网络控制的技术运用，具备交流传动机车整车系统集成创新能力。自主研发了 $\mathrm{HXN}_{3B}$、$\mathrm{HXN}_{5B}$ 等型交流传动内燃机车。

技术特征：

（1）采用交—直—交电传动（直接采用第三代逆变器 IGBT）。

学习笔记

(2)辅机交流电传动。

(3)机车微机控制。

(4)柴油机电子喷射。

(5)客运机车采用牵引电机架悬式转向架、货运机车采用径向转向架。

图 1-1-9 HXN3 型内燃机车

图 1-1-10 HXN5 型内燃机车

我国轨道交通的发展步伐不断加快，对相关绿色节能技术要求越来越高，机车如何实现绿色、节能、减排、降耗、降噪已经成为当前轨道交通装备研究的热点领域。要实现上述目标，传统的单一柴油机动力源已经越来越不能满足或适应行业发展要求。基于以上原因，目前混合动力为主的新能源机车正逐步发展起来。混合动力机车可以有效提高内燃机车的节能环保性，契合了绿色环保发展理念，以混合动力为主的新能源机车将会是未来内燃机车重点发展方向。

## 任务二 我国电力机车发展谱系图绘制

### 任务导入

1. 生活中你见过哪些型号的电力机车？
2. 你可以区分直流传动机车和交流传动机车吗？
3. 电力机车的技术发展以什么为主线？产生了哪些新技术？
4. 你能简短介绍我国电力机车的主要种类和特点吗？

### 任务目标

了解我国不同历史时期不同电力机车诞生的背景，掌握我国不同型号电力机车的特征和技术特点，了解目前电力机车发展的新趋势、新技术。

### 任务内容

任务书见表 1-2-1。

学习笔记

**表 1-2-1　任务书**

<table>
<tr><td>任务名称</td><td>我国电力机车发展谱系图绘制</td><td>参考学时</td><td>2</td></tr>
<tr><td colspan="4">任务内容：<br>查阅图书馆和网络上相关资料，阅读项目一任务二中任务关联知识；了解我国电力机车发展史，分组绘制我国电力机车发展谱系图。各小组展示汇报，开展评比活动</td></tr>
<tr><td colspan="4">任务要求：<br>以小组为单位，每组 5 ~ 8 人，剖析任务内容，商定工作方案，明确成员分工，有序规范安全完成任务。小组选派代表，逐一汇报展示成果。谱系图绘制，要求整体布局合理，文字描述简洁，逻辑性强。分享时采用普通话，口齿清晰，声音洪亮</td></tr>
<tr><td colspan="4">检查意见：</td></tr>
<tr><td colspan="4">签　　章：<br>日期：____年____月____日</td></tr>
</table>

说明：检查意见是在汇总任务评价表内容后，小组集体讨论，由担任学习小组的组长写出小组人员在任务完成过程中存在的问题，描述要准确，便于小组人员后期整改，并给出总体评价成绩[统一采用 A（优秀）、B（良好）、C（合格）、D（努力）4 个]。签章由任课教师签字确认评判成绩的合理性、公正性。

## 任务分组

请在表 1-2-2 中填写任务分工情况。

**表 1-2-2　任务分配表**

<table>
<tr><td>班级</td><td></td><td>组号</td><td></td><td>指导教师</td><td></td></tr>
<tr><td>组长</td><td></td><td>学号</td><td colspan="3"></td></tr>
<tr><td rowspan="5">组员</td><td>姓名</td><td>学号</td><td>姓名</td><td colspan="2">学号</td></tr>
<tr><td></td><td></td><td></td><td colspan="2"></td></tr>
<tr><td></td><td></td><td></td><td colspan="2"></td></tr>
<tr><td></td><td></td><td></td><td colspan="2"></td></tr>
<tr><td></td><td></td><td></td><td colspan="2"></td></tr>
<tr><td colspan="6">任务分工：</td></tr>
</table>

学习笔记

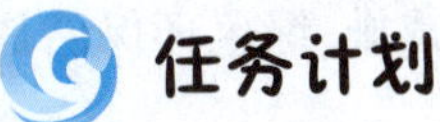

## 任务计划

制定工作方案，填写在表 1-2-3 中。

表 1-2-3 工作方案

| 步骤 | 工作内容 | 负责人 |
| --- | --- | --- |
| 1 | | |
| 2 | | |
| 3 | | |
| 4 | | |
| 5 | | |
| 6 | | |

## 任务实施

### 一、知识储备

查阅任务关联知识，完成以下问题。(40 min)

**引导问题 1：**完成下列填空题。

(1)1958 年 12 月 28 日，株洲电力机车厂和湘潭电机厂联合研制出中国第一台电力机车，命名为________型。

(2)1996 年，由株洲电力机车厂和株洲电力机车研究所研制的________型电力机车，是我国第一台交流传动电力机车。

(3)________型电力机车是我国保有量最大的客运型机车，是中国首款可以向全列车供电的和谐型电力机车。

(4)$HXD_3$ 型电力机车属于我国第________代货运电力机车。

(5)________型电力机车于 1998 年 6 月 24 日在京广线的许昌至小商桥区间创造了 240 km/h 的当时的中国铁路第一速。

**引导问题 2：**完成下列判断题。

(1)我国最早使用的电力机车是 1914 年在抚顺煤矿上运行的直流 1 000 V 供电的电力机车。 ( )

(2)$SS_3$ 型干线货运电力机车属于我国第一代客货运电力机车。 ( )

(3)1985 年，株洲电力机车厂研制出 $SS_4$ 型 8 轴货运电力机车，标志着我国电力机车产品进入第三代。 ( )

(4)AC4000 型电力机车的诞生标志着我国电力机车产品进入了第四代(交流传动电力机车)。 ( )

学习笔记

(5)我国轨道交通的发展步伐不断加快,铁路机车如何实现节能减排、绿色环保已是目前轨道交通移动装备研究的热点领域。 ( )

**引导问题3:**完成下列选择题。

(1)$SS_4$ 型电力机车属于我国第( )代电力机车。

A. 一　　B. 二　　C. 三　　D. 四

(2)2004 年,株洲电力机车有限公司和德国西门子公司联合研发了 $HXD_1$ 型电力机车,该车是8轴交流传动大功率干线货运电力机车。机车型号中的"1"代表( )。

A. 株洲电力机车有限公司　　B. 大同电力机车有限公司

C. 大连机车车辆有限公司

(3)$SS_9$ 型电力机车是我国干线铁路牵引旅客列车功率最大的机车。持续功率 4 800 kW,最大速度( )。

A. 100 km/h　　B. 120 km/h　　C. 160 km/h　　D. 170 km/h

(4)$HXD_2$ 型电力机车的单轴功率是( )。

A. 800 kW　　B. 1 000 kW　　C. 1 200 kW　　D. 1 400 kW

(5)2004 年,株洲电力机车有限公司和德国西门子公司联合研发了 $HXD_1$ 型电力机车,该车是( )轴交流传动大功率干线货运电力机车。

A. 4　　B. 6　　C. 8　　D. 12

**引导问题4:**简述韶山系列电力机车发展历程,并说明其特点。

________________________________________

________________________________________

________________________________________

________________________________________

________________________________________

**引导问题5:**题图 1-2-1 中所示是我国什么类型的机车?属于我国第几代电力机车?其特点是什么?

题图 1-2-1

学习笔记

## 二、游戏热身

以小组为单位,开始击鼓传花游戏。鼓声停,手拿花朵的小组选出代表随机抽取写有 $SS_3$、$SS_4$、$SS_8$、$HXD_1$、$HXD_2$、$HXD_3$ 字样的小纸条,向其他小组口述小纸条上所写机车的特点。以口述的准确度(50%)、完整度(50%)判定输赢。(20 min)

## 三、任务活动

以小组为单位,绘制我国电力机车发展谱系图。各小组展示汇报,开展评比活动。以谱系图的画面布局合理性、逻辑准确性,文字描述简洁性等判定成绩。成绩判定标准见表 1-2-4。(30 min)

表 1-2-4 成绩判定标准

| 判定项目 | 判定标准 | 判定分值 | 得分 |
|---|---|---|---|
| 布局合理性 | 谱系图大小与所选用纸张的大小协调,谱系图大小占纸张大小的 3/4 为宜;谱系图布局紧凑,图片、文字安排恰到好处 | 0~20 | |
| 逻辑准确性 | 谱系图按照机车诞生先后顺序绘制,时间准确;设计内容安排合理,不混淆,不混乱 | 0~20 | |
| 内容全面性 | 能体现所涉及机车的型号、生产背景、技术特点、优缺点等,内容准确,无错误,无遗漏 | 0~20 | |
| 文字简洁性 | 文字描述简洁,采用关键词、口诀、顺口溜等反映相应内容,无大段文字堆砌现象 | 0~20 | |
| 版式新颖性 | 谱系图画面清晰美观,图片设计、文字样式、线条格式视觉体验感较好 | 0~20 | |
| 合计 | | 100 | |

## 任务评价

各组代表展示任务完成结果,介绍任务完成过程,并填写评价表 1-2-5。

学习笔记

表 1-2-5　评价表

| 序号 | 评价项目 | 分值 | 自我评价 | 互相评价 | 教师评价 | 总评 |
|---|---|---|---|---|---|---|
| 1 | 学习准备 | 0～10 | | | | |
| 2 | 引导问题填写 | 0～20 | | | | |
| 3 | 任务完成质量 | 0～20 | | | | |
| 4 | 是否在规定时间完成 | 0～10 | | | | |
| 5 | 是否有序规范安全 | 0～10 | | | | |
| 6 | 是否主动参与互动 | 0～10 | | | | |
| 7 | 展示汇报 | 0～20 | | | | |
| 合　计 | | 100 | | | | |

## 任务拓展

查阅资料，了解国外电力机车的发展历程，制作 PPT。PPT 制作要求结构、布局合理，整体色调、风格协调，图文搭配合理，切勿大段文字堆砌。

## 任务关联知识

我国电力机车发展谱系图绘制

电力机车是一种由外部接触网供电，由牵引电机（直流电机或交流电机）驱动车轮的机车，是现代机车的主力军。

我国最早使用的电力机车是 1914 年在抚顺煤矿上运行的直流 1 500 V 供电的电力机车。我国自行研发、制造电力机车的历史开始于发展国民经济的第一个五年计划期间。

1958 年 12 月 28 日，在参照 H60 型电力机车的基础上，株洲电力机车厂和湘潭电机厂联合研制出我国第一台电力机车，命名为 6Y1 型（图 1-2-1）。其中“6”指此机车轴列式为 $C_0$—$C_0$的 6 轴电力机车，“Y”指引燃管整流，机车持续功率为 3 410 kW，最高速度可达 100 km/h。

1968 年 4 月 27 日，株洲电力机车厂经过对 6Y1 型近 10 年的研究改进，将引燃管整流改为大功率半导体整流，试制出 $SS_1$ 型电力机车（图 1-2-2）。

1969 年，株洲电力机车研究所和株洲电力机车厂联合研制了 $SS_2$ 型电力机车试验车（图 1-2-3）。1971 年和 1974 年又先后进行了两次重大的技术改造，应用了大功率可控硅元件和电子技术，实现无级调速；采用他励牵引电机等，从而大大改善了机车牵引性能，为中国电力机车的发展积累了宝贵的经验。

1978 年，株洲电力机车厂和株洲电力机车研究所研制出 $SS_3$ 型干线货运电力机车（图 1-2-4），属于我国第二代客货运电力机车。1992 年和 2003 年，株洲电力机车厂和株洲电力机车研究所对 $SS_3$ 型电力机车进行技术改进，改为采用晶闸管相控平滑调压，并对转向架、电阻制动等方面作出改进，称为 $SS_3$ 型 4000 系列电力机车和 $SS_{3B}$ 型固定重联电力机车（图 1-2-5）。

学习笔记

图 1-2-1　6Y1 型电力机车

图 1-2-2　$SS_1$ 型电力机车

1985 年，株洲电力机车厂研制出 $SS_4$ 型 8 轴货运电力机车（图 1-2-6），标志着我国电力机车产品进入第三代。$SS_4$ 型电力机车是由各自独立且又互相联系的两节车组成，每节车均为一个完整的系统。每节车有两个两轴转向架。牵引电机采用抱轴悬挂式。垂向力传递系统由两系悬挂装置组成，其中第二系采用了橡胶金属叠层弹簧，有较好的波动性能。牵引力传递系统则采用斜拉低位牵引杆，有较高的黏着性能。车体广泛使用高强度低合金结构钢。该机车牵引及制动功率大、起动平稳、加速快、工作可靠、司机室工作条件良好、污染少、维修简便。1993 年 $SS_4$ 型电力机车完成重大改进，被称为 $SS_{4G}$ 型电力机车。1996 年再次改进生产研制出 $SS_{4B}$ 型电力机车，机车性能与可靠性进一步提高。1997 年，又研制出 $SS_{4C}$ 型电力机车。

图 1-2-3　$SS_2$ 型电力机车

图 1-2-4　$SS_3$ 型电力机车

图 1-2-5　$SS_{3B}$ 型电力机车

图 1-2-6　$SS_4$ 型电力机车

学习笔记

SS$_5$ 型电力机车(图 1-2-7)是用于牵引准高速列车的试验车款,由株洲电力机车厂制造,是国家“七五”重点科技攻关项目,于 1988 年至 1989 年间设计,其间也参考了中国购买 8K 型机车时同时引进的国外技术。两台样板车分别于 1990 年 9 月和 10 月落成。至 1990 年共制造了两台原型车,并进行了西安—宝鸡 30 万 km 的运行考核。但这款机车技术在当时不够成熟,主要问题是采用电机空心轴传动以达到电机全悬挂,但簧下质量太大,传动系统强度差,黏着系数在满载时急剧下降,造成轮对严重空转。SS$_5$ 型电力机车的制造经验与试验结果为 1994 年起制造的 SS$_8$ 型电力机车奠定了技术基础。

SS$_6$ 型电力机车(图 1-2-8)是株洲电力机车厂制造的国际招标中标机车。机车持续功率 4 800 kW,最大速度 100 km/h,长 20 200 mm。

图 1-2-7　SS$_5$ 型电力机车

图 1-2-8　SS$_6$ 型电力机车

SS$_7$ 型电力机车(图 1-2-9)是交—直传动相控电力机车,采用 3 轴转向架,适用于山区小曲率半径线路,可减小机车轮缘磨耗,并提高机车牵引能力。首台 SS$_7$ 型电力机车于 1992 年 12 月 30 日试制出厂。

SS$_8$ 型电力机车(图 1-2-10)是用于准高速干线客运的交—直传动相控电力机车。由株洲电力机车厂和株洲电力机车研究所共同研制。SS$_8$ 型电力机车 0001 号于 1998 年 6 月 24 日在京广线的许昌至小商桥区间创造了 240 km/h 的当时的中国铁路第一速。

图 1-2-9　SS$_7$ 型电力机车

图 1-2-10　SS$_8$ 型电力机车

SS$_9$ 型电力机车(图 1-2-11)以成熟的韶山系列电力机车技术为基础,采用了许多国际客运机车先进技术,是我国干线铁路牵引旅客列车功率最大的机车。持续功率 4 800 kW,最大速度 170 km/h。

学习笔记

1996 年,由株洲电力机车厂和株洲电力机车研究所研制成功的 AC4000 型电力机车(图 1-2-12),是我国第一台交流传动电力机车。该车最高速度为 120 km/h,轴列式为 $B_0$—$B_0$,机车持续功率 4 000 kW。AC4000 型电力机车的诞生标志着我国电力机车产品进入了第四代(交流传动电力机车)。

图 1-2-11　SS9 型电力机车

图 1-2-12　AC4000 型电力机车

2004 年,株洲电力机车有限公司、大同电力机车有限公司、大连机车车辆有限公司通过“引进、消化吸收、再创新”,逐步建立了和谐型大功率交流传动机车研制平台。

HXD1 型电力机车(图 1-2-13)是株洲电力机车有限公司与德国西门子公司联合研制的 8 轴交流传动大功率干线货运电力机车。

HXD1C 型电力机车(图 1-2-14)是 6 轴交流传动干线货运电力机车,由株洲电力机车有限公司研制。轴式为 $C_0$—$C_0$,单轴 1 200 kW,总功率 7 200 kW。可在线路坡度 12‰以下的路段牵引 5 000 ~ 5 500 t 货物列车。

图 1-2-13　HXD1 型电力机车

图 1-2-14　HXD1C 型电力机车

HXD2 型电力机车(图 1-2-15)是大同电力机车有限公司与法国阿尔斯通公司联合研制的 8 轴交流传动大功率干线货运电力机车。

HXD2 型电力机车采用标准化、模块化设计,每台机车由两节单端司机室的 4 轴车固定重联而成,机车车身采用整体承载式焊接车体结构,无横梁框架式波纹板侧墙,中间走廊,整体独立通风系统;分布式微机网络结构控制;轴式 $B_0$—$B_0$;机车轴重按 25 t 设计,去掉车内配重可实现机车轴重 23 t 的转换;采用滚动抱轴式电机悬挂,异步牵引电机,IGBT

学习笔记

水冷变流机组，牵引传动控制系统为独立轴控方式，单轴功率为 1 200 kW，机车总功率为 9 600 kW。

HXD$_{2B}$ 型电力机车（图 1-2-16）是 6 轴交流传动大功率干线货运电力机车，采用中间走廊，整体独立通风系统，分布式微机控制系统，实现逻辑控制与自诊断功能，IGBT 功率模块变流器，异步牵引电机，牵引电机采用滚动抱轴式悬挂装置，牵引控制装置采用独立轴控方式，单轴功率为 1 600 kW，总功率 9 600 kW，可牵引 8 000 t 货运列车，最大运行速度达 120 km/h。轴式为 $C_0$—$C_0$。

图 1-2-15　HXD$_2$ 型电力机车

图 1-2-16　HXD$_{2B}$ 型电力机车

HXD$_3$ 型电力机车（图 1-2-17）是大连机车车辆有限公司与日本东芝公司联合研制的 6 轴交流传动货运电力机车，轴式为 $C_0$—$C_0$，即机车装有两台结构相同的 3 轴转向架，每轴装有一台 1 200 kW 交流牵引电机，整车输出功率为 7 200 kW。

HXD$_{3C}$ 型电力机车（图 1-2-18）是和谐型交流传动电力机车中，首款适用于客货运的两用车型，配备有 DC 600 V 列车供电插座。该型机车是我国保有量最大的客运型机车，也是我国首款可以向列车供电的电力机车。机车最大功率 7 200 kW，最高运行速度为 120 km/h。

图 1-2-17　HXD$_3$ 型电力机车

图 1-2-18　HXD$_{3C}$ 型电力机车

HXD$_{3D}$ 型电力机车（图 1-2-19）是 6 轴交流传动干线客运电力机车。该型机车是 200 km/h 速度等级的客运型机车，最大运营速度 160 km/h，功率 7 200 kW，是国内最大功率的客运型机车之一，为我国铁路干线准高速客运的主力军。

学习笔记

图 1-2-19　HXD3D 型电力机车

我国轨道交通的发展步伐不断加快，铁路机车如何实现节能减排、绿色环保已是目前轨道交通移动装备研究的热点领域。电力机车在朝着大功率、轻量化的方向发展，并通过开展智能化、信息化、绿色环保和大数据处理等技术，实现装备的全面信息化和智能运维，完善装备智能化控制和全寿命周期健康管理，形成体系化的安全保障技术标准体系和运维技术标准体系，生产出安全、高效、绿色、智能为特征的、服役性能更强的电力机车产品。

## 任务三　机车总体认知

### 任务导入

1. 在没有学习本课程之前，你知道铁道机车的内部都有哪些主要设备吗？
2. 电力机车机械部分指的是哪些部件？大致有什么作用呢？
3. 你能说出机务现场某一台机车的轴列式吗？
4. 机车主要技术参数代表什么含义？

### 任务目标

掌握铁道机车结构组成，可以描述机车机械部分各部结构的名称、作用，说出机车轴列式的表示方法，指出机车主要参数的含义。

### 任务内容

任务书见表 1-3-1。

学习笔记

**表 1-3-1　任务书**

<table>
<tr><td>任务名称</td><td>机车总体认知</td><td>参考学时</td><td>4</td></tr>
<tr><td colspan="4">任务内容：<br>查阅图书馆和网络上相关资料，阅读项目一任务三中任务关联知识；掌握铁道机车组成结构，面对某型铁道机车，指出各机械部件的名称、作用、轴列式等</td></tr>
<tr><td colspan="4">任务要求：<br>以小组为单位，每组 5 ~ 8 人，剖析任务内容，商定工作方案，明确成员分工，有序规范安全完成任务。参观某型铁道机车，学生要穿戴工装，注意安全。小组成员，逐一指认机车机械部件。要求采用普通话，口齿清晰，声音洪亮</td></tr>
<tr><td colspan="4">检查意见：</td></tr>
<tr><td colspan="4">签　　章：<br>日期：____年____月____日</td></tr>
</table>

说明：检查意见是在汇总任务评价表内容后，小组集体讨论，由担任学习小组的组长写出小组人员在任务完成过程中存在的问题，描述要准确，便于小组人员后期整改，并给出总体评价成绩[统一采用 A(优秀)、B(良好)、C(合格)、D(努力)4 个]。签章由任课教师签字确认评判成绩的合理性、公正性。

## 任务分组

请在表 1-3-2 中填写任务分工情况。

**表 1-3-2　任务分配表**

<table>
<tr><td>班级</td><td></td><td>组号</td><td></td><td>指导教师</td><td></td></tr>
<tr><td>组长</td><td></td><td>学号</td><td colspan="3"></td></tr>
<tr><td rowspan="5">组员</td><td>姓名</td><td>学号</td><td>姓名</td><td colspan="2">学号</td></tr>
<tr><td></td><td></td><td></td><td colspan="2"></td></tr>
<tr><td></td><td></td><td></td><td colspan="2"></td></tr>
<tr><td></td><td></td><td></td><td colspan="2"></td></tr>
<tr><td></td><td></td><td></td><td colspan="2"></td></tr>
<tr><td colspan="6">任务分工：</td></tr>
</table>

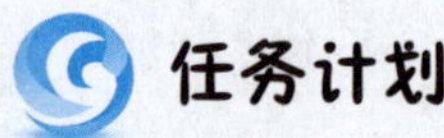

## 任务计划

制定工作方案，填写在表 1-3-3 中。

学习笔记

表 1-3-3　工作方案

| 步骤 | 工作内容 | 负责人 |
| --- | --- | --- |
| 1 | | |
| 2 | | |
| 3 | | |
| 4 | | |
| 5 | | |
| 6 | | |

## 任务实施

### 一、知识储备

查阅任务关联知识,完成以下问题。(60 min)

**引导问题 1:**完成下列填空题。

(1)内燃机车一般由动力系统、传动系统________、辅助系统、制动系统和控制系统组成。

(2)内燃机车传动装置有电力传动、液力传动、________三种形式,其中________传动目前应用最广泛。

(3)电力机车由电气部分、________和空气管路系统三大部分组成。

(4)电气部分包括牵引电机、牵引变压器等各类电器,通过它们将来自________的电能转变为________,同时实现对机车的控制。

(5)电力机车机械部分包括车体、转向架、车体与转向架的连接装置和________。

(6)电力机车空气管路系统包括风源系统、________、控制管路系统和辅助管路系统。

(7)车体是电力机车上部车厢部分,就其功能而言可分为________和________。

(8)转向架是电力机车机械部分最重要的组成部分,主要由构架、________、轴箱、弹簧悬挂装置、齿轮传动装置、________和基础制动装置组成。

(9)车体与转向架之间的连接装置也称________,设置在车体与转向架之间。

(10)牵引缓冲装置包含车钩等,它是机车与列车的连接装置,用于____________________________________。

**引导问题 2:**简述内燃机车的基本组成。

________________________________________________

________________________________________________

学习笔记

**引导问题 3**：简述电力机车的基本组成。

**引导问题 4**：说出题图 1-3-1 所示电力机车的型号及特点，指出该型机车的组成结构，并用轴列式表征该型机车走行部的结构特点。

题图 1-3-1

**引导问题 5**：简述参观 $HXD_3$ 型电力机车的安全注意事项有哪些。

学习笔记

## 二、游戏热身

准备2张写有内燃机车、电力机车的小纸条。以小组为单位，每组选出一名代表随机抽取其中一张小纸条，在规定时间内讨论，小组派一名组员将小纸条上所写的机车的总体组成以框图的形式画在黑板上。以所画框图的正确性(25%)、画面的美观性(25%)、布局的合理性(25%)、内容的全面性(25%)判定输赢。(45 min)

## 三、任务活动

参观$HXD_3$型电力机车，直观体验电力机车的组成结构。以小组为单位，以车底机械部件为主指出各部件的名称，并说出机车轴列式。以认识部件数量的多少、描述的准确性判定成绩。成绩判定标准见表1-3-4。(75 min)

表1-3-4 成绩判定标准

| 序号 | 部件名称 | 指认结果 | 分值 |
|---|---|---|---|
| 1 | 车体 | 正确□ 错误□ | 5 |
| 2 | 转向架 | 正确□ 错误□ | 5 |
| 3 | 车钩 | 正确□ 错误□ | 5 |
| 4 | 构架 | 正确□ 错误□ | 5 |
| 5 | 一系弹簧 | 正确□ 错误□ | 5 |
| 6 | 轴箱 | 正确□ 错误□ | 5 |
| 7 | 二系弹簧 | 正确□ 错误□ | 5 |
| 8 | 垂向油压减振器 | 正确□ 错误□ | 5 |
| 9 | 横向油压减振器 | 正确□ 错误□ | 5 |
| 10 | 车轮 | 正确□ 错误□ | 5 |
| 11 | 车轴 | 正确□ 错误□ | 5 |
| 12 | 基础制动装置 | 正确□ 错误□ | 5 |
| 13 | 砂箱 | 正确□ 错误□ | 5 |
| 14 | 轮缘润滑装置 | 正确□ 错误□ | 5 |
| 15 | 排障器 | 正确□ 错误□ | 5 |
| 16 | 轴列式 $C_0—C_0$ | 正确□ 错误□ | 5 |
| 统计 | | 正确数量( )个 | 分值( )分 |

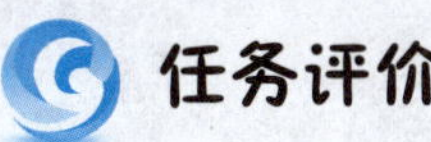

## 任务评价

各组代表展示任务完成结果，介绍任务完成过程，并填写评价表1-3-5。

学习笔记

表 1-3-5　评价表

| 序号 | 评价项目 | 分值 | 自我评价 | 互相评价 | 教师评价 | 总评 |
|---|---|---|---|---|---|---|
| 1 | 学习准备 | 0～10 | | | | |
| 2 | 引导问题填写 | 0～20 | | | | |
| 3 | 任务完成质量 | 0～20 | | | | |
| 4 | 是否在规定时间完成 | 0～10 | | | | |
| 5 | 是否有序规范安全 | 0～10 | | | | |
| 6 | 是否主动参与互动 | 0～10 | | | | |
| 7 | 展示汇报 | 0～20 | | | | |
| 合　计 | | 100 | | | | |

## 任务拓展

观看纪录片《中国高铁》，了解我国高速列车的发展历史，撰写小论文。小论文要求：不少于 800 字，配备必要图片。

## 任务关联知识

### 一、内燃机车基本组成

机车总体认知

内燃机车一般由动力装置、传动装置、车体及走行部（包括车架、车体、转向架等）、辅助装置、制动系统和控制系统组成。

#### 1. 动力装置

内燃机车的动力装置为柴油机（图 1-3-1）或动力电池等其他储能设备。

图 1-3-1　内燃机车柴油机

柴油机一般通过汽缸数、汽缸排列形式、汽缸直径、活塞冲程、增压与否等进行分类。

学习笔记

现代机车用的柴油机都配装废气涡轮增压器，以利用柴油机废气推动涡轮压气机，把提高了压力的空气经中间冷却器冷却后送入柴油机进气管，从而大幅度提高柴油机功率和热效率。柴油机工作有四冲程和二冲程两种方式，同等转速的四冲程的热效率一般高于二冲程，所以大部分采用四冲程。从转速来看，柴油机分为高速机、中速机和低速机。为满足各种功率的需要，生产有相同汽缸直径和活塞的各种缸数的产品。功率较小用6缸、8缸直列或8缸V形，功率较大用12缸、16缸、18缸和20缸V形，其中以12缸、16缸的最为常用。

动力电池作为一种新兴的动力装置，主要应用在混合动力机车上。随着锂电池技术发展日趋成熟，锂电池在能量密度、使用寿命、充放电倍率等多项性能指标有重大突破和提升，成为动力电池的主流产品并被大量应用。在轨道交通领域中，主流锂电池包括钛酸锂电池和磷酸锂电池两种。钛酸锂电池有较高的功率密度和循环寿命、较好的低温性能和安全性。磷酸锂电池在能量密度方面高于钛酸锂电池，同样空间下可以装更多的电池，单体价格也相对便宜。

### 2. 传动装置

从柴油机曲轴到机车车轴之间，需要有一套扭矩、转速及方向可变的中间环节，即传动装置。柴油机扭矩—转速特性和机车牵引力—速度特性完全不同，不能用柴油机来直接驱动机车动轮；柴油机有一个最低转速，低于这个转速就不能工作，柴油机因此无法启动机车；柴油机功率基本上与转速成正比，只有在最高转速下才能达到最大功率值，而机车运行的速度经常变化，使柴油机功率得不到充分利用；柴油机不能逆转，机车也就无法换向。所以，内燃机车必须加装传动装置来满足机车牵引要求。

常用的传动方式有机械传动、液力传动和电力传动，其中电力传动是最理想、最成熟，也是目前应用最广泛的形式。

### 3. 车体及走行部

车体及走行部包括车架、车体、转向架等基础部件，如图1-3-2所示。

图1-3-2 内燃机车车体及走行部

车架是机车的骨干，是安装动力机、车体、弹簧装置的基础。车架为一矩形钢结构，

学习笔记

主要由中梁、侧梁、枕梁、横梁等部分组成，上面安装有柴油机、传动装置、辅助装置和车体（包括司机室），下面由转向架支撑。车架中梁前后两端的中下部装设车钩、缓冲装置。车架承受荷载最大，并传递牵引力使列车运行，因此，车架必须有足够的强度和刚度。

车体是车架上部的外壳，起保护机车上的人员和机器设备不受风、沙、雨雪的侵袭和防寒作用。按其承受载荷情况，分为整体承载式和非整体承载车体；按其外形分为内廊式和外廊式车体。

转向架是机车的走行装置。一般由构架、轮对、轴箱、电机悬挂装置、基础制动装置、支承、牵引装置、附件等部件组成。其作用是承载车架及其上面装置的重量，传递牵引力和制动力，帮助机车平稳运行和顺利通过曲线。内燃机车一般具有两个 2 轴或 3 轴的转向架。

#### 4. 辅助装置

机车辅助装置主要包括：燃油系统——保证给柴油机供应燃油的设备及管路系统；冷却系统——保证柴油机和液力传动装置能够正常工作的冷却设备和管路系统；机油管路系统——给柴油机正常润滑的设备及管路系统；空气滤清器——过滤空气中灰尘等污物的装置；压缩空气系统　　供给列车的空气制动装置、砂箱、空气笛及其他设备压缩空气的系统；辅助电气设备——蓄电池组、直流辅助发电机、柴油机启动电机；行车记录及监控系统——对机车运行中的状态和机车乘务员行为进行监控、记录的系统。

#### 5. 制动系统

制动系统一般由风源系统、制动机、辅助系统、控制系统等组成。制动机广泛采用电空制动机。

#### 6. 控制系统

控制系统的主要功能是综合机车运行工况和各个设备的运行状态，对机车的工作模式、设备性能等进行控制。机车控制系统实现了机车控制的高度自动化，可保障机车运行安全，采集记录与机车安全运行相关的信息，促进机车运行管理自动化，有利于机车状态检测和故障排除。

控制系统主要由中央处理单元、远程输入输出模块及微机显示单元组成。

## 二、电力机车基本组成

电力机车由机械部分、电气部分和空气管路系统三部分组成。

### （一）机械部分

机械部分包括走行部和车体。走行部是承受机车自重在钢轨上行走的部件，由 2 轴或 3 轴转向架以及安装在其上的弹簧悬挂装置、基础制动装置、轮对和轴箱、齿轮传动装置和牵引电机悬挂装置等组成。车体用来安放各种设备，同时也是乘务人员的工作场所，由底架、司机室、台架、侧墙和车顶等部分组成。司机室设在车体的两端，有走廊相

学习笔记

通。司机室内安装控制设备，如司机控制器、制动阀、按钮开关、监测仪表和信号灯等。两司机室之间用来安装机车的所有主要设备，有时划分成小室，分别安装辅助机组、开关设备、换流装置以及牵引变压器等。部分电气设备如受电弓、主断路器和避雷器等则安装在车顶上。车钩缓冲装置安装在车体底架的两端牵引梁上。车体和设备的重量通过车体支承装置传递到转向架上，车体支承装置还起到传递牵引力与制动力的作用。

### 1. 车体

车体(图 1-3-3)是电力机车上部车厢部分，包括车厢体和底架。车体按其功能可分为司机室和机械间。

(1)司机室：乘务员操纵机车的场所。电力机车设置两端司机室，可以双向行驶，不用掉头。

(2)机械间：安装各种电气和机械设备，一般分为几个室，各类设备分室安装。

### 2. 转向架

转向架(图 1-3-4)是机车的走行部分，它是电力机车机械部分中最重要的组成部分，主要包括：

(1)构架：转向架的基础受力体，也是各种部件的安装基础。

(2)轮对：机车在线路上的行驶部件，包括车轴、车轮及传动大齿轮。

(3)轴箱：用以固定轴距，保持轮对正确位置及安装轴承等。

(4)轴箱悬挂装置：也称一系悬挂，它可以缓和轴箱以上部分振动，减少运行中的动作用力。

(5)齿轮传动装置：通过降低转速、增大转矩，将牵引电机的功率传给轮对。

(6)牵引电机：将电能转换成机械能转矩，传给轮对。

(7)牵引电机悬挂装置：固定牵引电机。

(8)基础制动装置：提供制动力，主要由制动缸、传动装置、闸瓦装置等组成。

图 1-3-3　电力机车车体

图 1-3-4　电力机车转向架

### 3. 牵引装置

牵引装置设置在车体和转向架之间，通过牵引杆把牵引力传递给车体。

学习笔记

#### 4. 牵引缓冲装置

牵引缓冲装置(图 1-3-5)指车钩和缓冲器。车钩是机车与列车的连接装置,为了缓和连挂和运行中的冲击,还设有缓冲器。

图 1-3-5　电力机车牵引缓冲装置

### (二)电气部分

电气部分指机车上的各种电气设备及其连接导线,包括主电路、辅助电路、控制电路以及它们的保护系统。

主电路:电力机车的重要组成部分,它决定机车的基本性能,由牵引电机以及与之相连接的电气设备和导线共同组成。在主电路中流过全部的牵引负载电流,其电压为牵引电机的工作电压,或者接触网的网压,因此主电路是电力机车上的高电压大电流的动力回路。它将接触网上的电能转变成列车牵引所需的牵引动力。

辅助电路:给电力机车上的各种辅助电机供电的电气回路。辅助电机驱动多种辅助机械设备,如冷却牵引电机和制动电阻用的通风机、供给各种气动器械所需压缩空气的压缩机等。辅助电机可以是直流的,也可以是交流的。

控制电路:由司机控制器、控制电器的传动线圈和联锁触头等组成的低压小功率电路。控制电路的作用是使机车主电路和辅助电路中的各种电器按照一定的程序动作。

保护系统:保护上述各种电路的设施。

### (三)空气管路系统

空气管路系统按用途可分为:

(1)供给机车和车辆制动所需压缩空气的空气制动气路系统。

(2)供给机车电气设备所需压缩空气的控制气路系统。

(3)供给机车撒砂装置、风喇叭和刮雨器等辅助装置所需压缩空气的辅助气路系统。

空气管路系统是风压的通道,为机车受电弓上升、机车制动、机车散热等提供风源。

学习笔记

## 三、机车轴列式

轴列式是表示机车走行部分结构特点的一种方法，它可以用数字表示，也可以用字母表示。用数字表示称为数字表示法，用字母表示称为字母表示法。

### 1. 数字表示法

以阿拉伯数字表示每台转向架的动轴数，注脚“0”表示每一动轴为单独驱动。无注脚表示每台转向架的动轴为成组驱动。数字之间的“—”表示转向架之间无直接的机械连接。例如，SS4G 型电力机车的轴列式为 $2(2_0—2_0)$，表示为两节机车，每节具有两台 2 轴转向架，动轴为单独驱动。SS9、SS7E 型电力机车的轴列式为 $3_0—3_0$，表示每节机车具有两台 3 轴转向架，动轴为单独驱动。

### 2. 字母表示法

用英文字母表示每台转向架的动轴数。英文字母 A、B、C 分别对应数字 1、2、3，其他含义与数字表示法相同。例如，SS4G 型电力机车的轴列式 $2(2_0—2_0)$ 也可以表示为 $2(B_0—B_0)$。SS9、SS7E 型电力机车的轴列式 $3_0—3_0$ 也可以表示为 $C_0—C_0$。

铁道机车总体认知习题

# 项目二　认识铁道机车车体结构

## 致敬最美铁路人，铸就大国工匠心

### 冬奥列车长吕盼——赛场之外为国争光

吕盼是中国铁路北京局集团有限公司北京客运段京张高铁车队“雪之梦”乘务组列车长。2013 年，她加入铁路大家庭，10 年来扎根铁路窗口服务岗位，先后值乘京哈线、京广线、京张高铁列车，用心用情服务于每一名旅客。

“最让我自豪的是能够担任冬奥专列列车长，和同事们一起为服务冬奥会贡献力量。”吕盼介绍，她和姐妹们成立了“雪之梦”服务品牌，一心优化服务、延伸服务，认真观察每一名旅客需求，探索推出重点旅客呼叫器、盲文服务卡、婴幼儿安睡床、耳鸣操等十余项特色服务。冬奥会、冬残奥会举办期间，共安全值乘冬奥列车 97 趟，和班组同事一同圆满完成了服务保障运输任务。

2019 年 9 月，单位启动了服务保障冬奥会的筹备事宜，吕盼和同事们都觉得，能够参与服务冬奥是一件特别光荣的事，大家争先恐后报了名。单位对服务素养、业务能力、列车应急处置和个人形象进行了综合考察，吕盼做了充足准备，成为一名预备人员。在接下来的两年里，她们一边工作一边进行强化培训，全面备战冬奥。冬奥会举办前夕，单位又对筹备人员进行了一次培训、综合考察，吕盼终于正式成为一名值乘冬奥列车的列车长。

在北京冬奥会、冬残奥会举办期间，让吕盼印象最深的是，很多外国友人在乘坐列车时，都会主动用汉语交流。当发现列车员能听懂，并进行互动的时候，他们都特别高兴。吕盼说：“现在越来越多的国际友人在学习中文、了解中国文化、向往中国，中国高铁作为一张靓丽名片，被越来越多国际友人熟知、认可。我作为一名中国人、铁路人，感到特别骄傲和自豪。”

冬奥会后，吕盼和同事们探索更加温馨精准、更具人文特色的服务，中秋节在车上举办了“嫦娥送月饼”活动，和旅客们一起拍照、合影、猜灯谜，送上团圆的祝福。吕盼说：“我们一直在努力，通过有形和无形的服务让旅客感知我们对工作的理解，让他们能够发现最美铁路。”

列车有终点，服务无止境。吕盼用优质的服务展示中国高铁的形象，在冬奥会和冬残奥会赛场之外为国争光。

心得感悟：

学习笔记

# 任务一　机车车体总体认知

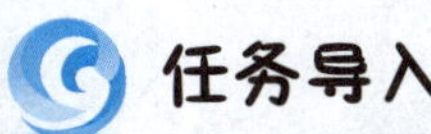

## 任务导入

1. 机车车体有哪些功能？车体设计时应注意哪些方面？
2. 我国现有的和谐型机车采用了什么样的车体承载方式？

## 任务目标

掌握机车车体的功能、机车车体的技术要求和分类，了解高速列车车体的特点。

## 任务内容

任务书见表 2-1-1。

表 2-1-1　任务书

| 任务名称 | 机车车体总体认知 | 参考学时 | 2 |
|---|---|---|---|
| 任务描述：<br>查询图书馆和网络上相关资料，阅读项目二任务一中任务关联知识；参观校内或机务段机车实物、模型，掌握机车车体的功能、要求，车体的分类，了解高速列车车体的特点，制作 PPT。各小组展示汇报，开展评比活动 | | | |
| 任务要求：<br>以小组为单位，每组 5～8 人，剖析任务内容，商定工作方案，明确成员分工，有序规范安全完成任务。小组讨论选派代表，进行汇报分享。简易图绘制要求画面布局合理，车体结构布局准确、清晰，文字说明简洁。分享时采用普通话，口齿清晰，声音洪亮 | | | |
| 检查意见： | | | |
| 签　　章：<br>日期：____年____月____日 | | | |

说明：检查意见是在汇总任务评价表内容后，小组集体讨论，由担任学习小组的组长写出小组人员在任务完成过程中存在的问题，描述要准确，便于小组人员后期整改。并给出总体评价成绩[统一采用 A(优秀)、B(良好)、C(合格)、D(努力)4 个]。签章由任课教师签字确认评判成绩的合理性、公正性。

学习笔记

## 任务分组

请在表 2-1-2 中填写任务分工情况。

表 2-1-2　学生任务分配表

<table>
<tr><td>班级</td><td></td><td>组号</td><td></td><td>指导教师</td><td></td></tr>
<tr><td>组长</td><td></td><td>学号</td><td colspan="3"></td></tr>
<tr><td rowspan="5">组员</td><td>姓名</td><td>学号</td><td>姓名</td><td colspan="2">学号</td></tr>
<tr><td></td><td></td><td></td><td colspan="2"></td></tr>
<tr><td></td><td></td><td></td><td colspan="2"></td></tr>
<tr><td></td><td></td><td></td><td colspan="2"></td></tr>
<tr><td></td><td></td><td></td><td colspan="2"></td></tr>
<tr><td colspan="6">任务分工：</td></tr>
</table>

## 任务计划

制定工作方案，填写在表 2-1-3 中。

表 2-1-3　工作方案

| 步骤 | 工作内容 | 负责人 |
| --- | --- | --- |
| 1 | | |
| 2 | | |
| 3 | | |
| 4 | | |
| 5 | | |
| 6 | | |

## 任务实施

### 一、知识储备

查阅任务关联知识，完成以下问题。(30 min)

**引导问题 1**：机车车体有什么作用？

学习笔记

**引导问题 2**:机车车体有什么设计要求?

**引导问题 3**:机车车体按承载方式如何分类?

**引导问题 4**:题图 2-1-1 中所示列车车体与普速机车车体的主要区别是什么?原因是什么?

题图 2-1-1

## 二、游戏热身

以小组为单位,围成一圈而坐,从任意一同学开始,按照顺时针或逆时针,在规定的时间内依次讲述机车车体的作用、设计要求及分类。根据讲述内容的完整性(50%)、准确性(50%)判定成绩。(30 min)

学习笔记

## 三、任务活动

以小组为单位，参观校内或机务段机车实物、模型，掌握机车车体的功能、要求，车体的分类，了解高速列车车体的特点，制作 PPT。各小组展示汇报，开展评比活动。成绩判定标准见表 2-1-4。（30 min）

表 2-1-4　成绩判定标准

| 判定项目 | 判定标准 | 判定分值 | 得分 |
|---|---|---|---|
| 车体的作用 | 车体作用描述准确，无遗漏、无缺项、无错项 | 0～20 | |
| 车体的设计要求 | 车体设计要求描述准确，无遗漏、无缺项、无错项 | 0～20 | |
| 车体的分类 | 图片选用合理，能直观反映不同车体的区别及功能 | 0～20 | |
| PPT 制作精美度 | PPT 版式新颖，采用图片、动画、视频、音频等优化，无大段文字堆砌现象 | 0～20 | |
| 汇报人仪态 | 汇报人仪态大方，口齿清晰，声音洪亮，穿着得体，普通话标准，无卡顿等情况 | 0～20 | |
| 合　计 | | 100 | |

## 任务评价

各组代表展示任务完成结果，介绍任务完成过程，并填写评价表 2-1-5。

表 2-1-5　评价表

| 序号 | 评价项目 | 分值 | 自我评价 | 互相评价 | 教师评价 | 总评 |
|---|---|---|---|---|---|---|
| 1 | 学习准备 | 0～10 | | | | |
| 2 | 引导问题填写 | 0～20 | | | | |
| 3 | 任务完成质量 | 0～20 | | | | |
| 4 | 是否在规定时间完成 | 0～10 | | | | |
| 5 | 是否有序规范安全 | 0～10 | | | | |
| 6 | 是否主动参与互动 | 0～10 | | | | |
| 7 | 展示汇报 | 0～20 | | | | |
| 合　计 | | 100 | | | | |

## 任务拓展

采用信息化手段获取高速列车车体新技术、新工艺等知识，制作 PPT。PPT 制作要求结构、布局合理，整体色调、风格协调，图文搭配合理，切勿大段文字堆砌。

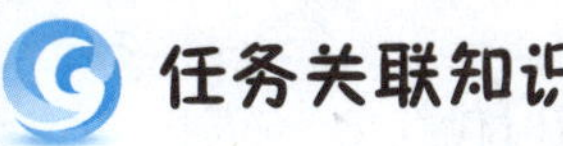

## 任务关联知识

学习笔记

### 一、车体的功能

车体(图 2-1-1)是机车转向架之上的车厢部分(也称上部结构),它的用途主要表现在以下几个方面。

机车车体总体认知

1. 用来安装各种电气设备和机械设备,并保护车体内各种设备不受雨、雪、风沙的侵袭。

2. 是乘务人员操纵、维修、保养机车的场所。

3. 传递垂向力。承受车体内各种设备的重量,并经支承装置传给转向架以至钢轨。

4. 传递纵向力。接受转向架传来的牵引力、制动力,并传给设在车体两端的牵引缓冲装置,以便牵引列车运行或实行制动。

5. 传递横向力。机车在运行时,还要承受各种原因形成的横向力的作用,如离心力、风力等。

图 2-1-1　机车车体

### 二、对车体的要求

由于车体的作用和工作时受力的复杂性,为了使机车安全平稳地运行,在设计、制造机车车体时,应满足以下要求:

1. 车体尺寸应符合国家规定的机车车辆限界尺寸。

2. 有足够的强度和刚度。在机车允许的设计结构速度内,保证车体骨架结构不发生破坏和较大变形,以确保行车安全和正常使用。

3. 适当减轻自重。重量分布均匀,重心尽量低,以适应高速行车的需要。

4. 结构要合理。车体结构必须保证设备安装、检查、保养以及检修更换的便利。

5. 应尽量改善乘务员的工作条件,完善通风、采光、取暖、瞭望、降噪等措施。

学习笔记

6. 高速机车要有流线型车体外形，以减少运行时的空气阻力。

7. 在满足上述要求的基础上，力求车体设计美观、大方、富有时代气息。

## 三、车体的分类

根据承载情况不同，车体可分为以下三种类型。

### 1. 底架承载式车体

底架承载式车体，其侧墙和车顶均不参与承载，所有载荷均由车体底架承担，因此底架必须保证足够高的强度和刚度。

底架承载式车体从外形看，又分为罩式车体和棚式车体两种。罩式车体一般用于工业电力机车，仅为司机室和机器罩而已。车体和底架进行简单的连接。棚式车体具有客车车厢外形，其侧墙结构轻便，与底架进行简单连接，甚至可以拆卸。

### 2. 侧墙和底架共同承载式车体

侧墙和底架共同承载式车体，其侧墙用型钢或钢板压型件焊成骨架，外面包以较厚的钢板，与车体底架牢固地焊成一个整体，共同承担设备的重量及其他载荷。由于各方面的强度和刚度都大大增加，所以底架设计比较轻巧。

### 3. 整体承载式车体

整体承载式车体，其底架、侧墙和车顶焊成一个牢固而轻巧的承载整体，共同承担全部载荷。车体的强度和刚度更大，底架、侧墙和车顶均采用框架结构，自重可以更轻。

目前，我国铁路干线上的和谐型电力机车，均采用整体承载式车体。

# 任务二　HXN5 型内燃机车车体认知

## 任务导入

1. HXN5 型内燃机车采用了什么样的车体承载方式？
2. 你对内燃机车有哪些认知？
3. 说说 HXN5 型内燃机车车体主要由哪几部分组成？

## 任务目标

了解 HXN5 型内燃机车车体主要特点，掌握车架、辅助室、发电机室、柴油机室、冷却室、司机室等的结构组成。

## 任务内容

任务书见表 2-2-1。

学习笔记

表 2-2-1 任务书

<table>
<tr><td>任务名称</td><td>绘制 HXN5 型内燃机车车体结构简易图</td><td>参考学时</td><td>4</td></tr>
<tr><td colspan="4">任务描述：<br>查阅图书馆和网络上相关资料，阅读项目二任务二中任务关联知识；参观校内或机务段机车实物、模型，绘制 HXN5 型内燃机车车体结构简易图。各小组展示汇报，开展评比活动</td></tr>
<tr><td colspan="4">任务要求：<br>以小组为单位，每组 5～8 人，剖析任务内容，商定工作方案，明确成员分工，有序规范安全完成任务。小组讨论选派代表，进行汇报分享。简易图绘制要求画面布局合理，车体结构布局准确、清晰，文字说明简洁。分享时采用普通话，口齿清晰，声音洪亮</td></tr>
<tr><td colspan="4">检查意见：</td></tr>
<tr><td colspan="4">签　　章：<br><br>日期：＿＿年＿＿月＿＿日</td></tr>
</table>

说明：检查意见是在汇总任务评价表内容后，小组集体讨论，由担任学习小组的组长写出小组人员在任务完成过程中存在的问题，描述要准确，便于小组人员后期整改，并给出总体评价成绩[统一采用 A（优秀）、B（良好）、C（合格）、D（努力）4 个]。签章由任课教师签字确认评判成绩的合理性、公正性。

## 任务分组

请在表 2-2-2 中填写任务分工情况。

表 2-2-2 任务分配表

<table>
<tr><td>班级</td><td></td><td>组号</td><td></td><td>指导教师</td><td></td></tr>
<tr><td>组长</td><td></td><td>学号</td><td></td><td colspan="2"></td></tr>
<tr><td rowspan="5">组员</td><td>姓名</td><td>学号</td><td colspan="2">姓名</td><td>学号</td></tr>
<tr><td></td><td></td><td colspan="2"></td><td></td></tr>
<tr><td></td><td></td><td colspan="2"></td><td></td></tr>
<tr><td></td><td></td><td colspan="2"></td><td></td></tr>
<tr><td></td><td></td><td colspan="2"></td><td></td></tr>
<tr><td colspan="6">任务分工：</td></tr>
</table>

## 任务计划

制定工作方案，填写在表 2-2-3 中。

学习笔记

表 2-2-3 工作方案

| 步骤 | 工作内容 | 负责人 |
| --- | --- | --- |
| 1 | | |
| 2 | | |
| 3 | | |
| 4 | | |
| 5 | | |
| 6 | | |

## 任务实施

### 一、知识储备

查阅任务关联知识,完成以下问题。(60 min)

**引导问题 1**:完成下列填空题。

(1)HXN5 型内燃机车是干线货运大功率交流电力传动内燃机车,其车体采用______结构、车架承载方式,整体承载式燃油箱设计。

(2)HXN5 型内燃机车车体由车架、辅助室、________、柴油机室、冷却室、司机室组成。

(3)HXN5 型内燃机车车架采用________结构,而且车架中部的________和________焊接成一整体,参与车架承载。

(4)HXN5 型内燃机车车架受力的基础是______________________________。

(5)HXN5 型内燃机车排障器的中央底部能承受相当于________kN 的静压力。

(6)________是车架乃至整个机车的重要部分,是燃油箱和柴油机安装的地方,受力最集中、最复杂。

(7)HXN5 型内燃机车柴油机室为棚式________形结构,由管路侧墙(A 侧墙)、电缆侧墙(B 侧墙)和顶盖构成。

(8)HXN5 型内燃机车冷却室钢结构由冷却室上部框架、空气过滤器门、________、冷却室下部框架、灭火器门、砂箱、________、导风筒、前部框架装配、脊梁装配和可拆卸间壁等组成。

(9)HXN5 型内燃机车司机室钢结构由顶盖、左右侧壁、________、前鼻端及后墙等组成。

**引导问题 2**:HXN5 型内燃机车车体由哪些部分组成?各部分的作用是什么?

______________________________________________________________________

______________________________________________________________________

学习笔记

**引导问题 3**：HXN5 型内燃机车车架由哪些部分组成？各部分的作用是什么？

**引导问题 4**：HXN5 型内燃机车辅助室由哪些部分组成？各部分的作用是什么？

**引导问题 5**：HXN5 型内燃机车发电机室由哪些部分组成？各部分的作用是什么？

**引导问题 6**：HXN5 型内燃机车司机室由哪些部分组成？各部分的作用是什么？

## 二、游戏热身

准备好若干小纸条，分别在小纸条上写上车架、辅助室、发电机室、柴油机室、冷却室、司机室等名称，每组选出一名代表，随机抽取一个小纸条，向另外一组口述小纸条上

学习笔记

所写机车部位的组成，然后交替进行。以口述的完整性（50%）、准确性（50%）判定输赢。（40 min）

## 三、理论联系实际

结合 HXN5 型内燃机车实物，理论联系实际，填写表 2-2-4。（30 min）

表 2-2-4 HXN5 型内燃机车车体结构认知

| 序号 | 组成结构 | 作用（关键词描述） | 位置指认 |
|---|---|---|---|
| 1 | 车架 | | 正确□ 错误□ |
| 2 | 辅助室 | | 正确□ 错误□ |
| 3 | 发电机室 | | 正确□ 错误□ |
| 4 | 柴油机室 | | 正确□ 错误□ |
| 5 | 冷却室 | | 正确□ 错误□ |
| 6 | 司机室 | | 正确□ 错误□ |

## 四、任务活动

以小组为单位，参观校内或机务段机车实物、模型，绘制 HXN5 型内燃机车车体结构简易图。简易图要求能够准确反映车体组成结构，且各组成部分的位置正确，大小比例恰当。各小组展示汇报，开展评比活动。以简易图绘制的布局合理性（25%）、部件名称准确性（25%）、部件位置安排准确性（25%）、部件个数完整性（25%）判定成绩。（50 min）

# 任务评价

各组代表展示任务完成结果，介绍任务完成过程，并填写评价表 2-2-5。

表 2-2-5 评价表

| 序号 | 评价项目 | 分值 | 自我评价 | 互相评价 | 教师评价 | 总评 |
|---|---|---|---|---|---|---|
| 1 | 学习准备 | 0～10 | | | | |
| 2 | 引导问题填写 | 0～20 | | | | |
| 3 | 任务完成质量 | 0～20 | | | | |
| 4 | 是否在规定时间完成 | 0～10 | | | | |
| 5 | 是否有序规范安全 | 0～10 | | | | |
| 6 | 是否主动参与互动 | 0～10 | | | | |
| 7 | 展示汇报 | 0～20 | | | | |
| 合　计 | | 100 | | | | |

学习笔记

## 任务拓展

查阅资料，了解 HXN3 型内燃机车车体，比较 HXN3 与 HXN5 型内燃机车两者的车体有什么区别，制作 PPT。PPT 制作要求结构、布局合理，整体色调、风格协调，图文搭配合理，切勿大段文字堆砌。

## 任务关联知识

### 一、HXN5 型内燃机车车体结构特点

HXN5型内燃机车车体认知

HXN5 型内燃机车是干线货运大功率交流传动内燃机车。单司机室 HXN5 型内燃机车（图 2-2-1）采用司机室外走廊罩式结构，车架承载方式，整体承载式燃油箱设计。车架采用双箱形梁结构，车体承载能力满足纵向载荷 3 788 kN，纵向拉伸载荷 3 100 kN。

图 2-2-1　单司机室 HXN5 型内燃机车

### 二、车体各部主要结构

单司机室 HXN5 型内燃机车车体（图 2-2-2）由车架、辅助室、发电机室、柴油机室、冷却室、司机室组成，两端各设扶手梯和侧梯，供司乘人员上下机车。

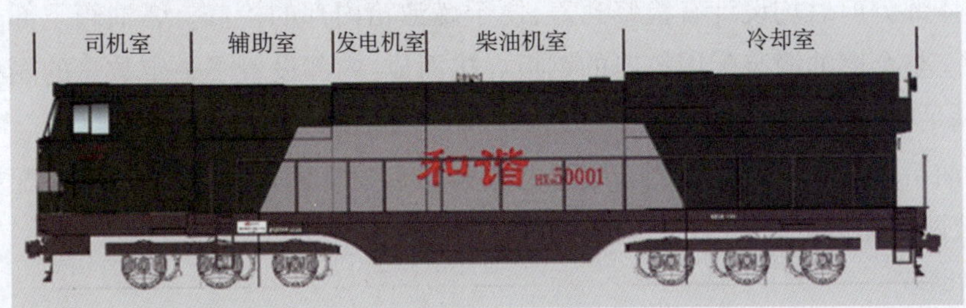


图 2-2-2　HXN5 型内燃机车车体

学习笔记

## 1. 车架

车架是机车承载的主要部分，几乎所有的作用力都通过车架传递，因此车架要有极高的强度和刚度。单司机室 HXN5 型内燃机车车架采用双箱形梁结构，而且车架中部的燃油箱与车架焊成一整体，参与车架承载，这就显著增加了车架的刚度和强度。

车架由端部一、端部二、排障器、燃油箱装配、侧脚蹬以及扶手栏杆等组成。

(1)车架端部

车架端部一和端部二前后对称，由左右箱形梁、左右起重梁、间壁梁、牵引销装配和端部装配等组装而成。

车架受力的基础是前后贯通的两根箱形梁。箱形梁由 20 mm 厚的上下盖板和8 mm 厚的左右侧板焊接而成。起重梁也用 20 mm 厚的钢板焊接而成。为方便线缆管路布置，箱形梁和起重梁设计有管路线缆穿线孔。

间壁梁上下盖板采用 12 mm 厚的钢板，中间搭配 12 mm 厚的筋板，呈 W 形排列。

牵引销装配上部的牵引销梁与间壁梁结构相似，下部是牵引销。

车架端部装配有排障器、车钩缓冲器安装座、防爬装置等。

车架前后端左右侧安装侧脚蹬，便于相关人员上下机车。车架上平面两侧是走廊地板，其周围设置扶手栏杆，用于保障司乘人员行走时的安全。

(2)排障器

排障器在车架前后各设置一个，为 12 mm 厚的大平面钢板，上面开有各种线孔。排障器下端面距轨面高度可随车轮踏面磨耗调整为(110 ± 10) mm。排障器中央底部能承受相当于 140 kN 静压力。排障器除了能够排除轨道障碍物外，还具有一定除雪功能。

(3)燃油箱装配

燃油箱装配是车架乃至整个机车的重要部分，是储存燃油和安装柴油机的地方，受力集中、复杂。燃油箱位于车架中部底下，在车架上面是柴油机的安装位置，车架在此处受很大的集中载荷，为了增加车架此处的强度，采用了燃油箱参与承载的方式。

燃油箱装配由左右箱形梁及中间主体部分组成。箱形梁上设有加油口，通过加油管从车架侧边加油口加入燃油；燃油箱左右两侧设有通气装置，用于控制燃油箱内部气压。燃油箱主体部分前后均设计有检修孔盖，便于燃油箱内部的检修。燃油箱下部及两侧设有放油堵。整个燃油箱装配用较厚的钢板焊接而成，内部设置了一定数量的隔板用于增加强度，满足机车承载的需要。

在燃油箱装配左箱形梁外侧安装蓄电池和一个柴油机集污箱；燃油箱装配右箱形梁外侧，安装两个总风缸，呈上下纵向排列。

## 2. 辅助室

辅助室(图 2-2-3)分为上辅助室和下辅助室。上辅助室包括风机室和电阻制动室，下辅助室是逆变室。三个室单独以模块方式制造，然后组装焊接而成。

学习笔记

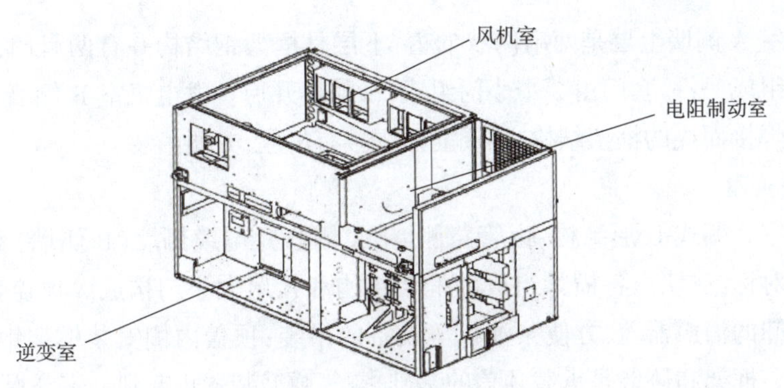


图 2-2-3 辅助室结构

风机室由端板一、端板二、电缆侧端板和管侧端板围成一个 2 229 mm(长)×1 875 mm(宽)×1 148 mm(高)的方框。端板均为 3 mm 厚的钢板,并开有很多安装孔和穿线孔。管侧端板上开有两个窗口,内壁上安装两框架,用于安装过滤器,其下面是一段风道;电缆侧端板上也开了一个窗口,内壁上安装一框架,下部同样是一段风道。同时端板一、端板二内壁上也有风道,四周风道相连通风。

电阻制动室与风机室并排焊接,由左右侧壁和一面门窗组成,其中端板二与风机室共用。门窗为网状,用铰链连接,可随时打开。

下辅助室是安装逆变器的一个室,故也称为逆变室。逆变室为一封闭的室,每个壁都设计有穿线孔和安装孔,可与上辅助室方便地完成通风冷却作用。

### 3. 发电机室

发电机室两侧与辅助室和柴油机室相连,其中一端与辅助室相连接,一端与柴油机室相连接,其余两侧分为 A 侧墙(图 2-2-4)和 B 侧墙。整个发电机室被一隔板分成上下两层,上层安装电阻制动装置,下层安装主发电机;隔板前后开有线缆入口和安装孔,隔板下面安装了一个安装架和一个支架。

图 2-2-4 发电机室 A 侧墙

学习笔记

发电机室A侧墙上层是两扇网状的窗,下层是框架钢结构并有两套门,其中一套门由3个小门组成,另一套门由2个小门组成,可随时开启。发电机室B侧墙是由横梁、竖梁和斜撑梁焊接而成的框架结构,四周立柱焊接有吊座,方便吊装。

### 4. 柴油机室

柴油机室为棚式U形结构,由管路侧墙(A侧墙)、电缆侧墙(B侧墙)和顶盖构成。左右两侧墙对称,侧墙由各横梁组成的框架结构和几扇大小门构成。顶盖为可拆卸式,并有一可拆卸的消声器盖,方便柴油机等设备的吊装;顶盖内侧安装框架钢结构和一些气弹簧装置。框架和侧墙是承载顶盖的基础,空气弹簧装置也起到一定支撑作用。

### 5. 冷却室

冷却室钢结构由冷却室上部框架、空气过滤器门、侧面滤网、冷却室下部框架、灭火器门、砂箱、风扇支撑架、导风筒、前部框架装配、脊梁装配和可拆卸间壁等组成。

冷却室钢结构是冷却室系统中其他部件的安装支架。冷却室钢结构中间有一加强梁,将其分成两部分,在靠近柴油机侧安装牵引电机通风机、排尘风机以及相应的风道,在靠近机车端部侧安装空气压缩机、砂箱、CA9电气柜及相应的控制阀。冷却室钢结构的外层装有V形滤网(图2-2-5),用于滤除空气中较大的杂质。

图2-2-5 V形滤网

### 6. 司机室

司机室钢结构由顶盖、左右侧壁、前脸、前鼻端及后墙等组成。

司机室顶盖为壳形结构,由各加强板和支撑梁、Z形支撑板和顶盖蒙皮焊接而成。顶部为平顶结构,各梁上开孔,既能减轻重量,又为布置电线、管路提供了方便。顶盖内侧有灯座,顶部前端内层有6个扎线杆。在蒙皮前端和前脸上部安装有头灯座散热罩,在蒙皮左右侧边缘设置雨檐。

司机室左右侧壁由侧立柱、门立柱、侧窗框及蒙皮、各加强梁、支撑梁焊接而成。各

学习笔记

加强梁都有开孔,并安装有线槽;凸起的盖板里面填隔声、阻燃、隔热材料;侧壁下部有安装取暖器的安装座。

司机室前脸由左右内挡风板、风道板、窗框、角铁等组成。内挡风板上有扎线架,用于头灯、刮雨器等电气管路的布置安装,并为刮雨器的安装预留有安装孔。空调风道板开有一排通风孔,并对着前窗玻璃,在雨雪风霜天气时对玻璃状态起到一定的调节作用。前窗框截面为 U 形,方便玻璃的安装,角铁是安装司机室其他辅助设备的安装架。

司机室前鼻端中间为端板组件,两侧分布左右砂箱组件。端板组件为一平面板,其上有一检修门,主要用于司机室下空气管路和设备的检查维修。砂箱组件由注砂装置、罩壳等焊接而成,其上部与灯箱组件连接,下部是一个方便检修和安装设备的门。鼻端内侧设计有两根防撞梁,可有效保护司机安全。

司机室后墙由横梁和纵梁、蒙皮焊接而成,与侧墙、前脸、前鼻端、顶盖形成一个封闭的司机室模块,同时也是厕所和电器柜与其他室的隔墙。

## 任务三 SS4G 型电力机车车体认知

### 任务导入

1. 你对 SS4G 型电力机车有哪些认知?
2. 说说电力机车车体与内燃机车车体有哪些区别?

### 任务目标

了解 SS4G 型电力机车车体主要特点,掌握机车底架、侧墙、端墙、车顶、司机室、安装台架、排障器等部件的组成结构。

### 任务内容

任务书见表 2-3-1。

表 2-3-1 任务书

| 任务名称 | 绘制 SS4G 型电力机车车体结构简易图 | 参考学时 | 4 |
|---|---|---|---|
| **任务描述:**<br>查阅图书馆和网络上相关资料,阅读项目二任务三中任务关联知识;参观校内或机务段机车实物、模型,绘制 SS4G 型电力机车车体结构简易图。各小组展示汇报,开展评比活动 | | | |
| **任务要求:**<br>以小组为单位,每组 5~8 人,剖析任务内容,商定工作方案,明确成员分工,有序规范安全完成任务。小组讨论选派代表,进行汇报分享。简易图绘制要求画面布局合理,车体结构布局准确、清晰,文字说明简洁。分享时采用普通话,口齿清晰,声音洪亮 | | | |

学习笔记

续上表

<table>
<tr><td>检查意见：<br><br><br></td></tr>
<tr><td>签　　章：<br><br>日期：____年____月____日</td></tr>
</table>

说明：检查意见是在汇总任务评价表内容后，小组集体讨论，由担任学习小组的组长写出小组人员在任务完成过程中存在的问题，描述要准确，便于小组人员后期整改，并给出总体评价成绩[统一采用A（优秀）、B（良好）、C（合格）、D（努力）4个]。签章由任课教师签字确认评判成绩的合理性、公正性。

## 任务分组

请在表2-3-2中填写任务分工情况。

表2-3-2　任务分配表

<table>
<tr><td>班级</td><td></td><td>组号</td><td></td><td>指导教师</td><td></td></tr>
<tr><td>组长</td><td></td><td>学号</td><td colspan="3"></td></tr>
<tr><td rowspan="5">组员</td><td>姓名</td><td>学号</td><td colspan="2">姓名</td><td>学号</td></tr>
<tr><td></td><td></td><td colspan="2"></td><td></td></tr>
<tr><td></td><td></td><td colspan="2"></td><td></td></tr>
<tr><td></td><td></td><td colspan="2"></td><td></td></tr>
<tr><td></td><td></td><td colspan="2"></td><td></td></tr>
<tr><td colspan="6">任务分工：<br><br></td></tr>
</table>

## 任务计划

制定工作方案，填写在表2-3-3中。

表2-3-3　工作方案

| 步骤 | 工作内容 | 负责人 |
| --- | --- | --- |
| 1 | | |
| 2 | | |
| 3 | | |

续上表

学习笔记

| 步骤 | 工作内容 | 负责人 |
|---|---|---|
| 4 | | |
| 5 | | |
| 6 | | |

## 任务实施

### 一、知识储备

查阅任务关联知识,完成以下问题。(60 min)

**引导问题 1:**完成下列填空题。

(1)SS4G 型电力机车车体首次采用________低合金高强度钢板压型梁与钢板焊接整体承载式车体结构,既满足了强度和刚度的要求,也达到了轻量化的目的。

(2)________是传递垂直载荷的主要部件,是将机车垂直载荷传至转向架的重要部件。

(3)________位于底架的两端,起传递牵引力、制动力和承受列车冲击力的作用。

(4)________除用以加强底架的稳定性外,主要用作台架、走廊及各室骨架、铁地板等处的连接件。

(5)SS4G 型电力机车车顶盖装置由________个顶盖和________根活动横梁组成。

(6)SS4G 型电力机车司机室外形制成多平面组成的________多面体,既美观又使风阻小。

(7)SS4G 型电力机车走廊地板采用________结构,铝合金花纹地板一端用铰链连接,另一端用螺钉紧固在台架上,地板可以上下左右适当调整。

(8)SS4G 型电力机车排障器距轨面高度为________mm,主要作用是排除线路上的障碍物,在排障器主体下部内侧装有可调节高度的小排障器。

**引导问题 2:**SS4G 型电力机车车体有什么特点?

______________________________________________

______________________________________________

______________________________________________

______________________________________________

______________________________________________

**引导问题 3:**SS4G 型电力机车车体底架由哪些部分组成?各部分的作用是什么?

______________________________________________

学习笔记

引导问题 4：SS4G 型电力机车车体司机室由哪些部分组成？各部分的作用是什么？

引导问题 5：描述排障器安装位置及其作用。

## 二、游戏热身

准备好若干小纸条，分别在小纸条上写上底架、侧墙、端墙、车顶、司机室、台架、排障器等部件名称，一人逐一念出小纸条上所写名称，各小组进行抢答，口述该小纸条所写部件在车体上的位置及组成。以各组回答问题的数量（50%）、正确率（50%）判定输赢。（20 min）

## 三、理论联系实际

结合 SS4G 型电力机车实物，理论联系实际，填写表 2-3-4。（30 min）

表 2-3-4　SS4G 型电力机车车体结构认知

| 序号 | 组成结构 | 组成 | 位置指认 |
| --- | --- | --- | --- |
| 1 | 底架 | | 正确□　错误□ |
| 2 | 侧墙 | | 正确□　错误□ |
| 3 | 车顶盖 | | 正确□　错误□ |
| 4 | 司机室 | | 正确□　错误□ |

续上表

学习笔记

| 序号 | 组成结构 | 组成 | 位置指认 |
|---|---|---|---|
| 5 | 台架 | | 正确□　错误□ |
| 6 | 排障器 | | 正确□　错误□ |

## 四、任务活动

以小组为单位,参观校内或机务段机车实物、模型,绘制 SS4G 型电力机车车体结构简易图。简易图要求能够准确反映车体组成结构,且各组成部分的位置正确,大小比例恰当。各小组展示汇报,开展评比活动。以简易图绘制的布局合理性(25%)、部件名称准确性(25%)、部件位置安排准确性(25%)、部件个数完整性(25%)判定成绩。(60 min)

# 任务评价

各组代表展示任务完成结果,介绍任务完成过程,并填写评价表 2-3-5。

表 2-3-5　评价表

| 序号 | 评价项目 | 分值 | 自我评价 | 互相评价 | 教师评价 | 总评 |
|---|---|---|---|---|---|---|
| 1 | 学习准备 | 0～10 | | | | |
| 2 | 引导问题填写 | 0～20 | | | | |
| 3 | 任务完成质量 | 0～20 | | | | |
| 4 | 是否在规定时间完成 | 0～10 | | | | |
| 5 | 是否有序规范安全 | 0～10 | | | | |
| 6 | 是否主动参与互动 | 0～10 | | | | |
| 7 | 展示汇报 | 0～20 | | | | |
| 合　计 | | 100 | | | | |

# 任务拓展

利用软件,将 SS4G 型电力机车车体结构内容绘制成思维导图形式。思维导图绘制要求:画面布局合理,体现逻辑性、层次性,颜色搭配合理,文字说明简洁。

# 任务关联知识

## 一、SS4G 型电力机车车体结构特点

SS4G 型电力机车(图 2-3-1)是我国自行设计制造的大功率重载货运机车,由两节完

学习笔记

SS4G型电力机车车体认知

全相同的 $B_0$—$B_0$ 机车组成。分离后单节机车可独立运行。其车体结构具有下列特点：

(1)机车车体首次采用16Mn低合金高强度钢板压型梁与钢板焊接整体承载式车体结构，既满足了强度和刚度的要求，又达到了轻量化的目的。

(2)在车体设计中采用了大顶盖预布线预布管结构和推挽式牵引方式及横移式密封侧窗结构等。

(3)为方便制造和检修，机车车体较多地进行了标准化、系列化和通用化设计，使一些主要参数和零件结构尽量与SS4型、SS5型和SS6型车体通用。

(4)采用单端司机室和两侧多通式走廊，尾端有一横走廊相通，后端墙上设有中间后端门及连挂风挡，把两节机车连接起来。

图 2-3-1　SS4G 型电力机车车体

## 二、车体各部主要结构

车体主要由底架、侧墙、车顶盖、司机室、后端墙、排障器等组成。

### 1. 底架

底架主要由两端牵引梁、两侧侧梁、2根枕梁、2根变压器横梁、2根变压器纵梁、1根台架横梁、1根隔墙梁和一些纵横辅助梁组焊而成。车体的底架全长15 200 mm，宽3 100 mm。为便于机车前端通过曲线，在距两端1 660 mm长度处，底架两侧以1:16.6斜度向端部中心收拢，并与端部拐角 $R$200 mm圆弧相切。

(1)侧梁

侧梁位于底架两侧，它是主要承载和传力部件。它由380 mm×1 440 mm×10 mm压型槽钢和400 mm×10 mm钢板组焊成箱形结构，两端与牵引梁连接处设计成鱼腹形，具有较大的抗弯扭强度和刚度。侧梁上焊有吊销装置，吊销孔径为130 mm，可用专用吊具吊起车体。

(2)枕梁

枕梁是将机车垂直载荷传至转向架的重要部件。枕梁断面为钢板焊接成的箱形结构。枕梁两端坐于转向架4个橡胶弹簧上，设计成底部挖空的藏入式结构，在宽度方向做成两端宽中间窄的变截面梁，其两端宽为630 mm，中间宽为430 mm，高为260 mm，钢板厚度为10 mm。

学习笔记

(3)牵引梁

牵引梁位于底架的两端,起传递牵引力、制动力和承受列车冲击力的作用。牵引梁形似T形,上部由钢板组焊成空腹箱形梁,下部车钩箱悬于空腹梁下。牵引梁除下盖板厚度为12 mm外,其余各板厚度均为10 mm。牵引梁前端焊有凸出的冲击座,用以限制车钩缓冲装置在机车运行时的上跳范围,甚至直接承受来自车钩的冲击力。

(4)纵横变压器梁

纵横变压器梁是支持变压器的梁件,均采用10 mm厚的钢板压型槽钢,梁的尺寸为240 mm×140 mm×10 mm。纵变压器梁上焊有变压器安装座板及加强筋板。

(5)隔墙梁

隔墙梁为8 mm厚钢板压型槽钢,其尺寸为200 mm×140 mm×8 mm。

(6)纵横辅助梁

纵横辅助梁除用以加强底架的稳定性外,还分别用作台架、走廊及各室骨架、铁地板等处的连接件。纵横辅助梁均采用为4 mm厚钢板压型槽钢,其尺寸为140 mm×80 mm×4 mm。横辅助梁为6 mm钢板压型槽钢,其尺寸为140 mm×80 mm×6 mm。

### 2. 侧墙

侧墙(图2-3-2)在车体两侧,作为整体承载式车体,侧墙是车体的主要承载结构之一。侧墙采用传统的框架结构,长13 435 mm;高2 020 mm,上弦带高223 mm;最大宽度502 mm,侧墙部分宽66 mm。为了减轻自重,侧墙立柱、横梁及外墙板均采用3 mm厚的16Mn钢板及压型体焊接而成的。上部上弦带结构为3 mm厚的16Mn钢板压型件组成的空腹梁及线槽支架。在上弦带空腹梁与线槽支架接合处,设有与车顶盖装置连接的定位销孔、螺栓安装孔及座。在侧墙中间部分设有侧墙进风口,用于安装侧墙百叶窗和滤尘器,侧墙上部开有6个采光用椭圆窗孔。

图2-3-2 $SS_{4G}$型电力机车侧墙

### 3. 车顶盖

车顶盖(图2-3-3)装置由4个顶盖和3根活动横梁组成,四个顶盖由前至后依次为第一高压室顶盖,3 960 mm×2 893 mm;变压器室顶盖,2 768 mm×2 893 mm;第二高压室顶盖,3 003 mm×2 893 mm;辅助室顶盖,3 563 mm×2 893 mm。车顶盖上装有车顶电气设备,为便于车内设备的拆装和预布线需要,各车顶盖及活动横梁均做成活动可拆式。

学习笔记

为满足电力机车的预布线结构要求,各车顶盖都做成宽度较大的大顶盖,其宽度较一般车顶盖宽,为2 893 mm。各顶盖横断面为梯形,骨架外蒙上厚2.5 mm的Q235A钢板外皮,主要承载和连接结构是边梁,为厚4 mm的Q235A钢板压型梁,其上焊有用于连接活动螺母和定位销的座板。根据车顶电气设备安装需要并考虑到顶盖的强度和刚度,在两边梁之间设置横向梁和纵向梁,横向梁和纵向梁为4 mm的Q235A钢板压型槽形梁。各顶盖上根据车顶电气设备安装需要,设有各种车顶电气设备安装支座(如受电弓、主断路器等支座)、车顶通风固定式水平百叶窗、车顶人孔门以及局部向上凸出的固定罩子,为便于车顶检修作业,各顶盖上装有走道板。

为便于车顶预布线及支撑顶盖,设有活动横梁。活动横梁为钢板压型梁组合结构,上横梁为厚3 mm的Q235A钢板压制槽形梁,下横梁为3 mm的Q235A钢板压制凸形梁。活动横梁用螺栓与车体固定横梁相连接。

顶盖组装时,顶盖与车顶连接处用带凸齿的管状橡胶管和经加工处理的聚氨酯海绵条密封,并可从车内走廊处用螺栓将顶盖紧固。

**4. 司机室**

司机室(图2-3-4)最大尺寸为2 500 mm×3 106 mm×2 480 mm,司机室前端中部向前突出300 mm,并在水平方向向两侧后掠100 mm,为多平面组成的棱形多面体,左右两侧过渡圆弧为100 mm。这样的设计既考虑了减少风阻和车型美观,也便于生产和制造。考虑到司机室通用化,并可能减轻其重量,司机室外墙板和骨架的主要梁柱全部采用16Mn钢板压制件。

图2-3-3 SS4G型电力机车车顶盖

图2-3-4 SS4G型电力机车司机室

①司机室前端

司机室前端及两侧距轨面1 540 mm高度上设有前踏板,它由厚5 mm花纹钢板和公称直径$\phi$25 mm钢管焊接构成,钢板上开有排水孔。在司机室前窗和侧窗下侧的外壳上焊有公称直径$\phi$20 mm钢管弯成的扶手,供工作人员清洗检修用。

沿车顶前端和两侧焊有雨檐,司机室处雨檐呈槽形,并由前端按一定斜度向后倾斜,可将司机室顶盖上的流水引至司机室后端排出车外。侧墙顶部的雨檐向外倾斜,使车顶的流水向外排出。

学习笔记

司机室入口门两侧装有上车扶手,扶手由无缝钢管和锻钢加工制成的球形扶手座组成,扶手座用螺栓固定于司机室侧壁及底架侧梁上。

②司机室内墙和地板

司机室内墙为厚 1.5 mm 的多孔铝板,骨架上焊有 2 mm 厚的钢板压成的安装梁,内墙用铆钉固定于安装梁上,接缝处装上装饰铝压条。为保证司机室的防寒隔声性能,司机室内墙与外墙板和内墙板之间敷设有防寒消声的超细玻璃棉毡,对较大封闭断面的立柱,横梁内部都填充了超细玻璃棉毡。

司机室地板安装于司机室地板铁骨架上,分固定和活动两种地板,均由厚为 20 mm 胶合板制作,为防寒隔声,内贴厚 60 mm 聚氨酯泡沫塑料。为了司乘人员行走舒适和清扫方便,司机室地板上面敷有橡胶海绵双层复合胶板。

③司机室后墙

司机室后墙作用是将司机室和车内各设备室隔开,走廊门设在后墙两侧,经走廊门可至车内走廊并通至另一端司机室。SS4G 型电力机车司机室后墙是全钢焊接结构,由隔墙、走廊门框和司机室柜组成。

隔墙由前墙板、骨架、防寒消声材料和后墙板组成。前墙板为厚 2 mm 的 Q235A 钢板焊于骨架上,后墙板为厚 1 mm 的 Q235A 钢板用铝压条以铆钉紧固于骨架上;在骨架及内外墙板之间,装有防寒消声材料,为厚 70 mm 超细玻璃棉毡;骨架厚 80 mm,由立柱和横梁组成。立柱和横梁均由厚 3 mm 的 Q235A 钢板压成槽形,在安装设备处焊有活动螺母座。

走廊门框是由厚 2 mm 的 08 钢板拉延成多重折弯形状的门框板和厚 4 mm 的 Q235A 钢板压成框架组焊而成,门框内填充有超细玻璃棉毡。

司机室柜安于隔墙前部,为高低柜式,其最大尺寸为长 1 570 mm × 宽 400 mm × 高 2 135 mm,由柜架及柜门组成。柜架主要由厚 2 mm 的 Q235A 钢板折弯件组焊而成,其内装有人力制动链轮箱及端子板座。柜门由厚 2 mm 的 Q235A 钢板压制成形,其上装有便于门开闭的通用型门栓装置。

### 5. 后端墙

机车后端墙位于车体后端,为车体主要承载构件之一。SS4G 型电力机车为满足车体大顶盖和预布线结构要求,顶部和其两侧斜度部分作了相应改进。中间为后端门门框,两侧为钢板压型角立柱和 Z 形横梁组成的骨架,外侧铺上薄钢板。骨架和蒙皮均为厚 3 mm的 16Mn 钢板。

### 6. 排障器

排障器(图 2-3-5)距轨面高度为(110 ± 10) mm,主要作用是排除线路上的障碍物,在排障器主体下部内侧装有可调节高度的小排障器。排障器上设有踏板,可用于调车作业人员使用。

学习笔记

图 2-3-5 SS4G 型电力机车排障器

### 7. 台架

台架是为了安装车内除变压器以外的其他电气和机械设备而设置。

SS4G 型电力机车车体设有Ⅰ、Ⅱ端台架。Ⅰ端台架尺寸长 4 034 mm × 宽 2 084 mm × 高 200 mm；Ⅱ端尺寸长 5 609 mm × 宽 2 084 mm × 高 200 mm。台架面板和骨架全部采用 16Mn 钢板，台架面板为厚 5 mm 钢板，骨架主要梁件由厚 4 mm 钢板压制成槽形或 Z 形截面，为了便于安装和连接各种电气和机械设备，在骨架内焊有活动螺母，台架上设置通风机安装座和通风管道，骨架内设有电缆线槽。

### 8. 车内各室骨架及门联锁装置

车内设备骨架将高压室、变压器室的高压设备与走廊隔开，以确保工作人员的安全。为便于进入各室检修电气设备，在骨架内开有门。

各室骨架厚 30 mm，由立柱、横梁和门下边框组焊成框架，框架间用铰链安装单开或双开门，并用门栓装置开闭。立柱、横梁和门下边框均由厚 4 mm 的 Q235A 钢板压制成型。门板用 2 mm 的 LF21-Y2 防锈铝板压制成形，门厚 25 mm，高 1 771 mm，门宽有 417 mm 和 322 mm 两种规格。门上开有 220 mm 宽和 630 mm 高的孔，用铆钉装上钢板网，以便通风及工作人员可从走廊通过窗孔观察室内设备工作情况。转动门栓装置的门锁手把，可把上下插销同时锁闭或开启，使门开闭自如。

各室门上方设有机械式门联锁装置。当机车升弓后，各室门不能打开，以保障工作人员安全。

### 9. 底架地板和走廊地板

(1)底架地板

为了避免灰尘从底架进入车内，并在底架上表面安装空气管道和电气导线，车体两侧走廊和司机室的底架上表面，露空处用厚 1. 5 mm 钢板焊接封死。

(2)走廊地板

离底架地板高 150 mm 处安装有走廊地板，为便于空气管道和电气导线的检修，走廊

学习笔记

地板做成活动的。走廊地板采用翻转式结构，铝合金花纹地板一端用铰链连接，另一端用螺钉紧固在台架上，地板可以上下左右适当调整。检修走廊内空气管道和电气导线时，只需松开螺栓翻起地板并将其用侧墙立柱上的搭扣扣住即可。

# 任务四　HXD$_3$ 型电力机车车体认知

## 任务导入

1. 你了解 HXD$_3$ 型电力机车吗？它是我国哪个厂家生产的？有什么先进技术？
2. 与 SS$_{4G}$ 型电力机车相比，HXD$_3$ 型电力机车的车体结构会有哪些不同之处？

## 任务目标

了解 HXD$_3$ 型电力机车车体的主要特点，掌握机车车体组成结构及各部分的作用。

## 任务内容

任务书见表 2-4-1。

表 2-4-1　任务书

<table>
<tr><td>任务名称</td><td>绘制 HXD<sub>3</sub> 型电力机车车体结构简易图</td><td>参考学时</td><td>3</td></tr>
<tr><td colspan="4">任务描述：<br>查阅图书馆和网络上相关资料，阅读项目二任务四中任务关联知识；参观校内或机务段机车实物、模型，绘制 HXD<sub>3</sub> 型电力机车车体结构简易图。各小组展示汇报，开展评比活动</td></tr>
<tr><td colspan="4">任务要求：<br>以小组为单位，每组 5 ~ 8 人，剖析任务内容，商定工作方案，明确成员分工，有序规范安全完成任务。小组讨论选派代表，进行汇报分享。简易图绘制要求画面布局合理，车体结构布局准确、清晰，文字说明简洁。分享时采用普通话，口齿清晰，声音洪亮</td></tr>
<tr><td colspan="4">检查意见：</td></tr>
<tr><td colspan="4">签　　章：<br>日期：____年____月____日</td></tr>
</table>

说明：检查意见是在汇总任务评价表内容后，小组集体讨论，由担任学习小组的组长写出小组人员在任务完成过程中存在的问题，描述要准确，便于小组人员后期整改，并给出总体评价成绩［统一采用 A（优秀）、B（良好）、C（合格）、D（努力）4 个］。签章由任课教师签字确认评判成绩的合理性、公正性。

学习笔记

## 任务分组

请在表 2-4-2 中填写任务分工情况。

表 2-4-2　任务分配表

<table>
<tr><td>班级</td><td colspan="2"></td><td>组号</td><td></td><td>指导教师</td><td></td></tr>
<tr><td>组长</td><td colspan="2"></td><td>学号</td><td colspan="3"></td></tr>
<tr><td rowspan="5">组员</td><td>姓名</td><td>学号</td><td colspan="2">姓名</td><td colspan="2">学号</td></tr>
<tr><td></td><td></td><td colspan="2"></td><td colspan="2"></td></tr>
<tr><td></td><td></td><td colspan="2"></td><td colspan="2"></td></tr>
<tr><td></td><td></td><td colspan="2"></td><td colspan="2"></td></tr>
<tr><td></td><td></td><td colspan="2"></td><td colspan="2"></td></tr>
<tr><td colspan="7">任务分工：</td></tr>
</table>

## 任务计划

制定工作方案，填写在表 2-4-3 中。

表 2-4-3　工作方案

| 步骤 | 工作内容 | 负责人 |
| --- | --- | --- |
| 1 | | |
| 2 | | |
| 3 | | |
| 4 | | |
| 5 | | |
| 6 | | |

## 任务实施

### 一、知识储备

查阅任务关联知识，完成以下问题。（40 min）

**引导问题 1**：完成下列填空题。

（1）$HXD_3$ 型大功率交流传动货运电力机车车体为________结构，主要作用是承受机

学习笔记

车上部设备载荷和传递机车牵引力。

(2) $HXD_3$ 型电力机车底架________直接传递机车的纵向牵引力及纵向冲击载荷，其下部结构为车钩箱，用于安装车钩及缓冲装置。

(3)________主要承受变压器的垂向载荷及其产生的惯性力。

(4) $HXD_3$ 型电力机车司机室具有“小流线”外形特点，钢结构采用传统的________结构。

(5) $HXD_3$ 型电力机车司机室门采用________门，即门和门框作为一个整体，门框直接安装到司机室门洞口钢结构上。

(6) $HXD_3$ 型电力机车司机室外形制成多平面组成的________多面体，既美观又使风阻小。

(7) $HXD_3$ 型电力机车车体顶部设有三个可拆卸的活动顶盖，分别为________顶盖、________顶盖、________顶盖。

(8) $HXD_3$ 型电力机车排障器与前围板外表面采用________设计，骨架也是采用板梁结构。排障器采用可拆卸安装方式。

**引导问题 2**：完成下列选择题。

(1) 钩缓装置安装在(　　)上。

A. 端梁　　B. 边梁　　C. 中梁　　D. 旁承梁

(2) 变压器吊挂在(　　)上。

A. 端梁　　B. 边梁　　C. 中梁　　D. 旁承梁

(3)(　　)主要承受垂向载荷。

A. 端梁　　B. 边梁　　C. 中梁　　D. 旁承梁

(4) 机车车体侧墙固定在(　　)上。

A. 端梁　　B. 边梁　　C. 中梁　　D. 旁承梁

(5) 机车小排障器距轨面的高度为(　　)。

A. (80 ± 10) mm　　B. (100 ± 10) mm

C. (110 ± 10) mm　　D. (120 ± 10) mm

**引导问题 3**：完成下列判断题。

(1) 机车车体侧墙的主剪切构件就是外蒙皮，所以提高蒙皮的强度就可以提高弯曲刚性。(　　)

(2) 司机室的各墙、顶棚、地板都填加有防寒隔声材料。(　　)

(3) 横梁是箱形结构，上盖板和腹板的厚度是 15 mm，下盖板的厚度是 20 mm，高度是 210 mm，材质都是 Q345B。(　　)

(4) 司机室所有的板梁厚度均为 8 mm，其中与底架焊接的板梁厚度为 18 mm。在门框四角处加有圆角过渡，前风挡玻璃框四周的框架网格里，增加双层补强板。(　　)

(5) 机车牵引电机通风从顶盖部分进入，在Ⅰ端侧顶盖、Ⅱ端侧顶盖上设有独立结构

学习笔记

通风风道，风道成为顶盖的主要构架。（ ）

**引导问题 4**：HXD3 型电力机车底架装配由哪些部分组成？各部分的作用是什么？

**引导问题 5**：HXD3 型电力机车司机室由哪些部分组成？各部分的作用是什么？

**引导问题 6**：简述 HXD3 电力机车车顶盖组成及其作用。

## 二、游戏热身

准备一张 HXD3 型电力机车车体图片，一人随机指向图片中车体端梁、中梁、边梁、旁承梁、侧墙、车顶、司机室、排障器等部件，各小组进行抢答，口述所指部件的名称及组成。以各组回答问题的数量（50%）、正确率（50%）判定输赢。（20 min）

## 三、理论联系实际

结合 HXD3 型电力机车实物，理论联系实际，填写表 2-4-4。（30 min）

**表 2-4-4　HXD3 型电力机车车体结构认知**

| 序号 | 结构名称 | 组成 | 位置指认 |
|---|---|---|---|
| 1 | 底架 | | 正确□　错误□ |
| 2 | 司机室 | | 正确□　错误□ |

学习笔记

续上表

| 序号 | 结构名称 | 组成 | 位置指认 |
|---|---|---|---|
| 3 | 侧墙 | | 正确□　错误□ |
| 4 | 顶盖 | | 正确□　错误□ |
| 5 | 排障器 | | 正确□　错误□ |

## 四、任务活动

以小组为单位，参观校内或机务段机车实物、模型，绘制 $HXD_3$ 型电力机车车体结构简易图。简易图要求能够准确反映车体组成结构，且各组成部分的位置正确，大小比例恰当。各小组展示汇报，开展评比活动。以简易图绘制的布局合理性（25%）、部件名称准确性（25%）、部件位置安排准确性（25%）、部件个数完整性（25%）判定成绩。（45 min）

# 任务评价

各组代表展示任务完成结果，介绍任务完成过程，并填写评价表 2-4-5。

表 2-4-5　评价表

| 序号 | 评价项目 | 分值 | 自我评价 | 互相评价 | 教师评价 | 总评 |
|---|---|---|---|---|---|---|
| 1 | 学习准备 | 0 ~ 10 | | | | |
| 2 | 引导问题填写 | 0 ~ 20 | | | | |
| 3 | 任务完成质量 | 0 ~ 20 | | | | |
| 4 | 是否在规定时间完成 | 0 ~ 10 | | | | |
| 5 | 是否有序规范安全 | 0 ~ 10 | | | | |
| 6 | 是否主动参与互动 | 0 ~ 10 | | | | |
| 7 | 展示汇报 | 0 ~ 20 | | | | |
| 合　计 | | 100 | | | | |

# 任务拓展

利用软件，将 $HXD_3$ 型电力机车车体结构内容绘制成思维导图形式。思维导图绘制要求：画面布局合理，体现逻辑性、层次性，颜色搭配合理，文字说明简洁。

# 任务关联知识

## 一、$HXD_3$ 型电力机车车体结构特点

$HXD_3$ 型大功率交流传动货运电力机车车体（图 2-4-1）为整体承载结构，主要作用是

学习笔记

HXD3型电力机车车体认知

承受机车上部设备载荷和传递机车牵引力。

司机室采用框架/网架式,外形采用小流线型;侧墙采用框架式;底架采用有中梁式,中梁作为机械间中间走廊。由此,车体整体框架由柱、梁等纵向贯通构件来承受轴向力,由蒙皮、底架盖板等薄板来承担剪切力。机车设备主要集中在车上,也就是大部分设备安装在车体底架上,除底架外,车体侧墙也承受着部分垂直载荷,侧墙立柱都与底架相连,负责将载荷分散传递到蒙皮上。

图 2-4-1　HXD3 型电力机车车体

## 二、车体各部主要结构

车体主要由底架、司机室、侧墙、顶盖以及连接横梁等组成。

### 1. 底架

底架(图 2-4-2)主要由端梁、旁承梁、中梁(变压器梁)、边梁等组成。其中端梁安装有钩缓装置用以牵引;中梁下面吊挂着主变压器;旁承梁则通过旁承座连接转向架支撑整个车体。

图 2-4-2　HXD3 型电力机车车体底架

学习笔记

(1)端梁

底架前后端梁直接传递机车的纵向牵引力及纵向冲击载荷,其下设有车钩箱,用于安装车钩及缓冲装置。车钩箱与端牵引梁上、下盖板及前、后端板等主要板件组焊成较为复杂的箱形体。八字形箱形斜撑与侧边梁和端部横梁连接,将力传到边梁上,很好地将牵引及冲击载荷分散到侧边梁处。前、后端牵引梁两侧与底架边梁相连接。

由于该车为低位牵引,牵引拉杆座位于端部下方,因而后端板与端部中梁之间落差较大,极易造成应力集中。为改善连接结构处的受力状况,在此位置加一带圆滑过渡连接加强板的中梁,使受力结构件组成的横截面平缓过渡,很好地消除应力集中,将牵引载荷顺利地过渡到中间梁进而传递到两侧边梁。端部上、下盖板的厚度 16 mm,前后端板厚度均为 20 mm。在端部牵引梁两侧边梁上安装有救援吊座,作为单头起吊吊销孔,采用 ZG230-450 整体铸造。

(2)旁承梁

旁承梁(二系簧座梁)通过二系簧座与转向架二系弹簧连接,主要承受机车的垂向载荷,纵向连接着端部牵引梁与中梁,横向箱形梁跨连着两侧边梁,使整个底架大的网格框架有机组合起来,对从前、后端牵引梁和侧梁传递过来的力进行分散。旁承梁主要由两组横梁加盆形中梁以及旁承座组成。横梁是箱形结构,上盖板和腹板的厚度是 16 mm,下盖板厚 20 mm,高 210 mm,材质都是 Q345B。旁承座为转向架支撑车体的支点,对强度和刚性有很高的要求,采用 ZG230-450 铸造,组焊后整体加工。旁承座四周是压形弯梁,连接旁承座及横梁和侧边梁,组成网格结构。

(3)中梁

中梁也叫变压器梁,由两根横梁加侧边梁组成。中梁主要承受变压器的垂向载荷及其产生的惯性力。$HXD_3$ 型电力机车采用吊挂式安装变压器,主要由两组相同的变压器横向安装梁组成,两端与底架侧梁连接,变压器通过安装螺栓穿过吊挂孔,吊挂在变压器梁下方。横梁是箱形结构,为增加刚度和强度,中间均布有立板,上、下盖板厚 20 mm,腹板厚 16 mm,材质都是 Q345B。横梁下侧有三块开 4 个吊孔的安装座板,横梁侧腹板开有 4 个方便安装的工艺孔。

(4)边梁

边梁是狭长的箱形结构,由 510 mm × 108 mm × 16 mm 的压型槽钢与宽 550 mm,厚 16 mm 的外板组焊而成。侧墙就固定在边梁上面,箱形梁内部布置有加强筋板。

### 2. 司机室

根据司机室“小流线”外形特点,钢结构采用传统的“板、梁组合”结构。所有的板梁厚度均为 8 mm,其中与底架焊接的板梁厚 20 mm。在门框四角处加有圆角过渡,前风挡玻璃框四周的框架网格里,增加双层补强板。

司机室内部采用铝板进行装修。前窗玻璃根据机车外形确定为一块柱面玻璃,直接粘接于司机室的风挡玻璃框上。司机室侧窗采用提拉式结构。司机室的各墙、顶棚、地

学习笔记

板都填加有防寒隔声材料。

司机室门(图 2-4-3)采用气密封整体门,即门和门框作为一个整体,门框直接安装到司机室门洞口钢结构上。门为铝蜂窝材料,门框为铝合金材料,门和门框之间有一层充气密封条。其作用原理是:当门打开或未锁紧状态,充气离合开关关闭,密封条内没有空气,密封条与门框不接触,也就是没有密封,其好处是在开、关门时,密封条与门框不产生摩擦,不会磨损,起到保护密封条的作用,延长密封条的使用寿命和保持良好的密封性能;当门锁紧后,门与门框相对静止,充气离合开关打开,密封条内充气,实现密封。该车门通过了密封试验及整车淋雨试验,隔声降噪及防水防尘密封性能非常好,完全达到了设计要求,解决了门漏雨等密封问题。

司机室技术参数:

| | |
|---|---|
| 司机室总长 | 2 720 mm |
| 司机室高 | 2 500 mm |
| 司机室宽 | 3 100 mm |

### 3. 侧墙

侧墙(图 2-4-4)承担着大部分的垂直载荷,侧墙立柱都与底架边梁相连。由于侧墙承担着垂直载荷产生的车体剪切力,因而侧墙的强度与提高车体弯曲刚性的关系最为密切。由于侧墙的主剪切构件就是外蒙皮,所以提高蒙皮的强度就可以提高弯曲刚性。由立柱和横梁等组成的骨架网格,使整个蒙皮能均匀地承受载荷。该网格梁全部采用断面为 120 mm×80 mm×8 mm 的方管。侧墙两端与Ⅰ、Ⅱ端司机室骨架连接。侧墙蒙皮在上横梁处翻边 10 mm,用于顶盖密封胶条安装。

图 2-4-3　司机室门

图 2-4-4　侧墙

### 4. 顶盖

HXD3 型电力机车车体顶部设有三个可拆卸的活动顶盖(图 2-4-5),分别为Ⅰ端侧顶盖、中央顶盖、Ⅱ端侧顶盖。虽然顶盖不作为车体的承载部分,但其上面有车顶电气设备,如受电弓、主断路器、隔离开关、导电杆、支持绝缘子等,另外对提高车体的自振频率有很大的作用,因此结构设计时也要求考虑到足够的强度和刚度。同时,牵引电机通风也从顶盖部分进入,在Ⅰ端侧顶盖、Ⅱ端侧顶盖上设有独立结构通风风道,风道成为顶盖

的主要构架。中央顶盖蒙皮内侧分布有立板梁，作为支撑，板梁之间用压型梁连接，作为网格骨架。各顶盖上根据车顶电气设备安装需要，设有相关的安装支座。在车内设备相对应位置设有进风口，装有百叶窗供电器件通风冷却。为能够通过车内梯子到达车顶进行各种作业，设置有活动天窗（人孔盖）。

图 2-4-5 顶盖

由于电力机车内布置有大量的电气设备，又由于顶盖的制造精度以及顶盖与车体之间的间隙很难达到理论设计尺寸要求，所以整个机车的密封、防水就显得尤为重要。根据顶盖安装方式，采用了双层密封胶条结构。Ⅰ端侧顶盖与Ⅱ端侧顶盖结构基本相同。

### 5. 排障器

排障器（图 2-4-6）安装在机车车体前端下部，它主要用于排除机车运行前方的障碍物，对机车的安全运行起保护作用，因此排障器需具有一定的强度和刚度。排障器设有脚踏板，便于工作人员调车作业。排障器与前围板外表面采用流线型圆滑过渡设计，骨架也是采用板梁结构。排障器采用可拆卸安装方式，在排障器上安装有小排障器，小排障器与轨面距离可调整，以保证与轨道面间距不小于 110 mm。

排障器技术参数：

排障器总宽度　　2 713. 5 mm

小排障器距轨面高度　　$110^{+10}_{0}$ mm

图 2-4-6 排障器

铁道机车车体结构认知习题

# 项目三　铁道机车设备布置及检查维护

## 致敬最美铁路人，铸就大国工匠心

### 技术尖兵杜赫——沙漠深处守护安全

杜赫是中国铁路呼和浩特局集团有限公司包头供电段响砂湾供电车间副主任。杜赫2012年从部队复员后，脱下绿色军装、穿上铁路工装，就来到库布齐沙漠腹地成为一名接触网工。接触网是给列车供电的输电线路，距离地面大概6米高，需要通过吊弦来保证接触网的高度稳定，而调整吊弦的长度成了杜赫的日常工作之一。

"这把扳手是过去经常用的棘轮扳手，干活快、效率高。现在用的这把扳手叫作力矩扳手，不仅干活快、效率高，而且可以调整力矩。工具的不断更新，让我们的作业更加精准。"杜赫拿起两把安装吊弦用的扳手，说到："因为经常在接触网上进行高空作业，所以很多人还称我们为'蜘蛛人'。"

从铁路行业的新人到技术尖兵，一路走来，杜赫觉得，干好接触网，必须要胆大心细。为了让列车运行更加平稳有序，他想方设法把原本要求2毫米的标准误差控制在1.5毫米。"我所在的工作地点是在沙漠腹地，四季气候变化特别明显，要求接触网设备在极限温度条件下，必须运行良好。"杜赫说，接触网的很多计量单位以毫米"起步"，这中间的0.5毫米，不仅是自身作业标准的提高，还意味着更大责任。

接触网工是高空、高压、高危的"三高"职业，每天面对25千伏的高压电线，只有提高作业标准，才能保护战友们的安全；只有练就过硬本领，保安全才有更大底气。得益于现在的装备不断更新升级，杜赫和同事们才敢和0.5毫米较真；正是因为这种较真，设备才能一直安全稳定。

虽然是在沙漠腹地，但是经过十几年共同努力，如今，杜赫所在的办公区院内绿树成荫、鸡羊满圈。他们服务的包西铁路是北煤南运的重要通道，每天近30万吨的煤炭源源不断发往全国各地，运量还在逐年攀升。

杜赫说，从前都是用"两人干、四人扶"的人工车梯进行作业，现在有了可以容纳50多人同时在车辆顶部进行高空作业的大型装备，效率比原先翻了几番，节省出来的时间也可以运输更多的货物。每当看到一列列装满货物的列车穿越戈壁大漠，奔向渤海之滨，杜赫感到无比兴奋。

胆大心细、精益求精，杜赫在6米高的高空检修接触网旁，守护着沙漠铁路的运行安全。

心得感悟：

学习笔记

# 任务一　HXN5 型内燃机车设备布置认知

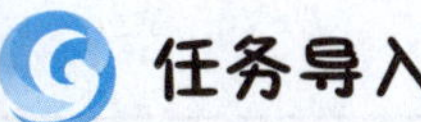

## 任务导入

1. HXN5 型内燃机车内部可能会有哪些电气设备?
2. 内燃机车的柴油机安装在哪里?
3. HXN5 型内燃机车司机室有何特点?

## 任务目标

了解 HXN5 型内燃机车设备布置的总体特点,掌握各设备布置的具体位置及功能。

## 任务内容

任务书见表 3-1-1。

表 3-1-1　任务书

| 任务名称 | 绘制 HXN5 型内燃机车设备布置简易图 | 参考学时 | 3 |
|---|---|---|---|
| 任务描述:<br>查阅图书馆和网络上相关资料,阅读项目三任务一中任务关联知识;参观校内或机务段机车实物、模型,绘制 HXN5 型内燃机车设备布置简易图。各小组展示汇报,开展评比活动 | | | |
| 任务要求:<br>以小组为单位,每组 5～8 人,剖析任务内容,商定工作方案,明确成员分工,有序规范安全完成任务。小组讨论选派代表,进行汇报分享。简易图绘制要求画面布局合理,车体结构布局准确、清晰,文字说明简洁。分享时采用普通话,口齿清晰,声音洪亮 | | | |
| 检查意见: | | | |
| 签　　章:<br>日期:____年____月____日 | | | |

说明:检查意见是在汇总任务评价表内容后,小组集体讨论,由担任学习小组的组长写出小组人员在任务完成过程中存在的问题,描述要准确,便于小组人员后期整改,并给出总体评价成绩[统一采用 A(优秀)、B(良好)、C(合格)、D(努力)4 个]。签章由任课教师签字确认评判成绩的合理性、公正性。

学习笔记

## 任务分组

请在表 3-1-2 中填写任务分工情况。

**表 3-1-2 任务分配表**

<table>
<tr><td>班级</td><td></td><td>组号</td><td colspan="2"></td><td>指导教师</td><td></td></tr>
<tr><td>组长</td><td></td><td>学号</td><td colspan="4"></td></tr>
<tr><td rowspan="5">组员</td><td colspan="2">姓名</td><td colspan="2">学号</td><td>姓名</td><td>学号</td></tr>
<tr><td colspan="2"></td><td colspan="2"></td><td></td><td></td></tr>
<tr><td colspan="2"></td><td colspan="2"></td><td></td><td></td></tr>
<tr><td colspan="2"></td><td colspan="2"></td><td></td><td></td></tr>
<tr><td colspan="2"></td><td colspan="2"></td><td></td><td></td></tr>
<tr><td colspan="7">任务分工：</td></tr>
</table>

## 任务计划

制定工作方案，填写在表 3-1-3 中。

**表 3-1-3 工作方案**

| 步骤 | 工作内容 | 负责人 |
|---|---|---|
| 1 | | |
| 2 | | |
| 3 | | |
| 4 | | |
| 5 | | |
| 6 | | |

## 任务实施

### 一、知识储备

查阅任务关联知识，完成以下问题。(35 min)

**引导问题 1：**HXN5 型内燃机车司机室主操纵台上有哪些设备？

学习笔记

引导问题 2：HXN5 型内燃机车发电机室有哪些设备？

引导问题 3：HXN5 型内燃机车冷却室有哪些设备？

引导问题 4：填写题图 3-1-1 中所示设备的名称。

题图 3-1-1

## 二、游戏热身

准备好若干小纸条，分别在小纸条上写上 LKJ 显示屏、牵引电机通风机、空气压缩机、柴油机、电阻制动风机、水箱、排尘风机等部件名称，各小组代表随机抽取一张小纸

学习笔记

条，口述小纸条所写部件的安装位置及作用。以口述的准确性(50%)、完整性(50%)判定输赢。(30 min)

## 三、理论联系实际

结合 HXN5 型内燃机车实物，理论联系实际，将表 3-1-4 中的设备归类到其所在室内。(30 min)

**表 3-1-4　HXN5 型内燃机车设备归类**

| 设备编号及设备名称 | 区域名称 | 设备归类(写出编号) |
| --- | --- | --- |
| ①牵引发电机；②电子制动阀；③冰箱；④电阻制动装置；⑤高压电气柜；⑥牵引电机通风机；⑦排尘风机；⑧主机油泵；⑨机油滤清器；⑩燃油滤清器 | 司机室 | |
| | 辅助室 | |
| | 发电机室 | |
| | 冷却室 | |
| | 柴油机室 | |

## 四、任务活动

以小组为单位，参观校内或机务段机车实物、模型，绘制 HXN5 型内燃机车设备布置简易图。简易图要求能够准确反映设备布置情况，且各室、各部件的位置正确，大小比例恰当。各小组展示汇报，开展评比活动。以简易图绘制的布局合理性(25%)、部件名称准确性(25%)、部件位置安排准确性(25%)、部件个数完整性(25%)判定成绩。(45 min)

## 任务评价

各组代表展示任务完成结果，介绍任务完成过程，并填写评价表 3-1-5。

**表 3-1-5　评价表**

| 序号 | 评价项目 | 分值 | 自我评价 | 互相评价 | 教师评价 | 总评 |
| --- | --- | --- | --- | --- | --- | --- |
| 1 | 学习准备 | 0～10 | | | | |
| 2 | 引导问题填写 | 0～20 | | | | |
| 3 | 任务完成质量 | 0～20 | | | | |
| 4 | 是否在规定时间完成 | 0～10 | | | | |
| 5 | 是否有序规范安全 | 0～10 | | | | |
| 6 | 是否主动参与互动 | 0～10 | | | | |
| 7 | 展示汇报 | 0～20 | | | | |
| 合　计 | | 100 | | | | |

学习笔记

## 任务拓展

查阅资料，了解 HXN3 型内燃机车布置，比较 HXN3 与 HXN5 型内燃机车两者的设备布置有什么区别，制作 PPT。PPT 制作要求结构、布局合理，整体色调、风格协调，图文搭配合理，切勿大段文字堆砌。

## 任务关联知识

### 一、HXN5 型内燃机车设备布置的原则

HXN5型内燃机车设备布置认知

机车的设备布置是将机车上各种电气屏柜及元器件进行合理布置，这些部件结构复杂、体积不一样、重量不相等，因此要考虑到设备布置的原则。

(1)重量分布均匀。目的在于使机车的轴重分布均衡，机车牵引力得到充分发挥。因此，成对的设备应两端对称或斜对称布置。

(2)安装和维修方便。设备应尽可能按照屏柜化、模块化的设计原则进行设计和布置，便于车下组装和车上吊装，结构紧凑，接近容易，维修方便。特别是运用中经常要接近的设备，应留有足够的作业空间。

(3)安全防护。凡危及人身安全的设备，譬如高压设备，要有防护措施及警示标牌。

(4)经济。设备布置应充分利用空间，缩短车体长度，电缆、母线、风管、风道尽可能短，以简化施工，节约材料。

(5)舒适。主要是指司机室设备布置。

HXN5 型内燃机车设备布置原则也适用于电力机车。

### 二、HXN5 型内燃机车设备布置

#### 1. 司机室设备布置

单司机室 HXN5 型内燃机车司机室(图 3-1-1)前端壁下部左右两侧设有前转向架的砂箱。上部装有两块具有防霜、加热功能的 PVB 夹层玻璃的前窗，窗外设有气动刮雨器。前窗下面左右两侧设有标志灯。两侧侧墙上部设有侧窗，侧窗下部有电热丝式加热器。两侧墙前外端还装有后视镜。顶棚前端中部为头灯。司机室内部铺有防滑、吸声特性材料的底板，将司机室内部隔为上、下两部分。司机室底板下部为空气制动设备柜，其中还安装有空调、压力开关、变压器等其他设备。

司机室底板上部前端左侧和后端右侧分别设置有主操纵台和副操纵台，操纵台上安置了全部驾驶和信息控制设备。操纵台上布置有构成人机接口的设备：司机主控制器、电子制动阀、智能显示器等；操纵台后端设有司机座椅。司机室前端前窗下部设有加热盘和电烤箱、监控系统主机、信号系统主机、冰箱、灭火器和工具箱。

学习笔记

图 3-1-1　HXN5 型内燃机车司机室

### 2. 辅助室设备布置

辅助室内部以车顶底板将其分隔为上辅助室、下辅助室。上部前端为辅助通风机、主发电机通风机的进风区间，其车顶两侧设有 V 形滤网和离心式空气滤清器，后端为单支电阻制动装置工作区间，内部安装有一组电阻制动装置。

辅助室下部为安装多个辅助、牵引和变流器控制设备的电气柜。

电气柜内以中间隔板隔为前、后两室：前室为低压电器柜（功率装置柜）（图 3-1-2），后室为高压电器柜（牵引变流器）（图 3-1-3）。

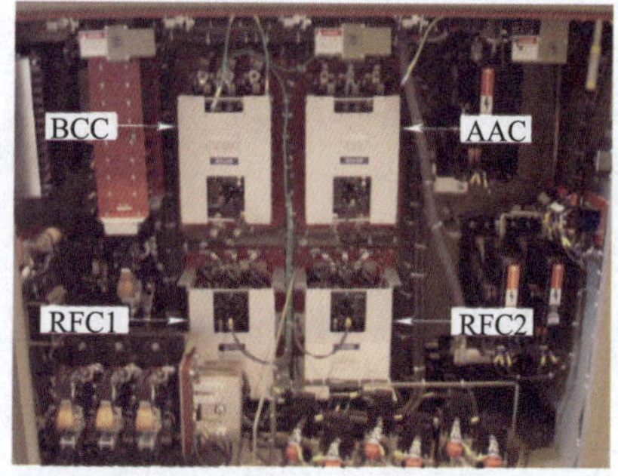


图 3-1-2　低压电器柜

图 3-1-3　高压电器柜

学习笔记

### 3. 发电机室设备布置

发电机室(图 3-1-4)分为上下两部分,上部为机车两组电阻制动装置工作区间,两侧都装有制动电阻进风(下部)和排风百叶窗(上部),内部安装有两组电阻制动装置和电阻制动风机(图 3-1-5)。下部安装有牵引发电机和辅助发电机(串联连接)以及用于启动柴油机的启机转换开关(CTS)。

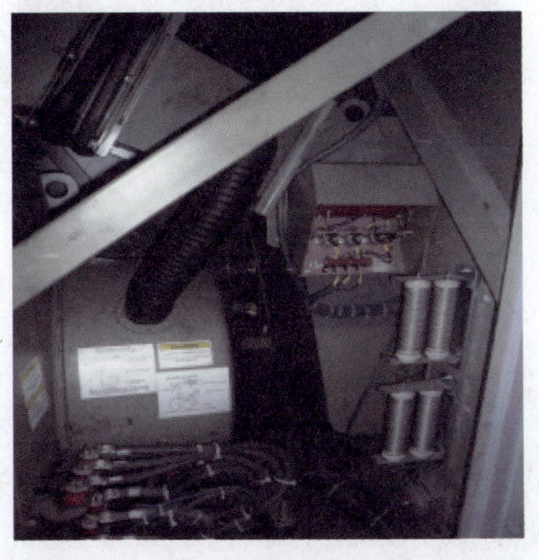

图 3-1-4 发电机室

图 3-1-5 电阻制动风机

### 4. 柴油机室设备布置

柴油机室主要用以安装柴油机设备,主要有主机油泵(图 3-1-6)、机油滤清器(图 3-1-7)、燃油滤清器(图 3-1-8)、燃油管路(图 3-1-9)。

图 3-1-6 主机油泵

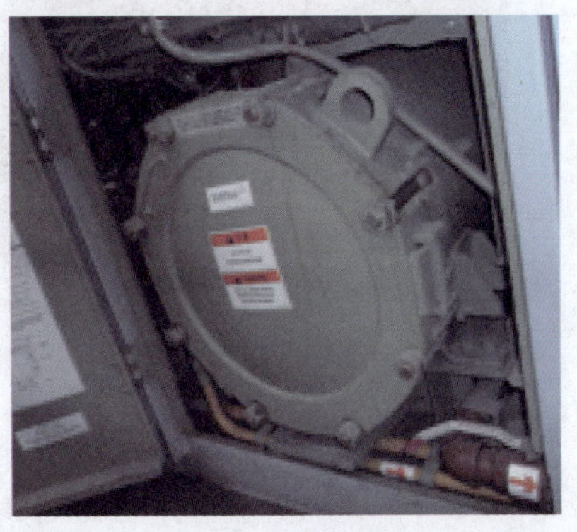

图 3-1-7 机油滤清器

学习笔记

图 3-1-8　燃油滤清器

图 3-1-9　燃油管路

### 5. 冷却室设备布置

冷却室内靠近柴油机侧安装牵引电机通风机、排尘风机以及相应的风道，靠近机车端部侧安装空气压缩机（图 3-1-10）及其辅助设备［如空压机传感器（图 3-1-11）］、砂箱、CA9 电气柜以及相应的控制阀。

图 3-1-10　空气压缩机

图 3-1-11　空压机传感器

## 任务二　SS4G 型电力机车设备布置认知

### 任务导入

1. 试说出 SS4G 型电力机车内部可能会有哪些电气设备？说出机车设备的名称和作用。

学习笔记

2. 机车车体机械间有哪些大型电气设备？电压是多高？起到什么作用？

3. 电力机车车顶有哪些设备？电压是多高？起到什么作用？

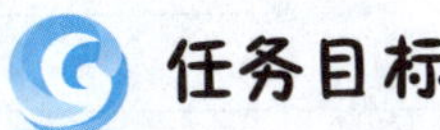

## 任务目标

了解 SS4G 型电力机车设备布置的总体特点，掌握各设备布置的具体位置及功能。

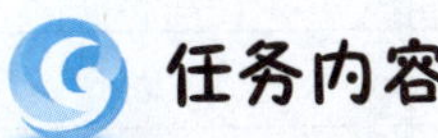

## 任务内容

任务书见表 3-2-1。

表 3-2-1 任务书

| 任务名称 | 绘制 SS4G 型电力机车设备布置简易图 | 参考学时 | 3 |
|---|---|---|---|
| 任务描述：<br>查阅图书馆和网络上相关资料，阅读项目三任务二中任务关联知识；参观校内或机务段机车实物、模型，绘制 SS4G 型电力机车设备布置简易图。各小组展示汇报，开展评比活动 | | | |
| 任务要求：<br>以小组为单位，每组 5～8 人，剖析任务内容，商定工作方案，明确成员分工，有序规范安全完成任务。小组讨论选派代表，进行汇报分享。简易图绘制要求画面布局合理，车体结构布局准确、清晰，文字说明简洁。分享时采用普通话，口齿清晰，声音洪亮 | | | |
| 检查意见： | | | |
| 签　章：<br><br>日期：____年____月____日 | | | |

说明：检查意见是在汇总任务评价表内容后，小组集体讨论，由担任学习小组的组长写出小组人员在任务完成过程中存在的问题，描述要准确，便于小组人员后期整改，并给出总体评价成绩[统一采用 A(优秀)、B(良好)、C(合格)、D(努力)4 个]。签章由任课教师签字确认评判成绩的合理性、公正性。

## 任务分组

请在表 3-2-2 中填写任务分工情况。

学习笔记

表 3-2-2　任务分配表

<table>
<tr><td>班级</td><td></td><td>组号</td><td></td><td>指导教师</td><td></td></tr>
<tr><td>组长</td><td></td><td>学号</td><td colspan="3"></td></tr>
<tr><td rowspan="5">组员</td><td>姓名</td><td>学号</td><td>姓名</td><td colspan="2">学号</td></tr>
<tr><td></td><td></td><td></td><td colspan="2"></td></tr>
<tr><td></td><td></td><td></td><td colspan="2"></td></tr>
<tr><td></td><td></td><td></td><td colspan="2"></td></tr>
<tr><td></td><td></td><td></td><td colspan="2"></td></tr>
<tr><td colspan="6">任务分工：</td></tr>
</table>

## 任务计划

制定工作方案，填写在表 3-2-3 中。

表 3-2-3　工作方案

| 步骤 | 工作内容 | 负责人 |
|---|---|---|
| 1 | | |
| 2 | | |
| 3 | | |
| 4 | | |
| 5 | | |
| 6 | | |

## 任务实施

### 一、知识储备

查阅任务关联知识，完成以下问题。(40 min)

**引导问题 1**：完成下列填空题。

(1)SS4G 型电力机车采用单节单端司机室，两节完全相同。根据其作用的不同，分为六大区域即司机室、Ⅰ端电器室、________、Ⅱ端电器室、________和车顶设备。

学习笔记

(2)SS4G 型电力机车采用双边纵走廊、各设备________布置。设备屏柜化、成套化，便于车下组装、车上吊装，结构紧凑，维修方便。

(3)SS4G 型电力机车首次采用了________________________的预布线结构。

(4)SS4G 型电力机车上除________外，所有的电气设备都布置在车体上，其中绝大部分都布置在车体内，安全可靠，运行中便于检查。

(5)SS4G 型电力机车辅助室安装的主要设备有________、________、________、综合柜、启动电容柜、Ⅱ号端子柜、制动屏柜、电子电源柜。

(6)SS4G 型电力机车车顶的入口设置在________室的车顶顶盖上，当顶盖打开时，顶盖将与车顶的高压母线的接地装置相连接，使车顶上的高压设备全部接地，以保护司乘人员人身安全。

**引导问题 2**：完成下列选择题。

(1)劈相机安装在(　　)内。

A. Ⅰ端电器室　　B. 变压器室　　C. Ⅱ端电器室　　D. 辅助室

(2)网压表和辅压表安装在(　　)内。

A. Ⅰ端电器室　　B. 变压器室　　C. Ⅱ端电器室　　D. 司机室

(3)复轨器安装在(　　)内。

A. Ⅰ端电器室　　B. 变压器室　　C. Ⅱ端电器室　　D. 辅助室

(4)空气断路器属于下列哪个室的设备？(　　)

A. Ⅰ端电器室　　B. 变压器室　　C. Ⅱ端电器室　　D. 车顶

(5)总风缸安装在下列哪个位置？(　　)

A. 车顶　　B. 车底　　C. 司机室　　D. 变压器室

**引导问题 3**：SS4G 型电力机车司机室有哪些设备，这些设备的功能是什么？

________________________________________________

________________________________________________

________________________________________________

________________________________________________

________________________________________________

**引导问题 4**：SS4G 型电力机车车顶有哪些设备？

________________________________________________

________________________________________________

________________________________________________

________________________________________________

________________________________________________

学习笔记

**引导问题5**:SS4G型电力机车车下有哪些设备?

## 二、游戏热身

准备一张SS4G型电力机车图片,一人随机指向图片中机车上的设备,各小组进行抢答,口述所指设备的名称及作用。以各组回答问题的数量(50%)、正确率(50%)判定输赢。(20 min)

## 三、理论联系实际

结合SS4G型电力机车实物,理论联系实际,分组、分机车区域描述各区域布置设备的名称和作用,并将表3-2-4中的设备归类到其所在区域。(30 min)

表3-2-4 SS4G型电力机车设备归类

| 设备编号及设备名称 | 区域名称 | 设备归类(写出编号) |
|---|---|---|
| ①蓄电池箱;②空气制动阀;③高压电流互感器;④复轨器;⑤PFC开关柜;⑥上车顶梯;⑦劈相机;⑧压缩机;⑨PFC电容柜(下);⑩PFC电容柜(上) | 司机室 | |
| | Ⅰ端电器室 | |
| | 变压器室 | |
| | Ⅱ端电器室 | |
| | 车顶 | |
| | 车底 | |

## 四、任务活动

以小组为单位,参观校内或机务段机车实物、模型,绘制SS4G型电力机车设备布置简易图。简易图要求能够准确反映设备布置情况,且各室、各部件的位置正确,大小比例恰当。各小组展示汇报,开展评比活动。以简易图绘制的布局合理性(25%)、部件名称准确性(25%)、部件位置安排准确性(25%)、部件个数完整性(25%)判定成绩。(45 min)

## 任务评价

各组代表展示任务完成结果,介绍任务完成过程,并填写评价表3-2-5。

学习笔记

表 3-2-5 评价表

| 序号 | 评价项目 | 分值 | 自我评价 | 互相评价 | 教师评价 | 总评 |
|---|---|---|---|---|---|---|
| 1 | 学习准备 | 0～10 | | | | |
| 2 | 引导问题填写 | 0～20 | | | | |
| 3 | 任务完成质量 | 0～20 | | | | |
| 4 | 是否在规定时间完成 | 0～10 | | | | |
| 5 | 是否有序规范安全 | 0～10 | | | | |
| 6 | 是否主动参与互动 | 0～10 | | | | |
| 7 | 展示汇报 | 0～20 | | | | |
| 合　计 | | 100 | | | | |

## 任务拓展

利用软件，将 SS4G 型电力机车设备布置内容绘制成思维导图形式。思维导图绘制要求：画面布局合理，体现逻辑性、层次性，颜色搭配合理，文字说明简洁。

## 任务关联知识

### 一、SS4G 型电力机车设备布置的特点

SS4G型电力机车设备布置认知

1. 机车采用单节单端司机室，两节完全相同。根据其作用的不同，分为六大区域，即司机室、Ⅰ端电器室、变压器室、Ⅱ端电器室、辅助室和车顶设备。

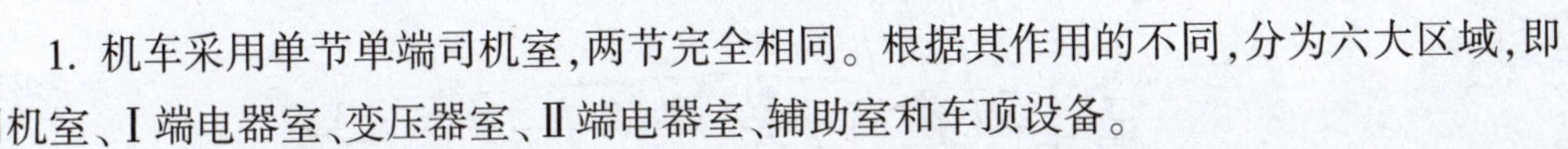

2. 双边纵走廊、各设备采用斜对称布置。设备屏柜化、成套化，便于车下组装、车上吊装，结构紧凑，维修方便。

3. 除轴流式通风机组外，其他设备为平面单层布置，设备拆装，互不影响。

4. 根据单端司机室的特点，将噪声较大的劈相机、压缩机安装在远离司机室的辅助室内，大大降低了司机室的噪声。

5. 首次采用了机车管路的预布管和控制电路的预布线结构。

6. 除牵引电机外，所有的电气设备都布置在车体上，其中绝大部分都布置在车体内，安全可靠，运行中便于检查。

7. 平波电抗器采用油冷方式，且与主变压器共用油箱和油散热系统，降低了机车重心，提高了散热效率。

### 二、SS4G 型电力机车设备布置

单节机车设备布置如图 3-2-1 所示。

学习笔记

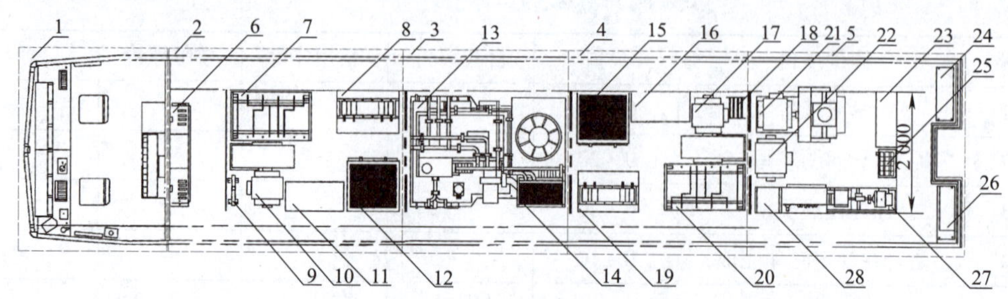


图 3-2-1 SS4G 型电力机车设备布置

1—司机室；2—Ⅰ端电器室；3—变压器室；4—Ⅱ端电器室；5—辅助室；
6—Ⅰ号端子柜；7—Ⅰ号硅机组(上)和 PFC 电容柜(下)；8—Ⅰ号高压电器柜；9—复轨器；
10—Ⅰ号牵引通风机组；11—Ⅰ号低压电器柜；12—Ⅰ号制动电阻柜；13—主变压器；
14—PFC 开关柜；15—Ⅰ号制动电阻柜；16—Ⅱ号低压电器柜；17—Ⅱ号牵引通风机组；
18—上车顶梯；19—Ⅰ号高压电器柜；20—Ⅱ号硅机组(上)和 PFC 电容柜(下)；
21—空气压缩机组；22—劈相机；23—空气干燥器；24—综合柜；25—起动电容柜；
26—Ⅱ号端子柜；27—制动屏柜；28—电子电源柜

### 1. 司机室设备布置(图 3-2-2)

司机室设备是根据正副司机的工作位置分左右侧设置的,左侧为正司机工作区域,右侧为副司机工作区域。

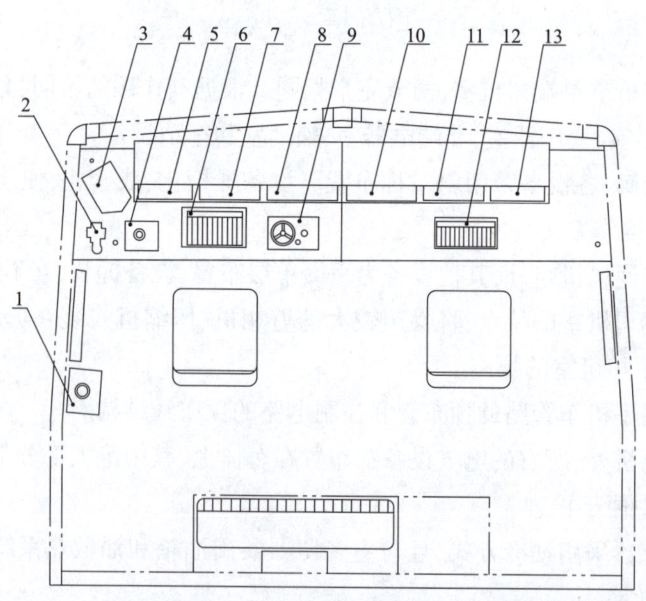


图 3-2-2 SS4G 型电力机车司机室设备布置

1—调车司机控制器；2—空气制动阀；3—速度表；4—电空制动控制器；5—主台气表；
6—主司机琴键开关；7—主台电表；8—主台显示屏及开关；9—主司机控制器；10—副台电表；
11—副台显示屏；12—副司机琴键开关；13—副台开关

学习笔记

(1)主司机操纵台

主司机操纵台按照制造日期的先后分为两种。早期主司机操纵台(图 3-2-3)设置有主司机控制器、琴键开关盒、电空制动控制器、速度表、空气制动阀、风笛和记点灯。操纵台的正面设置有主台气表、主台仪表和主台显示屏及开关(图 3-2-4)。后期的主司机操纵台将琴键式开关更改为按键式开关。

①主台气表。主台安装 2 块双针压力表和 1 块制动缸压力表。

②主台仪表。主台安装 4 块牵引电机电流表,2 块牵引电机电压表,1 块网压表和辅压表(双针),1 块励磁电流表(双针)。

图 3-2-3 主司机操纵台(早期)

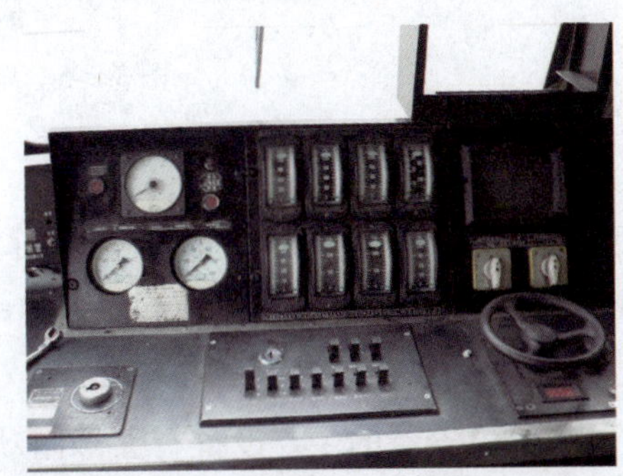

图 3-2-4 主台气表、仪表

③主台显示屏及司机控制器。主台显示屏上安装有机车故障显示屏、重联控制开关和自起劈相机开关各 1 个。机车故障显示屏的发光元件采用的是发光二极管,它主要显示的是机车故障的性质和状态。司机控制器结构中有换向手柄和调速手轮。左侧为调速手轮,受右边换向手柄控制,换向手柄为司机操纵机车的主要部件,插入司机控制器右侧换向轴槽内,可以在 4 个位置“前、后、零、制”之间转动。前、后位时,左侧调速手轮可以顺时针转动,为机车牵引调速;制位时调速手轮可以逆时针转动,为机车制动调速;零位是换向手柄插入和取出位,此时调速手轮不能转动。

(2)副司机操纵台(图 3-2-5)

在副司机操纵台上设置有按键开关和风笛。操纵台的正面设置辅助风缸压力表,显示小风泵打风时辅助风缸压力。插座、窗加热、空调、壁炉开关辅助压缩机按钮、紧急制动按钮辅助显示屏对主台主接地、牵引电机的显示补充、通风机、制动风机、压缩机、油泵、变压器等状态进行显示。

### 2. Ⅰ端电器室布置

Ⅰ端电器室与司机室相邻,安装的主要设备有Ⅰ号端子柜、Ⅰ号硅机组(上)和 PFC 电容柜(下)、Ⅰ号高压电器柜、复轨器、Ⅰ号牵引通风机组、Ⅰ号低压电器柜、Ⅰ号制动电阻柜。

学习笔记

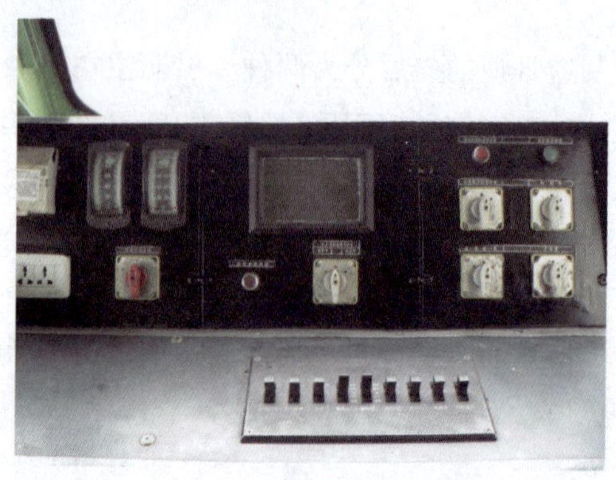

图 3-2-5　副司机操纵台

### 3. 变压器室设备布置

变压器室位于机车中部,主要安装牵引变压器及其附件和 PFC 开关柜,以及机车保护、测量和控制用的三种交流电流互感器等电气设备。

### 4. Ⅱ端电器室设备布置

Ⅱ端电器室安装的主要设备有Ⅱ号制动电阻柜、Ⅱ号低压电器柜、Ⅱ号牵引通风机组、上车顶梯、Ⅱ号高压电器柜、Ⅱ号硅机组(上)和 PFC 电容柜(下)。与Ⅰ端电器室设备基本斜对称布置。

### 5. 辅助室设备布置

辅助室安装的主要设备有空气压缩机组、劈相机、空气干燥器、综合柜、启动电容柜、Ⅱ号端子柜、制动屏柜、电子电源柜。

### 6. 车顶设备布置

车顶安装的设备主要有单臂受电弓、空气断路器、金属氧化物避雷器、高压电流互感器、高压电压互感器、高压连接器和车顶高压母线与绝缘子,如图 3-2-6 所示。

图 3-2-6　SS4G 型电力机车车顶设备

学习笔记

车顶的入口设置在Ⅱ端电器室的车顶顶盖上，当顶盖打开时，顶盖将与车顶高压母线的接地装置相连接，使车顶上的高压设备全部接地，以保护司乘人员人身安全。

### 7. 车底设备布置

车底设备包括主电路库用插座、辅助电路库用插座（图 3-2-7）、控制电路库用插座、蓄电池箱、总风缸（图 3-2-8）、标志灯等。

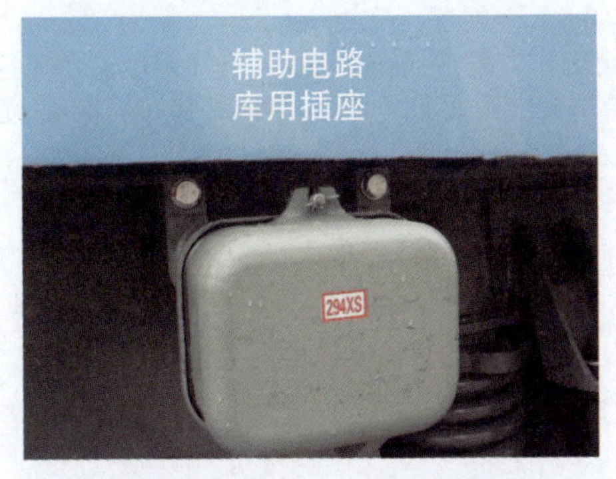


图 3-2-7　辅助电路库用插座

图 3-2-8　总风缸

### 8. 机车布线

机车布线包括主电路、辅助电路、控制电路布线。位置在机车司机室地板、机械间走廊地板、机车大顶线槽等，不同电压级别要有隔离，加强绝缘和屏蔽。

## 任务三　HXD3 型电力机车设备布置认知

### 任务导入

1. HXD3 型电力机车是哪个厂家生产的？你能说出 HXD3 型电力机车内部有哪些设备吗？

2. HXD3 型电力机车和 SS4G 型电力机车设备布置方面有什么区别？

### 任务目标

掌握 HXD3 型电力机车司机室、机械间、车顶、车下和车端设备布置情况，并区分与 SS4G 型电力机车设备布置的异同。

### 任务内容

任务书见表 3-3-1。

学习笔记

表 3-3-1　任务书

<table>
<tr><td>任务名称</td><td>绘制 HXD3 型电力机车设备布置简易图</td><td>参考学时</td><td>3</td></tr>
<tr><td colspan="4">任务描述：<br>查阅图书馆和网络上相关资料，阅读项目三任务三中任务关联知识；参观校内或机务段机车实物、模型，绘制 HXD3 型电力机车设备布置简易图。各小组展示汇报，开展评比活动</td></tr>
<tr><td colspan="4">任务要求：<br>以小组为单位，每组 5～8 人，剖析任务内容，商定工作方案，明确成员分工，有序规范安全完成任务。小组讨论选派代表，进行汇报分享。简易图绘制要求画面布局合理，车体结构布局准确、清晰，文字说明简洁。分享时采用普通话，口齿清晰，声音洪亮</td></tr>
<tr><td colspan="4">检查意见：</td></tr>
<tr><td colspan="4">签　　章：<br>日期：____年____月____日</td></tr>
</table>

说明：检查意见是在汇总任务评价表内容后，小组集体讨论，由担任学习小组的组长写出小组人员在任务完成过程中存在的问题，描述要准确，便于小组人员后期整改，并给出总体评价成绩[统一采用A（优秀）、B（良好）、C（合格）、D（努力）4 个]。签章由任课教师签字确认评判成绩的合理性、公正性。

## 任务分组

请在表 3-3-2 中填写任务分工情况。

表 3-3-2　任务分配表

<table>
<tr><td>班级</td><td></td><td>组号</td><td></td><td>指导教师</td><td></td></tr>
<tr><td>组长</td><td></td><td>学号</td><td colspan="3"></td></tr>
<tr><td rowspan="5">组员</td><td>姓名</td><td>学号</td><td>姓名</td><td colspan="2">学号</td></tr>
<tr><td></td><td></td><td></td><td colspan="2"></td></tr>
<tr><td></td><td></td><td></td><td colspan="2"></td></tr>
<tr><td></td><td></td><td></td><td colspan="2"></td></tr>
<tr><td></td><td></td><td></td><td colspan="2"></td></tr>
<tr><td colspan="6">任务分工：</td></tr>
</table>

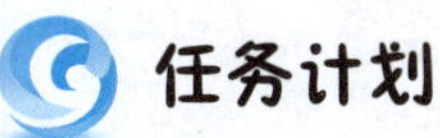

## 任务计划

学习笔记

制定工作方案，填写在表 3-3-3 中。

表 3-3-3 工作方案

| 步骤 | 工作内容 | 负责人 |
| --- | --- | --- |
| 1 | | |
| 2 | | |
| 3 | | |
| 4 | | |
| 5 | | |
| 6 | | |

## 任务实施

### 一、知识储备

查阅任务关联知识，完成以下问题。(40 min)

**引导问题 1：**完成下列填空题。

(1) $HXD_3$ 型电力机车为 6 轴货运电力机车，两端各设有一个司机室，中间为________。

(2) $HXD_3$ 型电力机车车内设备布置以平面________布置为主，设备成套安装，有利于机车的重量分配，以及机车的制造、检修和部件的互换。

(3) $HXD_3$ 型电力机车机械间分为 Ⅰ 端机械室、________和 Ⅱ 端机械室。

(4) $HXD_3$ 型电力机车上的主要高压设备大部分都布置在________。

(5) ________设备布置以电气系统设备为主。

**引导问题 2：**完成下列选择题。

(1) 暖风机布置在司机室下列哪个位置？(　　)

A. 司机室侧墙　　B. 司机室顶部　　C. 司机室后墙　　D. 司机室地板

(2) 下列哪个设备不是司机室操纵台上的设备？(　　)

A. 司机控制器　　B. 制动控制器　　C. ATP 显示器　　D. 紧急制动阀

(3) 卫生间设置在下列哪个室内？(　　)

A. 司机室　　B. Ⅰ 端机械室　　C. Ⅱ 端机械室　　D. 中央机械室

(4) 下列哪个设备安装在 Ⅱ 端机械室？(　　)

A. 蓄电池柜　　B. 控制电器柜　　C. 制动屏柜　　D. 综合通信柜

(5) 下列哪个顶盖上设置有检修用的天窗？(　　)

A. Ⅰ 端顶盖　　B. Ⅱ 端顶盖　　C. 中央顶盖

学习笔记

**引导问题3**:完成下列判断题。

(1)司机室大量采用降噪材料,保证司机室的噪声降到80 dB以下。 ( )

(2)Ⅰ端机械室布置更衣箱、卫生间、蓄电池充电装置、蓄电池柜、滤波装置、微机及监控柜、控制电器柜、综合通信柜、辅助变压器等设备。 ( )

(3)Ⅱ端机械室紧邻Ⅱ端司机室,室内布置有牵引电机通风机组、空气压缩机、总风缸、辅助风缸、干燥器、制动屏柜等设备。 ( )

(4)中央机械室布置有牵引电机通风机组、主变流装置、复合冷却器及复合冷却器通风机组等设备。 ( )

(5)机车顶盖设计成大顶盖结构,有利于机车设备的安装。机车顶盖由3个顶盖组成,车顶设备布置分为Ⅰ端顶盖设备布置、Ⅰ端顶盖设备布置和中央顶盖设备布置。

( )

**引导问题4**:指出题图3-3-1中所示设备在哪个室,并按顺时针顺序写出设备的名称。

图3-3-1 司机室操纵台

**引导问题5**:机车车顶和车底各布置了哪些设备?

学习笔记

## 二、游戏热身

准备一张 HXD$_3$ 型电力机车图片，一人随机指向图片中机车上设备，各小组进行抢答，口述所指设备的名称及作用。以各组回答问题的数量(50%)、正确率(50%)判定输赢。(20 min)

## 三、理论联系实际

结合 HXD$_3$ 型电力机车实物，理论联系实际，分组、分机车区域描述各区域布置设备的名称和作用，并将表 3-3-4 中的设备归类到其所在区域。(30 min)

表 3-3-4　HXD$_3$ 型电力机车设备归类

| 设备编号及设备名称 | 区域名称 | 设备归类(写出编号) |
|---|---|---|
| ①主变流装置；②复合冷却器；③接地开关；④复轨器；⑤速度传感器；⑥空气压缩机；⑦控制电器柜；⑧卫生间；⑨暖风机；⑩灭火器 | 司机室 | |
| | Ⅰ端机械室 | |
| | Ⅱ端机械室 | |
| | 中央机械室 | |
| | 车顶 | |
| | 车底 | |

## 四、任务活动

以小组为单位，参观校内或机务段机车实物、模型，绘制 HXD$_3$ 型电力机车设备布置简易图。简易图要求能够准确反映设备布置情况，且各室、各部件的位置正确，大小比例恰当。各小组展示汇报，开展评比活动。以简易图绘制的布局合理性(25%)、部件名称准确性(25%)、部件位置安排准确性(25%)、部件个数完整性(25%)判定成绩。(45 min)

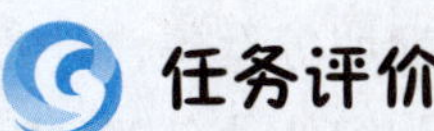

# 任务评价

各组代表展示任务完成结果，介绍任务完成过程，并填写评价表 3-3-5。

表 3-3-5　评价表

| 序号 | 评价项目 | 分值 | 自我评价 | 互相评价 | 教师评价 | 总评 |
|---|---|---|---|---|---|---|
| 1 | 学习准备 | 0～10 | | | | |
| 2 | 引导问题填写 | 0～20 | | | | |
| 3 | 任务完成质量 | 0～20 | | | | |
| 4 | 是否在规定时间完成 | 0～10 | | | | |

学习笔记

续上表

| 序号 | 评价项目 | 分值 | 自我评价 | 互相评价 | 教师评价 | 总评 |
|---|---|---|---|---|---|---|
| 5 | 是否有序规范安全 | 0～10 | | | | |
| 6 | 是否主动参与互动 | 0～10 | | | | |
| 7 | 展示汇报 | 0～20 | | | | |
| 合　　计 | | 100 | | | | |

## 任务拓展

利用软件，将 HXD3 型电力机车设备布置内容绘制成思维导图形式。思维导图绘制要求：画面布局合理，体现逻辑性、层次性，颜色搭配合理，文字说明简洁。

HXD3型电力机车设备布置认知

## 任务关联知识

HXD3 型电力机车为 6 轴货运电力机车，两端各设有一个司机室，中间为机械间。在机械间内设有 600 mm 宽的中央通道，通道左右两侧安装有主变流装置、通风机、空气压缩机等设备。在车体下设有 2 台 3 轴的转向架及主变压器，在顶盖上设有受电弓及避雷器。车内设备布置以平面斜对称布置为主，设备成套安装，有利于机车的重量分配，以及机车的制造、检修和部件的互换。

### 一、司机室设备布置

HXD3型电力机车司机室设备布置

司机室的结构和设备布置按规范化司机室要求设计，按照人机工程学理论设计司机的座椅位置、腿部空间及司机的瞭望视野。主司机座椅尽量靠近司机室中间，保证司机两侧的视野范围。司机室大量采用降噪材料，保证司机室的噪声降到 75 dB 以下。司机室采用隔热材料进行防寒处理，采用空调和风扇等进行通风和防暑。

司机室内设有操纵台、八灯显示器、司机座椅、端子柜、饮水机、紧急放风阀、灭火器、暖风机等设备。司机室顶部设有空调装置（冷热）、风扇、头灯、司机室照明等设备。司机室前窗采用电加热玻璃，窗外设有电动刮雨器，窗内设有电动遮阳帘，侧窗外设有机车后视镜。

司机室操纵台（图 3-3-1）是机车人机交换设备，司机通过操纵台上各装置发出控制机车的指令，完成机车牵引、制动等各项工作，通过操纵台上各个仪表、显示器等观测机车运用状态。在操纵台上设有 TCMS 显示器、ATP 显示器、压力组合模块、司机控制器、制动控制器、扳键开关组、制动装置显示器、冰箱等设备。

在司机室后墙上设置有司机生活必要设备（图 3-3-2），这些设备在机车的运行中一般不参与机车的运行控制，只是更好地为司机提供服务。在后墙上设置有饮水机、暖风机、空调控制箱、灭火器等。此外，后墙上装有一个紧急制动阀。

学习笔记

图 3-3-2　司机室后墙设备

## 二、机械间设备布置

机械间(图 3-3-3)分为Ⅰ端机械室、中央机械室和Ⅱ端机械室。

Ⅰ端机械室紧邻Ⅰ端司机室,室内布置有牵引电机通风机组、更衣箱、卫生间、蓄电池充电装置、蓄电池柜、滤波装置、微机及监控柜、控制电器柜、综合通信柜、辅助变压器等设备。设备布置以电气系统设备为主,各装置和机械设备按功能和电压等级进行分区集中布置,这样布置有利于布置特别高压、高压、低压、传送信号类等各种配线和减短各装置之间的连线,提高系统可靠性,降低故障率。

HXD3型电力机车机械间设备布置

Ⅱ端机械室紧邻Ⅱ端司机室,室内布置有牵引电机通风机组、空气压缩机、总风缸、辅助风缸、干燥器、制动屏柜、受电弓、主断路器控制配置(图 3-3-4)等设备。设备布置以空气系统设备为主,这样布置有利于布管作业,还可尽量减短空气管路;尽量减少不必要的交叉配管;尽量组合成单元,以提高作业效率。

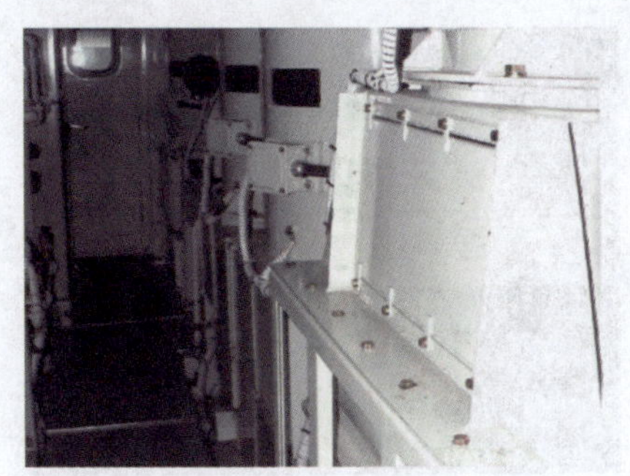

图 3-3-3　机械间

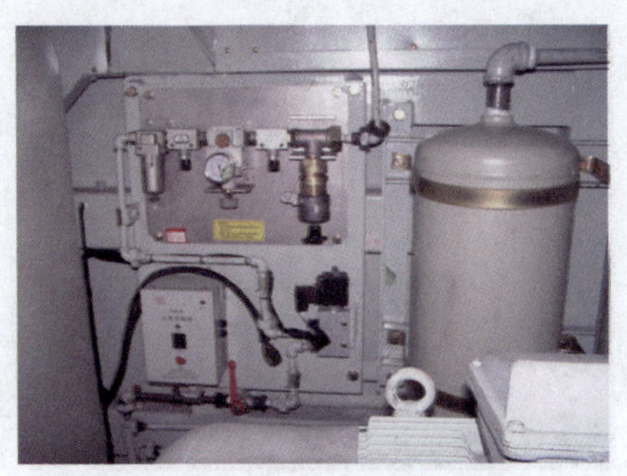

图 3-3-4　Ⅱ端受电弓、主断路器控制配置

在Ⅰ端机械室和Ⅱ端机械室之间设有中央机械室,室内布置有主变流装置、复合冷却器及复合冷却器通风机组等设备。为了保证机车的重量分配,机车安装有两套完全一样的牵引变流器和两台用于冷却牵引变流器和主变压器的复合冷却器。中央机械室内设备按斜对称布置,为了保证牵引变流器冷却系统的可靠性,尽量减短冷却管路。在室

学习笔记

内将牵引变流器和复合冷却器作为整体单元布置在机车中心位置,与复合冷却器和牵引变流器相连接的牵引控制系统也按左右配置。因牵引变流装置的输入端子部位直接连接在主变压器的二次端子上,主变压器的二次端子的排列顺序和牵引变流装置的主回路端子的排列顺序一致,并且尽量缩短与复合冷却器的连接管路。主变压器的二次线圈侧的端子互相隔开,配置在主变压器的中央部位,即将主变压器的二次端子设置在牵引变流器端子正下方。

## 三、车顶设备布置

机车顶盖设计成大顶盖结构,有利于机车设备的安装。机车顶盖由 3 个顶盖组成,车顶设备布置分为Ⅰ端顶盖设备布置、Ⅱ端顶盖设备布置和中央顶盖设备布置。

Ⅰ端顶盖设备布置与Ⅱ端顶盖设备布置完全一样,顶盖上布置有受电弓和空气绝缘子。两个顶盖的结构和安装尺寸也完全相同,但在Ⅰ端顶盖上开有卫生间通风口,因此两个顶盖不可以互换安装。顶盖上设置有牵引电机冷却风进风口(图 3-3-5),顶盖通风道横向贯通顶盖,通风口开在通风机相对侧,车体侧墙不设通风口,有利于提高车体强度。通风道与顶盖在车下整体焊装,有利于提高机车组装的工作效率。顶盖设有与外界交换空气的换气孔,有利于夏季车内降温。

机车上的主要高压设备大部分都布置在中央顶盖上。中央顶盖上设有检修用天窗,由此上车顶对高压电器件进行检修和维护作业。为确保安全,天窗与接地开关设置了钥匙联锁装置。中央顶盖上布置的高压电气设备有受电弓高压隔离开关、高压电压互感器、真空断路器、接地开关、避雷器、高压电缆及连接母线等,如图 3-3-6 所示,同时设置有辅助变流器通风口和过滤网。

图 3-3-5 进风口

图 3-3-6 车顶高压受流装置

## 四、车下与车端设备布置

主变压器悬挂在机车车下中部,以主变压器为中心对称布置了 2 台转向架。在转向架上配置有牵引电机等设备。另外在车下还配置了动车用插座、辅助/控制电路外接电

学习笔记

源、行灯插座、机车电子标签、速度传感器(图 3-3-7)、砂箱(图 3-3-8)等设备。

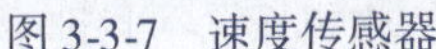

图 3-3-7　速度传感器

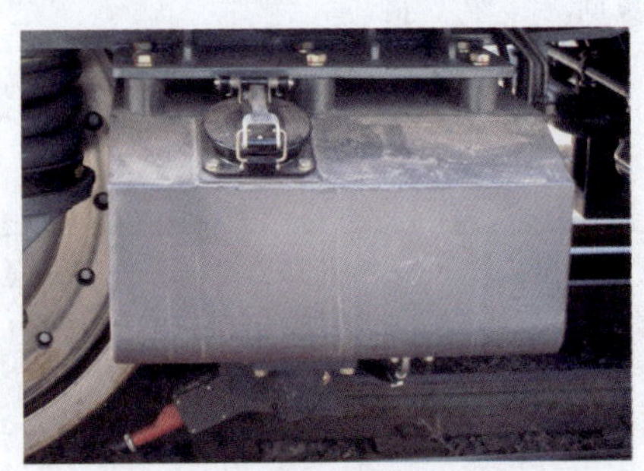

图 3-3-8　砂箱

# 任务四　HXD3 型电力机车司机室设备检查

## 任务导入

1. 司机是如何对司机室设备进行检查的?
2. 司机室设备检查的顺序如何?
3. 司机室设备检查的方法是什么?

## 任务目标

进一步熟悉 HXD3 型电力机车司机室设备布置,掌握 HXD3 型电力机车司机室设备检查技能。

## 任务内容

任务书见表 3-4-1。

**表 3-4-1　任务书**

| 任务名称 | HXD3 电力机车司机室设备检查 | 参考学时 | 3 |
|---|---|---|---|
| 任务描述:<br>查阅图书馆和网络上相关资料,阅读项目三任务四中任务关联知识,小组讨论,熟练掌握司机室设备名称、作用及安装位置,牢记司机室设备检查顺序、方法及各部件检查的内容和要求。两人为一组,其中一人为主检人,另外一人为监护人,展开司机室检查工作 | | | |
| 任务要求:<br>检查人员必须头戴安全帽,脚穿防砸劳保鞋,身穿工装。携带必要的检查工具,严格按照司机室设备检查行走路线,运用正确的走姿、站位、手势、标准用语,开展司机室设备检查作业 | | | |

学习笔记

续上表

<table>
<tr><td>检查意见：<br><br><br></td></tr>
<tr><td>签　　章：<br><br>日期：____年____月____日</td></tr>
</table>

说明：检查意见是在汇总任务评价表内容后，小组集体讨论，由担任学习小组的组长写出小组人员在任务完成过程中存在的问题，描述要准确，便于小组人员后期整改，并给出总体评价成绩[统一采用A(优秀)、B(良好)、C(合格)、D(努力)4个]。签章由任课教师签字确认评判成绩的合理性、公正性。

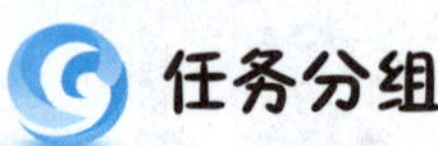

## 任务分组

请在表3-4-2中填写任务分工情况。

表3-4-2　任务分配表

<table>
<tr><td>班级</td><td></td><td>组号</td><td></td><td>指导教师</td><td></td></tr>
<tr><td>组长</td><td></td><td>学号</td><td colspan="3"></td></tr>
<tr><td rowspan="5">组员</td><td>姓名</td><td>学号</td><td>姓名</td><td colspan="2">学号</td></tr>
<tr><td></td><td></td><td></td><td colspan="2"></td></tr>
<tr><td></td><td></td><td></td><td colspan="2"></td></tr>
<tr><td></td><td></td><td></td><td colspan="2"></td></tr>
<tr><td></td><td></td><td></td><td colspan="2"></td></tr>
<tr><td colspan="6">任务分工：<br><br></td></tr>
</table>

## 任务计划

制定工作方案，填写在表3-4-3中。

表3-4-3　工作方案

| 步骤 | 工作内容 | 负责人 |
|---|---|---|
| 1 | | |
| 2 | | |
| 3 | | |
| 4 | | |

学习笔记

续上表

| 步骤 | 工作内容 | 负责人 |
|---|---|---|
| 5 | | |
| 6 | | |

在表 3-4-4 中列出完成任务所需的材料设备。

**表 3-4-4 材料清单**

| 序号 | 名称 | 型号与规格 | 单位 | 数量 | 备注 |
|---|---|---|---|---|---|
| | | | | | |
| | | | | | |
| | | | | | |
| | | | | | |
| | | | | | |
| | | | | | |

## 任务实施

### 一、知识储备

仔细阅读任务关联知识中 HXD3 型电力机车司机室设备检查相关内容,并对认为重要的地方做好标记。(40 min)

**引导问题:**结合去机务段、车辆段等企业实习的经历,想一想进入司机室展开检查作业有哪些安全注意事项?(5 min)

______________________________

______________________________

______________________________

______________________________

______________________________

### 二、任务活动

有序进入司机室,按照检查顺序逐项进行检查作业,注意要做到"眼看到、手指到、口呼道、心想到"。检查人员填写设备检查情况,监考人员给出得分情况。成绩判定标准见表 3-4-5。(90 min)

学习笔记

表 3-4-5　机车司机室检查评分表

| 姓名 | | 机/型号 | | 监考人签字 | |
|---|---|---|---|---|---|
| 时间 | 起：　　止：　　用时： | | | | |
| 序号 | 检查项目 | 检查结果 | | 用时 | 得　分 |
| 1 | 多功能饮水设备 | 口述内容是否正确　是□　否□<br>检查方法是否正确　是□　否□<br>异常(　　　　　) | | | |
| 2 | 空调机控制箱 | 口述内容是否正确　是□　否□<br>检查方法是否正确　是□　否□<br>异常(　　　　　) | | | |
| 3 | 灭火器 | 口述内容是否正确　是□　否□<br>检查方法是否正确　是□　否□<br>异常(　　　　　) | | | |
| 4 | 座礅 | 口述内容是否正确　是□　否□<br>检查方法是否正确　是□　否□<br>异常(　　　　　) | | | |
| 5 | 紧急放风阀 | 口述内容是否正确　是□　否□<br>检查方法是否正确　是□　否□<br>异常(　　　　　) | | | |
| 6 | 接线端子柜 | 口述内容是否正确　是□　否□<br>检查方法是否正确　是□　否□<br>异常(　　　　　) | | | |
| 7 | 左前侧窗 | 口述内容是否正确　是□　否□<br>检查方法是否正确　是□　否□<br>异常(　　　　　) | | | |
| 8 | 左壁炉 | 口述内容是否正确　是□　否□<br>检查方法是否正确　是□　否□<br>异常(　　　　　) | | | |
| 9 | 左前窗遮阳帘 | 口述内容是否正确　是□　否□<br>检查方法是否正确　是□　否□<br>异常(　　　　　) | | | |
| 10 | 机车信号装置 | 口述内容是否正确　是□　否□<br>检查方法是否正确　是□　否□<br>异常(　　　　　) | | | |
| 11 | 制动机显示屏 | 口述内容是否正确　是□　否□<br>检查方法是否正确　是□　否□<br>异常(　　　　　) | | | |
| 12 | 监控显示屏 | 口述内容是否正确　是□　否□<br>检查方法是否正确　是□　否□<br>异常(　　　　　) | | | |

学习笔记

续上表

| 序号 | 检查项目 | 检查结果 | 用时 | 得 分 |
| --- | --- | --- | --- | --- |
| 13 | 多功能组合模块 | 口述内容是否正确 是□ 否□<br>检查方法是否正确 是□ 否□<br>异常( ) | | |
| 14 | 微机显示屏 | 口述内容是否正确 是□ 否□<br>检查方法是否正确 是□ 否□<br>异常( ) | | |
| 15 | 无线调度装置 | 口述内容是否正确 是□ 否□<br>检查方法是否正确 是□ 否□<br>异常( ) | | |
| 16 | 压力仪表模块 | 口述内容是否正确 是□ 否□<br>检查方法是否正确 是□ 否□<br>异常( ) | | |
| 17 | 复位按钮、风笛按钮 | 口述内容是否正确 是□ 否□<br>检查方法是否正确 是□ 否□<br>异常( ) | | |
| 18 | 电空制动控制器 | 口述内容是否正确 是□ 否□<br>检查方法是否正确 是□ 否□<br>异常( ) | | |
| 19 | 司机扳键开关 | 口述内容是否正确 是□ 否□<br>检查方法是否正确 是□ 否□<br>异常( ) | | |
| 20 | 司机控制器 | 口述内容是否正确 是□ 否□<br>检查方法是否正确 是□ 否□<br>异常( ) | | |
| 21 | 定速控制、过分相按钮 | 口述内容是否正确 是□ 否□<br>检查方法是否正确 是□ 否□<br>异常( ) | | |
| 22 | 风笛按钮 | 口述内容是否正确 是□ 否□<br>检查方法是否正确 是□ 否□<br>异常( ) | | |
| 23 | 冰箱柜及空气管路 | 口述内容是否正确 是□ 否□<br>检查方法是否正确 是□ 否□<br>异常( ) | | |
| 24 | 重联电话 | 口述内容是否正确 是□ 否□<br>检查方法是否正确 是□ 否□<br>异常( ) | | |
| 25 | 电源插座 | 口述内容是否正确 是□ 否□<br>检查方法是否正确 是□ 否□<br>异常( ) | | |

学习笔记

续上表

| 序号 | 检查项目 | 检查结果 | 用时 | 得　分 |
|---|---|---|---|---|
| 26 | 右壁炉 | 口述内容是否正确　是□　否□<br>检查方法是否正确　是□　否□<br>异常(　　　　　) | | |
| 27 | 脚踏撒砂阀、速度控制装置、风笛 | 口述内容是否正确　是□　否□<br>检查方法是否正确　是□　否□<br>异常(　　　　　) | | |
| 28 | 万能转换开关 | 口述内容是否正确　是□　否□<br>检查方法是否正确　是□　否□<br>异常(　　　　　) | | |
| 29 | 接线端子柜 | 口述内容是否正确　是□　否□<br>检查方法是否正确　是□　否□<br>异常(　　　　　) | | |
| 30 | 右前侧窗 | 口述内容是否正确　是□　否□<br>检查方法是否正确　是□　否□<br>异常(　　　　　) | | |
| 31 | 司机座椅 | 口述内容是否正确　是□　否□<br>检查方法是否正确　是□　否□<br>异常(　　　　　) | | |
| 32 | 前照灯 | 口述内容是否正确　是□　否□<br>检查方法是否正确　是□　否□<br>异常(　　　　　) | | |
| 33 | 空调、风扇 | 口述内容是否正确　是□　否□<br>检查方法是否正确　是□　否□<br>异常(　　　　　) | | |
| 34 | 顶板照明灯 | 口述内容是否正确　是□　否□<br>检查方法是否正确　是□　否□<br>异常(　　　　　) | | |
| 合　计 | | | | |
| 备注 | 1. 检查人员准备时间 2 min;<br>2. 每项检查限时 2 min,每超 2 min 扣 3 分,超 5 min 失格;<br>3. 每个设备检查得分 5 分 | | | |

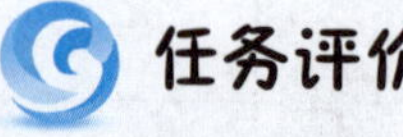

## 任务评价

各组代表展示任务完成结果,介绍任务完成过程,并填写评价表 3-4-6。

表 3-4-6　评价表

| 序号 | 评价项目 | 分值 | 自我评价 | 互相评价 | 教师评价 | 总评 |
|---|---|---|---|---|---|---|
| 1 | 学习准备 | 0~10 | | | | |
| 2 | 引导问题填写 | 0~20 | | | | |
| 3 | 任务完成质量 | 0~20 | | | | |
| 4 | 是否在规定时间完成 | 0~10 | | | | |
| 5 | 是否有序规范安全 | 0~10 | | | | |
| 6 | 是否主动参与互动 | 0~10 | | | | |
| 7 | 展示汇报 | 0~20 | | | | |
| 合　计 | | 100 | | | | |

## 任务拓展

以小组为单位,每组选择一名代表,规范展开司机室设备检查。将司机室设备检查过程录制成视频,小组同心协力,可以对视频进行剪辑处理。

## 任务关联知识

### 一、作业前的准备

1. 劳动防护用品穿戴整齐。按要求穿好工作服、防油鞋,戴好安全帽。

2. 做好安全防护措施。停放制动装置处于制动位,在车体外侧醒目位置插上禁动红旗,在车轮下方放置止轮器。

### 二、司机室设备检查(表 3-4-7)

表 3-4-7　司机室设备检查内容及方法

| 部位 | 序号 | 部件名称 | 检查内容及要求 | 方法 |
|---|---|---|---|---|
| 司机室设备检查 | 1 | 多功能饮水设备 | 设备安装牢固,电源器件无损坏,无放电,开关接触良好 | 目视<br>手动 |
| | 2 | 空调机控制箱 | 各旋钮位置正确 | 目视 |
| | 3 | 灭火器 | 放置牢靠,外观无损伤,安装带扣环,锁扣良好,铅封良好,喷嘴清洁无堵塞 | 目视<br>手动 |
| | 4 | 座礅 | 安装牢固,坐垫、靠背无破损 | 目视<br>手动 |
| | 5 | 紧急放风阀 | 阀体管路无裂漏,铅封良好 | 目视 |

学习笔记

续上表

| 部位 | 序号 | 部件名称 | 检查内容及要求 | 方法 |
|---|---|---|---|---|
| 司机室设备检查 | 6 | 接线端子柜 | 安装良好,无破损、松脱 | 目视<br>手动 |
| | 7 | 左前侧窗 | 玻璃无破损,安装牢固 | 目视<br>手动 |
| | 8 | 左壁炉 | 安装牢固,外罩无变形、裂损、松动,接线良好 | 目视<br>手动 |
| | 9 | 左前窗遮阳帘 | 窗帘布无破损,导轨槽牢固、平直,上下拉动时作用良好 | 目视<br>手动 |
| | 10 | 机车信号装置 | 外罩玻璃齐全,锁闭作用良好,插座及接线良好 | 目视<br>手动 |
| | 11 | 制动机显示屏 | 显示屏无破损,表面清洁,功能键无破损 | 目视<br>手动 |
| | 12 | 监控显示屏 | 同 11 项 | 目视<br>手动 |
| | 13 | 多功能组合模块 | 各表完整,表针显示正确,表验日期有效,紧急停车按钮在正常位,状态指示灯面板无破损 | 目视<br>手动 |
| | 14 | 微机显示屏 | 同 11 项 | 目视 |
| | 15 | 无线调度装置 | 设备完好、清洁,各功能键无破损 | 目视<br>手动 |
| | 16 | 压力仪表模块 | 各表完整,表针显示正确,表验日期有效 | 目视 |
| | 17 | 复位按钮、风笛按钮 | 按钮作用灵活,无卡滞现象 | 目视<br>手动 |
| | 18 | 电空制动控制器 | 控制器手柄在各挡位之间动作灵活。无机械卡滞现象,各管路无漏风现象 | 目视<br>手动 |
| | 19 | 司机扳键开关 | 扳键作用灵活,箱内接线良好,开关箱钥匙位置正确 | 目视<br>手动 |
| | 20 | 司机控制器 | 外观良好,动作灵活。无机械卡滞现象,互锁功能正常,凸轮装置,各动静触头及接线均良好 | 目视<br>手动 |
| | 21 | 定速控制、过分相按钮 | 按钮作用灵活,无卡滞现象 | 目视<br>手动 |
| | 22 | 风笛按钮 | 同 21 项 | 目视<br>手动 |
| | 23 | 冰箱柜及空气管路 | 门锁握柄作用正常,门开关灵活,冰箱门关闭严密,塞门位置正确 | 目视<br>手动 |

续上表

学习笔记

| 部位 | 序号 | 部件名称 | 检查内容及要求 | 方法 |
|---|---|---|---|---|
| 司机室设备检查 | 24 | 重联电话 | 设备完好、清洁,电话线无破损 | 目视<br>手动 |
| | 25 | 电源插座 | 插座安装牢固,接线无松脱,无放电、烧损痕迹 | 目视<br>手动 |
| | 26 | 右壁炉 | 同8项 | 目视<br>手动 |
| | 27 | 脚踏撒砂阀、速度控制装置、风笛 | 脚踏安装牢固,动作灵活,无卡滞现象 | 目视<br>手动 |
| | 28 | 万能转换开关 | 开关安装牢固,动作灵活,位置正确 | 目视<br>手动 |
| | 29 | 接线端子柜 | 安装良好,无破损、松脱 | 目视<br>手动 |
| | 30 | 右前侧窗 | 玻璃无破损、安装牢固 | 目视<br>手动 |
| | 31 | 司机座椅 | 安装牢固,坐垫、靠背无破损,升降、转动作用灵活 | 目视<br>手动 |
| | 32 | 前照灯 | 室内护罩密封良好,检查门严密 | 目视<br>手动 |
| | 33 | 空调、风扇 | 安装牢固,扇叶无变形,外罩无损伤,接线良好 | 目视<br>手动 |
| | 34 | 顶板照明灯 | 灯罩无破损,安装牢固,照明良好,无脱落 | 目视 |

## 任务五　HXD3 型电力机车机械间设备检查

### 任务导入

1. 司机是如何对机械间设备进行检查的?
2. 机械间设备检查的顺序如何?
3. 机械间设备检查的方法是什么?

### 任务目标

进一步熟悉 HXD3 型电力机车机械间设备布置情况,掌握 HXD3 型电力机车机械间设备检查技能。

### 任务内容

任务书见表 3-5-1。

学习笔记

表 3-5-1　任务书

| 任务名称 | HXD3 型电力机车机械间设备检查 | 参考学时 | 3 |
| --- | --- | --- | --- |
| 任务描述：<br>查阅图书馆和网络上相关资料，阅读项目三任务五中任务关联知识，小组讨论，熟练掌握机械间设备名称、作用及安装位置，牢记机械间设备检查顺序、方法及各部件检查的内容和要求。两人为一组，其中一人为主检人，另外一人为监护人，展开机械间检查工作 | | | |
| 任务要求：<br>检查人员必须头戴安全帽，脚穿防砸劳保鞋，身穿工装。携带必要的检查工具，严格按照机械间设备检查行走路线，运用正确的走姿、站位、手势、标准用语，开展机械间设备检查作业 | | | |
| 检查意见： | | | |
| 签　章：<br>日期：___年___月___日 | | | |

说明：检查意见是在汇总任务评价表内容后，小组集体讨论，由担任学习小组的组长写出小组人员在任务完成过程中存在的问题，描述要准确，便于小组人员后期整改，并给出总体评价成绩[统一采用A(优秀)、B(良好)、C(合格)、D(努力)4个]。签章由任课教师签字确认评判成绩的合理性、公正性。

## 任务分组

请在表 3-5-2 中填写任务分工情况。

表 3-5-2　任务分配表

| 班级 | | 组号 | | 指导教师 | |
| --- | --- | --- | --- | --- | --- |
| 组长 | | 学号 | | | |
| 组员 | 姓名 | 学号 | | 姓名 | 学号 |
| | | | | | |
| | | | | | |
| | | | | | |
| | | | | | |
| 任务分工： | | | | | |

## 任务计划

制定工作方案，填写在表 3-5-3 中。

学习笔记

表 3-5-3 工作方案

| 步骤 | 工作内容 | 负责人 |
|---|---|---|
| 1 | | |
| 2 | | |
| 3 | | |
| 4 | | |
| 5 | | |
| 6 | | |

在表 3-5-4 中列出完成任务所需的材料设备。

表 3-5-4 材料清单

| 序号 | 名称 | 型号与规格 | 单位 | 数量 | 备注 |
|---|---|---|---|---|---|
| | | | | | |
| | | | | | |
| | | | | | |
| | | | | | |
| | | | | | |
| | | | | | |

## 任务实施

### 一、知识储备

仔细阅读任务关联知识中 $HXD_3$ 型电力机车机械间设备检查相关内容,并对认为重要的地方做好标记。(40 min)

**引导问题:**结合去机务段、车辆段等企业实习的经历,想一想进入机械间展开检查作业有哪些安全注意事项?(5 min)

______

______

______

学习笔记

## 二、任务活动

有序进入机械间，按照检查顺序逐项进行检查作业，注意要做到“眼看到、手指到、口呼道、心想到”。检查人员填写设备检查情况，监考人员给出得分情况。成绩判定标准见表3-5-5。(90 min)

表3-5-5　机车机械间检查评分表

| 姓名 | | 机/型号 | | 监考人签字 | |
|---|---|---|---|---|---|
| 时间 | 起： | 止： | 用时： | | |
| 序号 | 检查项目 | 检查结果 | | 用时 | 得分 |
| 1 | 机械间门 | 口述内容是否正确　是□　否□<br>检查方法是否正确　是□　否□<br>异常(　　　　　) | | | |
| 2 | 第一牵引风机 | 口述内容是否正确　是□　否□<br>检查方法是否正确　是□　否□<br>异常(　　　　　) | | | |
| 3 | 防滑电磁铁1 | 口述内容是否正确　是□　否□<br>检查方法是否正确　是□　否□<br>异常(　　　　　) | | | |
| 4 | 顶部照明灯 | 口述内容是否正确　是□　否□<br>检查方法是否正确　是□　否□<br>异常(　　　　　) | | | |
| 5 | 衣柜 | 口述内容是否正确　是□　否□<br>检查方法是否正确　是□　否□<br>异常(　　　　　) | | | |
| 6 | 卫生间 | 口述内容是否正确　是□　否□<br>检查方法是否正确　是□　否□<br>异常(　　　　　) | | | |
| 7 | 通信设备及工具柜 | 口述内容是否正确　是□　否□<br>检查方法是否正确　是□　否□<br>异常(　　　　　) | | | |
| 8 | 蓄电池箱及滤波柜 | 口述内容是否正确　是□　否□<br>检查方法是否正确　是□　否□<br>异常(　　　　　) | | | |

学习笔记

续上表

| 序号 | 检查项目 | 检查结果 | 用时 | 得分 |
| --- | --- | --- | --- | --- |
| 9 | 第二牵引风机 | 口述内容是否正确　是□　否□<br>检查方法是否正确　是□　否□<br>异常(　　　　　　) | | |
| 10 | 防滑电磁铁 2 | 口述内容是否正确　是□　否□<br>检查方法是否正确　是□　否□<br>异常(　　　　　　) | | |
| 11 | 第三牵引风机 | 口述内容是否正确　是□　否□<br>检查方法是否正确　是□　否□<br>异常(　　　　　　) | | |
| 12 | 防滑电磁铁 3 | 口述内容是否正确　是□　否□<br>检查方法是否正确　是□　否□<br>异常(　　　　　　) | | |
| 13 | TAMS 柜及 ATP 装置 | 口述内容是否正确　是□　否□<br>检查方法是否正确　是□　否□<br>异常(　　　　　　) | | |
| 14 | 电气控制箱 | 口述内容是否正确　是□　否□<br>检查方法是否正确　是□　否□<br>异常(　　　　　　) | | |
| 15 | 左侧受电弓、主断功能模块 | 口述内容是否正确　是□　否□<br>检查方法是否正确　是□　否□<br>异常(　　　　　　) | | |
| 16 | 自动过分相装置 | 口述内容是否正确　是□　否□<br>检查方法是否正确　是□　否□<br>异常(　　　　　　) | | |
| 17 | TAMS 柜及 ATP 装置背部 | 口述内容是否正确　是□　否□<br>检查方法是否正确　是□　否□<br>异常(　　　　　　) | | |
| 18 | 右侧复合冷却器通风机组 | 口述内容是否正确　是□　否□<br>检查方法是否正确　是□　否□<br>异常(　　　　　　) | | |
| 19 | 高压电流互感器 | 口述内容是否正确　是□　否□<br>检查方法是否正确　是□　否□<br>异常(　　　　　　) | | |
| 20 | 行灯插座 | 口述内容是否正确　是□　否□<br>检查方法是否正确　是□　否□<br>异常(　　　　　　) | | |

学习笔记

续上表

| 序号 | 检查项目 | 检查结果 | 用时 | 得 分 |
| --- | --- | --- | --- | --- |
| 21 | 防滑电磁铁 4 | 口述内容是否正确 是□ 否□<br>检查方法是否正确 是□ 否□<br>异常（ ） | | |
| 22 | 左侧变流器柜 | 口述内容是否正确 是□ 否□<br>检查方法是否正确 是□ 否□<br>异常（ ） | | |
| 23 | 右侧变流器柜 | 口述内容是否正确 是□ 否□<br>检查方法是否正确 是□ 否□<br>异常（ ） | | |
| 24 | 左侧复合冷却器通风机组 | 口述内容是否正确 是□ 否□<br>检查方法是否正确 是□ 否□<br>异常（ ） | | |
| 25 | 右侧受电弓、主断功能模块 | 口述内容是否正确 是□ 否□<br>检查方法是否正确 是□ 否□<br>异常（ ） | | |
| 26 | 复轨器、止轮器 | 口述内容是否正确 是□ 否□<br>检查方法是否正确 是□ 否□<br>异常（ ） | | |
| 27 | 第一压缩机 | 口述内容是否正确 是□ 否□<br>检查方法是否正确 是□ 否□<br>异常（ ） | | |
| 28 | 控制风缸及弹停风缸 | 口述内容是否正确 是□ 否□<br>检查方法是否正确 是□ 否□<br>异常（ ） | | |
| 29 | 第四牵引风机 | 口述内容是否正确 是□ 否□<br>检查方法是否正确 是□ 否□<br>异常（ ） | | |
| 30 | 防滑电磁铁 5 | 口述内容是否正确 是□ 否□<br>检查方法是否正确 是□ 否□<br>异常（ ） | | |
| 31 | 第五牵引风机 | 口述内容是否正确 是□ 否□<br>检查方法是否正确 是□ 否□<br>异常（ ） | | |
| 32 | 防滑电磁铁 6 | 口述内容是否正确 是□ 否□<br>检查方法是否正确 是□ 否□<br>异常（ ） | | |

学习笔记

续上表

| 序号 | 检查项目 | 检查结果 | 用时 | 得 分 |
|---|---|---|---|---|
| 33 | 空气干燥系统 | 口述内容是否正确 是☐ 否☐<br>检查方法是否正确 是☐ 否☐<br>异常( ) | | |
| 34 | 总风缸 | 口述内容是否正确 是☐ 否☐<br>检查方法是否正确 是☐ 否☐<br>异常( ) | | |
| 35 | 复轨器、止轮器 | 口述内容是否正确 是☐ 否☐<br>检查方法是否正确 是☐ 否☐<br>异常( ) | | |
| 36 | 防滑电磁铁 7 | 口述内容是否正确 是☐ 否☐<br>检查方法是否正确 是☐ 否☐<br>异常( ) | | |
| 37 | 空气制动管路柜 | 口述内容是否正确 是☐ 否☐<br>检查方法是否正确 是☐ 否☐<br>异常( ) | | |
| 38 | 第六牵引风机 | 口述内容是否正确 是☐ 否☐<br>检查方法是否正确 是☐ 否☐<br>异常( ) | | |
| 39 | 机械间门 | 口述内容是否正确 是☐ 否☐<br>检查方法是否正确 是☐ 否☐<br>异常( ) | | |
| 合 计 | | | | |
| 备注 | 1. 检查人员准备时间 2 min;<br>2. 每项检查限时 2 min,每超 2 min 扣 3 分,超 5 min 失格;<br>3. 每个设备检查得分 5 分 | | | |

## 任务评价

各组代表展示任务完成结果,介绍任务完成过程,并填写评价表 3-5-6。

表 3-5-6 评价表

| 序号 | 评价项目 | 分值 | 自我评价 | 互相评价 | 教师评价 | 总评 |
|---|---|---|---|---|---|---|
| 1 | 学习准备 | 0 ~ 10 | | | | |
| 2 | 引导问题填写 | 0 ~ 20 | | | | |

续上表

| 序号 | 评价项目 | 分值 | 自我评价 | 互相评价 | 教师评价 | 总评 |
|---|---|---|---|---|---|---|
| 3 | 任务完成质量 | 0～20 | | | | |
| 4 | 是否在规定时间完成 | 0～10 | | | | |
| 5 | 是否有序规范安全 | 0～10 | | | | |
| 6 | 是否主动参与互动 | 0～10 | | | | |
| 7 | 展示汇报 | 0～20 | | | | |
| 合　计 | | 100 | | | | |

## 任务拓展

以小组为单位，每组选择一名代表，规范展开机械间设备检查。将机械室设备检查过程录制成视频，小组同心协力，可以对视频进行剪辑处理。

## 任务关联知识

### 一、作业前的准备

1. 劳动防护用品穿戴整齐。按要求穿好工作服、防油鞋，戴好安全帽。

2. 做好安全防护措施。停放制动装置处于制动位，在车体外侧醒目位置插上禁动红旗，在车轮下方放置止轮器。

### 二、机械间设备检查（表 3-5-7）

**表 3-5-7　机械间设备检查内容及方法**

| 部位 | 序号 | 部件名称 | 检查内容及要求 | 方法 |
|---|---|---|---|---|
| 机械间设备检查 | 1 | 机械间门 | 门开关灵活，关闭严密 | 目视<br>手动 |
| | 2 | 第一牵引风机 | 安装螺栓无松动，接线盒内部导线无烧损，无放电痕迹，接线良好 | 目视<br>手动 |
| | 3 | 防滑电磁铁 1 | 电源线无烧损，无放电痕迹，接线良好。空气管路无泄漏 | 目视<br>手动 |
| | 4 | 顶部照明灯 | 安装牢固，灯罩无变形，灯玻璃无破损。电线连接良好 | 目视<br>手动 |

学习笔记

续上表

| 部位 | 序号 | 部件名称 | 检查内容及要求 | 方法 |
|---|---|---|---|---|
| 机械间设备检查 | 5 | 衣柜 | 门开关灵活,关闭良好 | 目视<br>手动 |
| | 6 | 卫生间 | 门开关灵活,内部清洁、干燥 | 目视<br>手动 |
| | 7 | 通信设备及工具柜 | 设备安装牢固,铅封良好,工具摆放整齐,清洁、通风干燥。插座连接牢固无松动 | 目视<br>手动 |
| | 8 | 蓄电池箱及滤波柜 | 接线无破损,无放电痕迹。蓄电池无漏液现象,安装螺栓无松动 | 目视<br>手动 |
| | 9 | 第二牵引风机 | 安装螺栓无松动,接线盒内部导线无烧损,无放电痕迹,接线良好 | 目视<br>手动 |
| | 10 | 防滑电磁铁 2 | 电源线无烧损,无放电痕迹,接线良好。空气管路无泄漏 | 目视<br>手动 |
| | 11 | 第三牵引风机 | 安装螺栓无松动,接线盒内部导线无烧损,无放电痕迹,接线良好 | 目视<br>手动 |
| | 12 | 防滑电磁铁 3 | 电源线无烧损,无放电痕迹,接线良好。空气管路无泄漏 | 目视<br>手动 |
| | 13 | TAMS 柜及 ATP 装置 | 设备安装牢固,铅封良好,清洁、通风干燥,插座连接牢固无松动 | 目视<br>手动 |
| | 14 | 电气控制箱 | 各自动开关、隔离开关在正常位,无卡滞现象,仪表玻璃无破损,表针显示正确,表验日期有效,电器接地闸刀、转换开关位置正确,无放电痕迹 | 目视<br>手动 |
| | 15 | 左侧受电弓、主断功能模块 | 各塞门位置正确,标牌清晰、管路无漏风现象,电磁阀接线无松脱 | 目视<br>手动 |
| | 16 | 自动过分相装置 | 钮子开关位置正确,接线无松脱 | 目视<br>手动 |
| | 17 | TAMS 柜及 ATP 装置背部 | 接线卡子无松动,安装螺栓牢固 | 目视<br>手动 |
| | 18 | 右侧复合冷却器通风机组 | 风机安装螺栓牢固,电机接线无烧损,接线无松脱,冷却管路安装螺栓牢固,无漏液现象 | 目视<br>手动 |
| | 19 | 高压电流互感器 | 二次引线连接件无松动,表面无氧化接触不良现象,紧固夹件及安装接线盒牢固 | 目视 |
| | 20 | 行灯插座 | 安装牢固,无烧损现象 | 目视 |
| | 21 | 防滑电磁铁 4 | 电源线无烧损,无放电痕迹,接线良好。空气管路无泄漏 | 目视<br>手动 |
| | 22 | 左侧变流器柜 | 接线端子安装牢固,电线无变色,卡子无松动,管路法兰部无漏液,柜表面无变色、变形 | 目视<br>手动 |

学习笔记

续上表

| 部位 | 序号 | 部件名称 | 检查内容及要求 | 方法 |
| --- | --- | --- | --- | --- |
| 机械间设备检查 | 23 | 右侧变流器柜 | 接线端子安装牢固,电线无变色,卡子无松动,管路法兰部无漏液,柜表面无变色、变形 | 目视手动 |
| | 24 | 左侧复合冷却器通风机组 | 风机安装螺栓牢固,电机接线无烧损,接线无松脱,冷却管路安装螺栓牢固,无漏液现象 | 目视手动 |
| | 25 | 右侧受电弓、主断功能模块 | 各塞门位置正确,标牌清晰、管路无漏风现象,电磁阀接线无松脱 | 目视手动 |
| | 26 | 复轨器、止轮器 | 安装牢固,螺栓紧固 | 目视手动 |
| | 27 | 第一压缩机 | 外观完好,无破损,安装座螺栓孔无裂纹,安装螺栓紧固,油位符合标准,各风管接头无裂漏,安全阀状态良好,电机接线盒接线无松脱,无破损,无烧损,无放电痕迹 | 目视手动 |
| | 28 | 控制风缸及弹停风缸 | 风管无泄漏,塞门位置正确 | 目视手动 |
| | 29 | 第四牵引风机 | 安装螺栓无松动,接线盒内部导线无烧损,无放电痕迹,接线良好 | 目视手动 |
| | 30 | 防滑电磁铁 5 | 电源线无烧损,无放电痕迹,接线良好。空气管路无泄漏 | 目视手动 |
| | 31 | 第五牵引风机 | 安装螺栓无松动,接线盒内部导线无烧损,无放电痕迹,接线良好 | 目视手动 |
| | 32 | 防滑电磁铁 6 | 电源线无烧损,无放电痕迹,接线良好。空气管路无泄漏 | 目视手动 |
| | 33 | 空气干燥系统 | 空气干燥系统无泄漏,电源线无烧损,各塞门位置正确,高压安全阀动作灵活 | 目视手动 |
| | 34 | 总风缸 | 管路接头无漏风,排水阀位置正确 | 目视手动 |
| | 35 | 复轨器、止轮器 | 安装牢固,螺栓紧固 | 目视手动 |
| | 36 | 防滑电磁铁 7 | 电源线无烧损,无放电痕迹,接线良好。空气管路无泄漏 | 目视手动 |
| | 37 | 空气制动管路柜 | 管路柜各模块塞门位置正确,压力表仪表玻璃无破损,表针显示正确,表验日期有效,电源接线无断线、烧损现象,管路接头无漏风,辅助压缩机油位正常 | 目视手动 |
| | 38 | 第六牵引风机 | 安装螺栓无松动,接线盒内部导线无烧损,无放电痕迹,接线良好 | 目视手动 |
| | 39 | 机械间门 | 门开关灵活,关闭严密 | 目视手动 |

学习笔记

# 任务六　HXD3 型电力机车车顶设备检查

## 任务导入

1. 司机是如何对车顶设备进行检查的?
2. 车顶设备检查的顺序如何?
3. 车顶设备检查的方法是什么?

## 任务目标

进一步熟悉 HXD3 型电力机车车顶设备布置,掌握 HXD3 型电力机车车顶设备检查技能。

## 任务内容

任务书见表 3-6-1。

表 3-6-1　任务书

<table>
<tr><td>任务名称</td><td>HXD3 电力机车车顶设备检查</td><td>参考学时</td><td>2</td></tr>
<tr><td colspan="4">任务描述:<br>查阅图书馆和网络上相关资料,阅读项目三任务六中任务关联知识,小组讨论,熟练掌握车顶设备名称、作用及安装位置,牢记车顶设备检查顺序、方法及各部件检查的内容和要求。两人为一组,其中一人为主检人,另外一人为监护人,展开车顶检查工作</td></tr>
<tr><td colspan="4">任务要求:<br>检查人员必须头戴安全帽,脚穿防砸劳保鞋,身穿工装。携带必要的检查工具,严格按照车顶设备检查行走路线,运用正确的走姿、站位、手势、标准用语,开展车顶设备检查作业</td></tr>
<tr><td colspan="4">检查意见:</td></tr>
<tr><td colspan="4">签　　章:<br><br>日期:____年____月____日</td></tr>
</table>

说明:检查意见是在汇总任务评价表内容后,小组集体讨论,由担任学习小组的组长写出小组人员在任务完成过程中存在的问题,描述要准确,便于小组人员后期整改,并给出总体评价成绩[统一采用 A(优秀)、B(良好)、C(合格)、D(努力)4 个]。签章由任课教师签字确认评判成绩的合理性、公正性。

## 任务分组

请在表 3-6-2 中填写任务分工情况。

学习笔记

**表 3-6-2 任务分配表**

<table>
<tr><td>班级</td><td></td><td>组号</td><td></td><td>指导教师</td><td></td></tr>
<tr><td>组长</td><td></td><td>学号</td><td colspan="3"></td></tr>
<tr><td rowspan="5">组员</td><td>姓名</td><td>学号</td><td>姓名</td><td colspan="2">学号</td></tr>
<tr><td></td><td></td><td></td><td colspan="2"></td></tr>
<tr><td></td><td></td><td></td><td colspan="2"></td></tr>
<tr><td></td><td></td><td></td><td colspan="2"></td></tr>
<tr><td></td><td></td><td></td><td colspan="2"></td></tr>
<tr><td colspan="6">任务分工：</td></tr>
</table>

## 任务计划

制定工作方案，填写在表 3-6-3 中。

**表 3-6-3 工作方案**

| 步骤 | 工作内容 | 负责人 |
|---|---|---|
| 1 | | |
| 2 | | |
| 3 | | |
| 4 | | |
| 5 | | |
| 6 | | |

在表 3-6-4 中列出完成任务所需的材料设备。

**表 3-6-4 材料清单**

| 序号 | 名称 | 型号与规格 | 单位 | 数量 | 备注 |
|---|---|---|---|---|---|
| | | | | | |
| | | | | | |
| | | | | | |
| | | | | | |
| | | | | | |
| | | | | | |

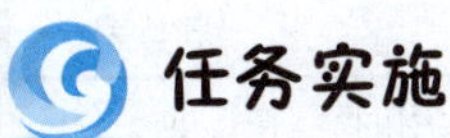

学习笔记

## 一、知识储备

仔细阅读任务关联知识中 $HXD_3$ 型电力机车车顶设备检查相关内容，并对认为重要的地方做好标记。(20 min)

**引导问题：**结合去机务段、车辆段等企业实习的经历，想一想攀爬车顶会有哪些安全风险，提出规避风险的措施。(5 min)

______________________________

______________________________

______________________________

______________________________

______________________________

## 二、任务活动

有序攀爬至车顶，按照检查顺序逐项进行检查作业，注意要做到“眼看到、手指到、口呼道、心想到”。检查人员填写设备检查情况，监考人员给出得分情况。成绩判定标准见表 3-6-5。(65 min)

**表 3-6-5 机车车顶检查评分表**

| 姓名 | | 机/型号 | | 监考人签字 | |
|---|---|---|---|---|---|
| 时间 | 起： | 止： | 用时： | | |
| 序号 | 检查项目 | 检查结果 | | 用时 | 得分 |
| 1 | 脚梯 | 口述内容是否正确 是□ 否□<br>检查方法是否正确 是□ 否□<br>异常( ) | | | |
| 2 | 车顶门 | 口述内容是否正确 是□ 否□<br>检查方法是否正确 是□ 否□<br>异常( ) | | | |
| 3 | Ⅰ端风笛前灯 | 口述内容是否正确 是□ 否□<br>检查方法是否正确 是□ 否□<br>异常( ) | | | |
| 4 | 百叶窗 | 口述内容是否正确 是□ 否□<br>检查方法是否正确 是□ 否□<br>异常( ) | | | |

学习笔记

续上表

| 序号 | 检查项目 | 检查结果 | 用时 | 得 分 |
|---|---|---|---|---|
| 5 | Ⅰ端受电弓 | 口述内容是否正确　是□　否□<br>检查方法是否正确　是□　否□<br>异常(　　　　　) | | |
| 6 | 瓷瓶及导电杆、软线 | 口述内容是否正确　是□　否□<br>检查方法是否正确　是□　否□<br>异常(　　　　　) | | |
| 7 | 受电弓隔离开关 | 口述内容是否正确　是□　否□<br>检查方法是否正确　是□　否□<br>异常(　　　　　) | | |
| 8 | 主断路器及支持瓷瓶 | 口述内容是否正确　是□　否□<br>检查方法是否正确　是□　否□<br>异常(　　　　　) | | |
| 9 | 高压电压互感器 | 口述内容是否正确　是□　否□<br>检查方法是否正确　是□　否□<br>异常(　　　　　) | | |
| 10 | 避雷器 | 口述内容是否正确　是□　否□<br>检查方法是否正确　是□　否□<br>异常(　　　　　) | | |
| 11 | 导电杆、瓷瓶、软线 | 口述内容是否正确　是□　否□<br>检查方法是否正确　是□　否□<br>异常(　　　　　) | | |
| 12 | 导电杆、瓷瓶、软线 | 口述内容是否正确　是□　否□<br>检查方法是否正确　是□　否□<br>异常(　　　　　) | | |
| 13 | 受电弓隔离开关 | 口述内容是否正确　是□　否□<br>检查方法是否正确　是□　否□<br>异常(　　　　　) | | |
| 14 | Ⅱ端受电弓 | 口述内容是否正确　是□　否□<br>检查方法是否正确　是□　否□<br>异常(　　　　　) | | |
| 15 | Ⅰ端风笛前灯 | 口述内容是否正确　是□　否□<br>检查方法是否正确　是□　否□<br>异常(　　　　　) | | |

学习笔记

续上表

| 序号 | 检查项目 | 检查结果 | 用时 | 得 分 |
|---|---|---|---|---|
| 16 | 百叶窗 | 口述内容是否正确　是□　否□<br>检查方法是否正确　是□　否□<br>异常(　　　　　　　) | | |
| 合　计 | | | | |
| 备注 | 1. 检查人员准备及攀爬车顶时间 8 min;<br>2. 每项检查限时 2 min,每超 2 min 扣 3 分,超 5 min 失格;<br>3. 每个设备检查得分 5 分 | | | |

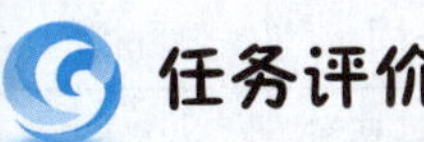

## 任务评价

各组代表展示任务完成结果,介绍任务完成过程,并填写评价表 3-6-6。

**表 3-6-6　评价表**

| 序号 | 评价项目 | 分值 | 自我评价 | 互相评价 | 教师评价 | 总评 |
|---|---|---|---|---|---|---|
| 1 | 学习准备 | 0 ~ 10 | | | | |
| 2 | 引导问题填写 | 0 ~ 20 | | | | |
| 3 | 任务完成质量 | 0 ~ 20 | | | | |
| 4 | 是否在规定时间完成 | 0 ~ 10 | | | | |
| 5 | 是否有序规范安全 | 0 ~ 10 | | | | |
| 6 | 是否主动参与互动 | 0 ~ 10 | | | | |
| 7 | 展示汇报 | 0 ~ 20 | | | | |
| 合　计 | | 100 | | | | |

## 任务拓展

以小组为单位,每组选择一名代表,规范展开车顶设备检查。将车顶设备检查过程录制成视频,小组同心协力,可以对视频进行剪辑处理。

## 任务关联知识

### 一、作业前的准备

1. 劳动防护用品穿戴整齐。按要求穿好工作服、防油鞋,戴好安全帽,系好安全带。

2. 做好安全防护措施。停放制动装置处于制动位,在车体外侧醒目位置插上禁动红旗,在车轮下方放置止轮器;车顶作业时将安全带固定在可靠位置。

学习笔记

## 二、车顶设备检查(表 3-6-7)

表 3-6-7　车顶设备检查内容及方法

| 部位 | 序号 | 部件名称 | 检查内容及要求 | 方法 |
|---|---|---|---|---|
| Ⅰ端车顶 | 1 | 脚梯 | 安装牢固,无开焊,无断裂 | 目视<br>手动 |
| | 2 | 车顶门 | 车顶门开合阻力要小,搭扣作用良好,门合页无开焊,无断裂、变形 | 目视<br>手动 |
| | 3 | Ⅰ端风笛前灯 | 安装牢固,无损伤,前灯罩无变形,灯玻璃无破损 | 目视<br>手动 |
| | 4 | 百叶窗 | 窗结构无损伤,无开焊,窗叶整齐、坚固 | 目视 |
| | 5 | Ⅰ端受电弓 | 受电弓各铰链部分转动灵活,受电弓风箱和空气管路部分无泄漏现象,各紧固件紧固到位,各编织线无断裂、破损现象,滑条板无严重缺损,安装牢固,接缝处平整、密贴滑板托,诱导角无裂纹,顶面平整,无锈蚀,导角与滑板条间平稳过渡,间隙不超限,弹簧无裂损、锈蚀。瓷瓶光洁,无裂纹,安装牢固,软线安装牢固,无断股 | 目视<br>手动 |
| | 6 | 瓷瓶及导电杆、软线 | 瓷瓶光洁,无裂纹,安装牢固,导电杆安装牢固。软线安装牢固,无断股 | 目视<br>手动 |
| | 7 | 受电弓隔离开关 | 瓷瓶无裂纹,无放电痕迹,并清洁。转动瓷瓶转动灵活 | 目视<br>手动 |
| | 8 | 主断路器及支持瓷瓶 | 所有固定螺栓无松动,瓷瓶无裂纹,无放电痕迹,并清洁。各编织线无断裂破损现象 | 目视<br>手动 |
| | 9 | 高压电压互感器 | 绝缘瓷瓶无破损,表面清洁,安装螺栓牢固 | 目视 |
| | 10 | 避雷器 | 同 9 项 | 目视 |
| | 11 | 导电杆、瓷瓶、软线 | 安装牢固,位置适当各编织线无断裂破损现象 | 目视 |
| Ⅱ端车顶 | 12 | 导电杆、瓷瓶、软线 | 同 11 项 | 目视<br>手动 |
| | 13 | 受电弓隔离开关 | 同 7 项 | 目视<br>手动 |
| | 14 | Ⅱ端受电弓 | 同 5 项 | 目视<br>手动 |
| | 15 | Ⅱ端风笛前灯 | 同 3 项 | 目视<br>手动 |
| | 16 | 百叶窗 | 同 4 项 | 目视 |

铁道机车设备布置及检查维护习题

# 项目四　铁道机车转向架结构及检查维护

## 致敬最美铁路人，铸就大国工匠心

### “行家里手”郑小燕——精心维护“超级大脑”

郑小燕是中国铁路郑州局集团有限公司郑州高铁基础设施段电务维修技术中心副主任，主要负责列控系统维修管理工作。

列控系统是高铁安全运行的“超级大脑”和“导航系统”，它决定着高铁列车跑多快、在哪儿停。郑小燕做的工作就是对海量的列控系统数据进行验证，确保百分之百正确。郑小燕勇于创新探索，很快成为高铁列控领域的“行家里手”。

郑小燕说，做列控数据核对工作是一项非常枯燥、烦琐、考验意志力的工作。干这行就得认真、精准，保持高度的责任感，因为任何一个错误都有可能导致无法想象的后果。“记得有一次，郑徐高铁联调联试前进行仿真试验，我们要对30多万个列控数据进行核对，工作量是很大的，而且数据版本变化了7次，每变化1次都意味着，要对所有数据重新核对一遍。我对小伙伴们说，不能怕麻烦，关键看质量。最终对这些数据，我们一个一个地进行精准核对，圆满完成了任务。”郑小燕说，因为列控数据关系着高铁和旅客生命安全，来不得丝毫疏忽。

“去年京广高铁又实施了(时速)350公里常态化高标运营，这些事例都是中国高铁从无到有、从追赶到领跑不断发展的一个缩影。”郑小燕说，“高铁改变着人们的生活，我既是参与者也是受益者。”她还记得1995年，从郑州到成都上学，当时还没有高铁，坐最快的K117次也需要28小时，而现在高铁只需要5小时。互联网点餐送到手边，刷部电影、喝个茶的工夫就到站了，既舒适、又快捷。高铁给人们出行提供了更加经济、更加快捷、更加舒适方便的新选择。

“看到高铁网在国民经济生活中发挥着巨大作用，作为建设者，能够参与其中，我感到很荣幸。”郑小燕高兴地说：“在新的起点上，我将立足岗位，坚持高铁高标准，精心维护好高铁的‘超级大脑’，为高铁列车精准导航，让复兴号更安全、更快捷地奔驰在祖国广袤的大地上。”

百分之百的极致追求，源于强烈的责任感，郑小燕正是用这份责任守护着铁路安全运行。

**心得感悟：**

学习笔记

# 任务一　机车转向架总体认知

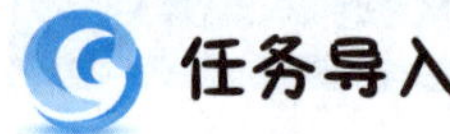

## 任务导入

1. 根据所学知识或者生活经验，你能说出哪些转向架部件的名称？这些部件在转向架上分别起什么作用？

2. 机车转向架与车辆转向架有什么区别？

## 任务目标

了解转向架的作用、组成及分类，掌握转向架的相关概念。

## 任务内容

任务书见表 4-1-1。

表 4-1-1　任务书

<table>
<tr><td>任务名称</td><td>机车转向架总体认知</td><td>参考学时</td><td>3</td></tr>
<tr><td colspan="4">任务内容：<br>查阅图书馆和网络上相关资料，阅读项目四任务一中任务关联知识；掌握机车转向架组成结构，面对某型铁道机车，指出其转向架各部件的名称、作用、轴列式等</td></tr>
<tr><td colspan="4">任务要求：<br>以小组为单位，每组 5 ~ 8 人，剖析任务内容，商定工作方案，明确成员分工，有序规范安全完成任务。参观某型铁道机车，学生要穿戴工装，注意安全。小组成员，逐一指认机车转向架部件。要求采用普通话，口齿清晰，声音洪亮</td></tr>
<tr><td colspan="4">检查意见：</td></tr>
<tr><td colspan="4">签　　章：<br>日期：____年____月____日</td></tr>
</table>

说明：检查意见是在汇总任务评价表内容后，小组集体讨论，由担任学习小组的组长写出小组人员在任务完成过程中存在的问题，描述要准确，便于小组人员后期整改，并给出总体评价成绩［统一采用 A（优秀）、B（良好）、C（合格）、D（努力）4 个］。签章由任课教师签字确认评判成绩的合理性、公正性。

## 任务分组

学习笔记

请在表 4-1-2 中填写任务分工情况。

表 4-1-2 任务分配表

| 班级 | | 组号 | | 指导教师 | |
|---|---|---|---|---|---|
| 组长 | | 学号 | | | |
| 组员 | 姓名 | 学号 | | 姓名 | 学号 |
| | | | | | |
| | | | | | |
| | | | | | |
| | | | | | |
| 任务分工： | | | | | |

## 任务计划

制定工作方案，填写在表 4-1-3 中。

表 4-1-3 工作方案

| 步骤 | 工作内容 | 负责人 |
|---|---|---|
| 1 | | |
| 2 | | |
| 3 | | |
| 4 | | |
| 5 | | |
| 6 | | |

## 任务实施

### 一、知识储备

查阅任务关联知识，完成以下问题。(45 min)

**引导问题 1**：完成下列填空题。

(1) 机车转向架一般包括构架、轮对、轴箱、弹簧悬挂装置、________、基础制动装置

学习笔记

等，它们以________为基础组装在一起，使转向架成为一个整体部件。

(2)________是联系构架和轮对的活动关节。它除了保证轮对进行回转运动外，还能使轮对适应线路条件，相对于构架上下、左右和前后活动。

(3)转向架按__________________分类，分轴悬式(抱轴式半悬挂)、架悬式(全悬挂)、体悬式(全悬挂)三大类。

(4)我国 $SS_{4G}$ 型电力机车单轴功率为________ kW，$SS_9$ 型电力机车单轴功率为 900 kW，$HXD_3$ 型电力机车单轴功率为________kW。

(5)转向架横向力中轮轨侧压力的传递过程为：轮轨侧压力→钢轨→轮对→轴箱→________→转向架构架→车体支承装置→车体底架→机车上部。

**引导问题 2**：完成下列选择题。

(1)(　　)可以向钢轨传递机车重量，通过轮轨间的黏着产生牵引力或制动力，并通过轮对的回转实现机车在钢轨上的运行。

A. 构架　　B. 轮对　　C. 轴箱　　D. 驱动装置

(2)按照(　　)将转向架分为有导框轴箱定位和无导框轴箱定位两类。

A. 轴数　　B. 传动方式　　C. 轴箱定位　　D. 悬挂装置

(3)关于机车垂向力的传递：机车上部重量→车体支承装置→(　　)→轴箱弹簧悬挂装置→轴箱→轮对→钢轨。

A. 轴箱　　B. 转向架构架　　C. 轴箱栏杆　　D. 轮对

(4)$SS_4$ 型电力机车采用(　　)电机悬挂方式。

A. 轴悬式　　B. 架悬式　　C. 体悬式

(5)关于弹簧悬挂装置的作用下列说法正确的是(　　)。

A. 承受和传递垂向力、纵向力和横向力，应具有足够的强度和刚度

B. 保证轮对进行回转运动外，还能使轮对适应线路条件，相对于构架上下、左右和前后活动

C. 缓和线路不平顺对机车的冲击，并保证机车的垂向平稳性

D. 保证牵引电机在机车运行时处于“自由”状态，最后将机车动力装置的功率传给轮对

**引导问题 3**：完成下列判断题。

(1)构架是转向架的骨架，承受和传递垂向力、纵向力和横向力，应具有足够的强度和刚度。构架由各种梁和安装座组成。(　　)

(2)悬挂装置除承受电机的部分重量外，主要承担电机扭矩传到轮对产生牵引力时电机扭矩的反作用力。(　　)

(3)单轴功率反映了机车牵引电机和转向架的制造水平。在相同轴重下，单轴功率越大，机车所能达到的运行速度越高。(　　)

(4)轮轨接触点产生的牵引力→轮对→轴箱→轴箱拉杆→转向架构架→轴箱拉杆→

学习笔记

底架牵引座→车体底架→车钩。（　　）

(5)同样重量的机车，轴数多则轴重小，轴数少则轴重大；线路质量好，运行速度低，轴重可以加大；反之，线路质量差，运行速度高，轴重必须减小。（　　）

**引导问题4**：完成下列名词解释。

轴重：

单轴功率：

结构速度：

**引导问题5**：写出车体所受离心力传递至钢轨的顺序。

## 二、游戏热身

分组制作转向架部件名称标签，开展贴标签游戏。以小组为单位，在规定的时间内，将写有部件名称的标签粘贴至对应部件上。以各小组粘贴部件正确的数量(70%)、比赛所用时间(30%)为依据开展互评，成绩判定标准见表4-1-4。(45 min)

表4-1-4　贴标签游戏评分表

| 姓名 | | 机/型号 | | 指导教师 | |
|---|---|---|---|---|---|
| 时间 | 起： | 止： | 用时： | | |
| 序号 | 部件名称 | 粘贴位置 | 用时 | 得　分 | |
| 1 | 构架 | 正确□　错误□ | | | |
| 2 | 一系弹簧 | 正确□　错误□ | | | |
| 3 | 轴箱 | 正确□　错误□ | | | |
| 4 | 二系弹簧 | 正确□　错误□ | | | |
| 5 | 垂向油压减振器 | 正确□　错误□ | | | |
| 6 | 横向油压减振器 | 正确□　错误□ | | | |
| 7 | 轮对 | 正确□　错误□ | | | |
| 8 | 排石器 | 正确□　错误□ | | | |

学习笔记

续上表

| 序号 | 部件名称 | 粘贴位置 | 用时 | 得　分 |
| --- | --- | --- | --- | --- |
| 9 | ⋮ | ⋮ | | |
| 统　计 | | 正确数量____个 | | |
| 备注 | 1. 每项粘贴限时 1 min,超 1 min 失格;<br>2. 标签数量不得少于 30 个;<br>3. 标签粘贴正确数量得分占总分的 70% ,用时多少得分占总分的 30% | | 总分 | |

## 三、任务活动

以小组为单位,参观校内或机务段机车实物、模型,了解转向架的作用、要求、组成,掌握转向架相关概念,制作 PPT。各小组展示汇报,开展评比活动。以 PPT 制作精美程度(25%)、内容准确性(25%)、内容完整性(25%)、逻辑清晰程度(25%)判定成绩。(45 min)

# 任务评价

各组代表展示任务完成结果,介绍任务完成过程,并填写评价表 4-1-5。

表 4-1-5　评价表

| 序号 | 评价项目 | 分值 | 自我评价 | 互相评价 | 教师评价 | 总评 |
| --- | --- | --- | --- | --- | --- | --- |
| 1 | 学习准备 | 0 ~ 10 | | | | |
| 2 | 引导问题填写 | 0 ~ 20 | | | | |
| 3 | 任务完成质量 | 0 ~ 20 | | | | |
| 4 | 是否在规定时间完成 | 0 ~ 10 | | | | |
| 5 | 是否有序规范安全 | 0 ~ 10 | | | | |
| 6 | 是否主动参与互动 | 0 ~ 10 | | | | |
| 7 | 展示汇报 | 0 ~ 20 | | | | |
| 合　计 | | 100 | | | | |

# 任务拓展

查阅资料,以小组为单位,讨论高速机车转向架和普速机车转向架的区别。撰写小论文,论文字数不少于 800 字。

## 任务联系知识

学习笔记

机车转向架总体认知

### 一、转向架的作用

现代机车走行部基本上都采用转向架的结构形式,这主要是因为转向架式走行部能适应高速、重载、各种驱动方式和轴列式,并适应各种各样要求的弹性悬挂方式和基础制动方式。转向架的作用如下:

1. 承重。承担机车上部电气、机械设备的重量,包括车体、动力装置以及各种辅助装置和电机电器设备重量,并把重量均匀分配给每个轮对。

2. 传力。在轮轨接触点产生轮周牵引力,并将其传给车体底架、车钩,牵引列车前进;产生必要的制动力,并将其传给车体底架、车钩,实现机车和列车速度控制及在规定的制动距离内停车。

3. 转向。在钢轨的引导下,实现机车在直线和曲线上运行,并保证机车曲线运行的安全顺利。

4. 缓冲。尽可能缓和线路不平顺对机车的冲击,保证机车运行的平稳性,减少运行中的动作用力及其危害。

### 二、转向架的要求

1. 在满足强度的条件下,尽可能减轻重量。

2. 具有良好的动力学性能。

3. 结构简单,制造维修方便。结构性能良好的转向架不仅可以保证机车在直线上高速运行的平稳性,减轻对线路的打击作用,而且能使机车顺利通过曲线,减轻轮缘和钢轨的磨耗。

### 三、转向架的组成

机车转向架一般包括构架、轮对、轴箱、弹簧悬挂装置、驱动装置、基础制动装置等,它们以构架为基础组装在一起,使转向架成为一个整体部件。

#### 1. 构架

构架是转向架的骨架,承受和传递垂向力、纵向力和横向力,应具有足够的强度和刚度。构架由各种梁和安装座组成。

#### 2. 轮对

轮对直接向钢轨传递机车重量,通过轮轨间的黏着产生牵引力或制动力,并通过轮对的回转实现机车在钢轨上的运行。

#### 3. 轴箱

轴箱是联系构架和轮对的活动关节。它除了保证轮对进行回转运动外,还能使轮对

学习笔记

适应线路条件，相对于构架上下、左右和前后活动。

**4. 弹簧悬挂装置**

弹簧悬挂装置用来保证一定的轴重分配，缓和线路不平顺对机车的冲击，并保证机车的垂向平稳性。机车的弹簧悬挂装置主要由弹簧和减振器组成。

**5. 驱动装置**

驱动装置除承受电机的部分重量外，主要承担电机扭矩传到轮对产生牵引力时电机扭矩的反作用力；缓和传动齿轮工作时的冲击；吸收来自轮对的高频振动，使之不能传至构架直到车体上去；保证牵引电机在机车运行时处于“自由”状态，最后将机车动力装置的功率传给轮对。

**6. 基础制动装置**

基础制动装置是机车空气制动系统中的主要执行机构，是确保机车运行安全的重要部件。转向架上的基础制动装置由制动缸、杠杆系统和制动闸瓦等组成。

## 四、转向架的分类

**1. 按轴数分类**

按轴数分类，分为2轴转向架和3轴转向架，例如$SS_{4G}$型电力机车采用2轴转向架（图4-1-1），$HXD_3$型电力机车采用3轴转向架（图4-1-2）。普遍认为，2轴转向架固定轴距较小，在曲线运行中的动力学性能比3轴转向架优越；3轴转向架，由于其固定轴距长，直线运行中轮轨作用力和轮轨磨损较小，平稳性优于2轴转向架。具体选择2轴转向架还是3轴转向架，应根据线路、机车功率、速度、轴重要求等综合因素确定。

图4-1-1　$SS_{4G}$型电力机车转向架

图4-1-2　$HXD_3$型电力机车转向架

**2. 按传动方式分类**

按传动方式分类，分为独立传动和组合传动。独立传动又叫单独传动或个别传动；组合传动又叫单电机传动。前者每根轴有一台电机进行驱动，后者整台转向架只有一台电机。独立传动方式，其传动装置比较简单，运行可靠性也较好，是目前世界各国普遍采用的传动方式。单电机传动方式，有利于增大电机功率（外形尺寸受转向架结构限制较小）；有利于减轻转向架和机车重量，降低制造成本；有利于机车黏着性能的改善。

学习笔记

### 3. 按弹簧悬挂方式分类

按弹簧悬挂方式分类，分为一系悬挂和二系悬挂。转向架构架与轴箱之间的悬挂称为一系悬挂；转向架构架与车体底架之间的悬挂是二系悬挂。速度低的机车有的仅设一系悬挂，干线机车，尤其是高速机车，都采用既有一系悬挂，又有二系悬挂的两系悬挂方式。两系悬挂机车总的垂向刚度小而挠度大，动力性能好。

### 4. 按轴箱定位方式分类

按轴箱定位方式分类，分为有导框轴箱定位和无导框轴箱定位。有导框定位是一种比较陈旧的定位方式，重量大，磨耗严重，目前只在少数内燃机车（国产东风型内燃机车）和车辆转向架上采用。无导框定位又有多种不同的结构形式，普遍应用于现代机车转向架上。采用最普遍的是轴箱拉杆橡胶关节定位形式。我国目前电力机车大都采用这种形式。

### 5. 按电机悬挂方式分类

按电机悬挂方式分类，分为轴悬式（抱轴式半悬挂）、架悬式（全悬挂）、体悬式（全悬挂）。轴悬式电机悬挂，电机一部分支承在车轴上，一部分悬挂在转向架构架上，适用于速度较低的机车，国产 $SS_1$、$SS_3$、$SS_4$、$SS_6$ 型等电力机车采用此种悬挂方式。架悬式电机悬挂，电机全部支承在转向架构架上，电机重量全部置于簧上，但传动装置比较复杂，一般速度在 120 ~ 140 km/h 以上的机车，必须采用架悬式。国产 $SS_8$、$SS_9$ 型电力机车采用此种悬挂方式。体悬式电机悬挂，指牵引电机大部分或全部支承在车体底架上的悬挂方式。

## 五、转向架相关概念

### 1. 轴重

机车在静止水平状态下，每个轮对作用在钢轨上的重量，称为轴重。轴重越大，机车每根轴所能发挥的黏着牵引力也越大。然而轴重越大，机车运行中对线路的影响和破坏性也越大。同样重量的机车，轴数多则轴重小，轴数少则轴重大；线路质量好，运行速度低，轴重可以加大；反之，线路质量差，运行速度高，轴重必须减小。世界各国对轴重并无统一规定，视具体情况而定。一般速度低于 100 ~ 120 km/h 的机车，轴重限制为 22 ~ 23 t；速度为 160 ~ 200 km/h 的机车，轴重限制为 19 ~ 21 t；速度为 200 ~ 250 km/h 的机车，轴重限制为 16 ~ 17 t。如果不符合这个要求，则需改变机车轮轴的配置。

### 2. 单轴功率

机车每根轮轴所能发挥的功率称为单轴功率。单轴功率反映了机车牵引电机和转向架的制造水平。在相同轴重下，单轴功率越大，机车所能达到的运行速度越高。单轴功率应根据运行速度和牵引力的设计要求而定。我国 $SS_{4G}$ 型电力机车单轴功率为 800 kW，$SS_9$ 型电力机车单轴功率为 900 kW，$HXD_3$ 型电力机车单轴功率为 1 200 kW。

### 3. 结构速度

转向架在结构上所允许的机车最大运行速度称为机车的结构速度。结构速度也是

学习笔记

反映机车和转向架设计制造水平的重要参数。高速运行的机车,必须保证运行的平稳性和各零部件的正常使用寿命,这就对转向架的结构、工艺等方面提出了更高的要求。

## 六、转向架力的传递

转向架是机车的走行部分,它对机车动力学性能、安全性起着决定性的作用。转向架受力十分复杂,在运行中除了承受垂向载荷、纵向载荷和横向的水平载荷,还经常受到很大的动作用力。所以分析转向架如何传递这些力,对于机车提速、转向架部件故障检查维修十分重要。

### 1. 垂向力的传递

垂向力包括机车的动、静载荷。以重力为例:

机车上部重量→车体支承装置→转向架构架→轴箱弹簧悬挂装置→轴箱→轮对→钢轨。

### 2. 纵向力的传递

纵向力包括机车运行时的牵引力、制动力、机车在起动和制动时引起的纵向冲动。以牵引力、制动力为例:

轮轨接触点产生的牵引力或制动力→轮对→轴箱→轴箱拉杆→转向架构架→牵引拉杆→底架牵引座→车体底架→车钩。

### 3. 横向力的传递

横向力包括轮轨侧压力、机车通过曲线时的离心力、外轨超高引起的机车重量的横向分力、机车横向振动引起的动作用力等。以轮轨侧压力为例:

轮轨侧压力→钢轨→轮对→轴箱→轴箱拉杆→转向架构架→车体支承装置→车体底架→机车上部。

注意:车体所受的离心力、风力等横向力将按照与上述相反的传力顺序,由机车上部传向钢轨。

# 任务二　HXN5 型内燃机车转向架认知

## 任务导入

1. HXN5 型内燃机车转向架有何特点,你能写出它的轴列式吗?
2. 机车构架有什么作用?构架是铸造的还是焊接而成的?
3. 机车转向架上设置弹簧装置有什么作用?

## 任务目标

掌握 HXN5 型内燃机车转向架构架、轴箱、轮对、弹簧装置、驱动装置、基础制动装置的结构及作用。

学习笔记

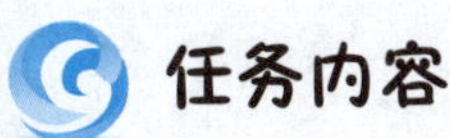

## 任务内容

任务书见表 4-2-1。

表 4-2-1 任务书

<table>
<tr><td>任务名称</td><td>绘制 HXN5 型内燃机车转向架简易图</td><td>参考学时</td><td>4</td></tr>
<tr><td colspan="4">任务描述：<br>查阅图书馆和网络上相关资料，阅读项目四任务二中任务关联知识；参观校内或机务段机车实物、模型，掌握 HXN5 型内燃机车转向架关键部件安装位置、组成结构、作用、工作原理等，绘制 HXN5 型内燃机车转向架简易图。各小组展示汇报，开展评比活动</td></tr>
<tr><td colspan="4">任务要求：<br>以小组为单位，每组 5 ~ 8 人，剖析任务内容，商定工作方案，明确成员分工，共同完成任务。小组讨论选派代表，进行汇报分享。简易图绘制要求布局、结构合理；图框内容逻辑清晰、正确；色彩搭配合理；文字描述简洁。分享时采用普通话，口齿清晰，声音洪亮</td></tr>
<tr><td colspan="4">检查意见：</td></tr>
<tr><td colspan="4">签　　章：<br>日期：____年____月____日</td></tr>
</table>

说明：检查意见是在汇总任务评价表内容后，小组集体讨论，由担任学习小组的组长写出小组人员在任务完成过程中存在的问题，描述要准确，便于小组人员后期整改，并给出总体评价成绩[统一采用 A(优秀)、B(良好)、C(合格)、D(努力)4 个]。签章由任课教师签字确认评判成绩的合理性、公正性。

## 任务分组

请在表 4-2-2 中填写任务分工情况。

表 4-2-2 任务分配表

<table>
<tr><td>班级</td><td></td><td>组号</td><td></td><td>指导教师</td><td></td></tr>
<tr><td>组长</td><td></td><td>学号</td><td colspan="3"></td></tr>
<tr><td rowspan="5">组员</td><td>姓名</td><td>学号</td><td>姓名</td><td colspan="2">学号</td></tr>
<tr><td></td><td></td><td></td><td colspan="2"></td></tr>
<tr><td></td><td></td><td></td><td colspan="2"></td></tr>
<tr><td></td><td></td><td></td><td colspan="2"></td></tr>
<tr><td></td><td></td><td></td><td colspan="2"></td></tr>
<tr><td colspan="6">任务分工：</td></tr>
</table>

学习笔记

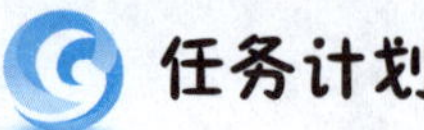

## 任务计划

制定工作方案，填写在表 4-2-3 中。

表 4-2-3　工作方案

| 步骤 | 工作内容 | 负责人 |
|---|---|---|
| 1 | | |
| 2 | | |
| 3 | | |
| 4 | | |
| 5 | | |
| 6 | | |

## 任务实施

### 一、知识储备

查阅任务关联知识，完成以下问题。(60 min)

**引导问题 1**：完成下列填空题。

(1) HXN5 型内燃机车转向架采用______牵引方式。

(2) HXN5 型内燃机车转向架轮对由牵引电机驱动，牵引电机采用______排列。

(3) HXN5 型内燃机车转向架轴箱定位方式为______________________。

(4) HXN5 型内燃机车每台转向架______________________安装有速度传感器。

(5) HXN5 型内燃机车为了避免构架导框及轴箱体的磨损，并方便维修时更换，在轴箱与构架导框间配有______________________。

(6) HXN5 型内燃机车每台转向架有垂向减振器______个，横向减振器______个、抗蛇行减振器______个。

(7) HXN5 型内燃机车牵引齿轮副的作用是______________________。

(8) 日常维护中，应经常使用油尺检查齿轮箱油位。需注意的是：油位的检查应在机车停止至少______ min 以后进行，以保证润滑油能够充分地回流到齿轮箱的底部。

(9) HXN5 型内燃机车每台转向架装有______个独立的单元制动器，即每个车轮上各有一个单元制动器，采用______制动。

(10) HXN5 型内燃机车的______轴位的每个车轮配有一套干式轮缘润滑装置。

学习笔记

(11)________用来将轨道上体积较大的障碍物排到轨道外侧。________则用来去除排障器未能排除、体积较小的杂物。

**引导问题2**:完成下列选择题。

(1)HXN5 型内燃机车每个轴箱设置 2 个轴箱圆弹簧,每台转向架设有(　　)个轴箱圆弹簧。

A. 8　　B. 10　　C. 12　　D. 16

(2)HXN5 型内燃机车排障器距轨面高度(　　)。排障器的工作面向钢轨外侧偏斜,与钢轨横截面夹角约为 15.5°,这样可以方便地将障碍物排到轨道外侧。

A. 45 mm　　B. 64 mm　　C. 72 mm　　D. 85 mm

(3)HXN5 型内燃机车砂箱设在冷却室及司机室内,容积为(　　)。

A. 150 L　　B. 400 L　　C. 800 L　　D. 850 L

(4)HXN5 型内燃机车每台转向架有(　　)只单元制动器具有停放制动功能。

A. 1　　B. 2　　C. 3　　D. 4

(5)HXN5 型内燃机车转向架垂向力传递路径为:车体→旁承→构架→(　　)→轴箱及轴承→车轴轴颈→车轮→钢轨。

A. 油压减振器　　B. 轴箱弹簧　　C. 轴箱拉杆

**引导问题3**:完成下列判断题。

(1)HXN5 型内燃机车每台转向架齿侧的中间轴位轴箱安装有速度传感器。(　　)

(2)HXN5 型内燃机车下弹簧座与轴箱弹簧之间设置有橡胶垫,用来隔声并衰减轴箱弹簧的负荷,使各轴箱的轴箱弹簧负荷相对均匀,比如通过加减调整垫来校正由于车轮踏面磨损产生的轮径偏差。(　　)

(3)HXN5 型内燃机车二系悬挂主要由两个侧承载垫和一个中间承载垫、一个横向减振器和两个抗蛇行减振器组成。(　　)

(4)HXN5 型内燃机车的紧急制动距离不大于 1 100 m,即机车以 120 km/h 的速度运行时实施紧急制动,要求机车在 1 100 m 的距离内能够停下来。(　　)

(5)更换减振器时,同一轴位的两个垂向减振器须成组更换,即若一个垂向减振器须更换,该轴位的另一个垂向减振器须同时更换。(　　)

**引导问题4**:检查 HXN5 型内燃机车液压减振器发现减振器体上有明显的液体,如何处理?有哪些注意事项?

________________

________________

________________

________________

________________

学习笔记

引导问题 5：分析 HXN5 型内燃机车转向架所受各种力的传递路线。

引导问题 6：简述 HXN5 型内燃机车基础制动装置的作用及组成。

引导问题 7：简述 HXN5 型内燃机车轮缘润滑装置的作用及原理。

引导问题 8：简述 HXN5 型内燃机车撒砂装置的安装位置及作用。

## 二、游戏热身

准备一张 HXN5 型内燃机车转向架图片，一人随机指向图片中的部件，各小组进行抢答，口述所指部件的名称及作用。以各组回答问题的数量（50%）、正确率（50%）判定输赢。（30 min）

学习笔记

## 三、理论联系实际

结合 HXN5 型内燃机车实物，理论联系实际，分组参观转向架，熟悉转向架部件安装位置，部件组成结构，填写表 4-2-4。(30 min)

表 4-2-4 HXN5 型内燃机车转向架结构认知

| 序号 | 组成结构 | 作用(关键词描述) | 位置指认 |
|---|---|---|---|
| 1 | 构架 | | 正确□ 错误□ |
| 2 | 轴箱 | | 正确□ 错误□ |
| 3 | 一系悬挂装置 | | 正确□ 错误□ |
| 4 | 二系悬挂装置 | | 正确□ 错误□ |
| 5 | 轮对 | | 正确□ 错误□ |
| 6 | 基础制动装置 | | 正确□ 错误□ |
| 7 | 撒砂装置 | | 正确□ 错误□ |
| 8 | 轮缘润滑装置 | | 正确□ 错误□ |

## 四、任务活动

以小组为单位，参观校内或机务段机车实物、模型，绘制 HXN5 型内燃机车转向架简易图。简易图要求能够准确反映转向架组成结构，且各组成部分的位置正确，大小比例恰当。各小组展示汇报，开展评比活动。以简易图绘制的布局合理性(25%)、部件名称准确性(25%)、部件位置安排准确性(25%)、部件个数完整性(25%)判定成绩。(45 min)

# 任务评价

各组代表展示任务完成结果，介绍任务完成过程，并填写评价表 4-2-5。

表 4-2-5 评价表

| 序号 | 评价项目 | 分值 | 自我评价 | 互相评价 | 教师评价 | 总评 |
|---|---|---|---|---|---|---|
| 1 | 学习准备 | 0~10 | | | | |
| 2 | 引导问题填写 | 0~20 | | | | |
| 3 | 任务完成质量 | 0~20 | | | | |
| 4 | 是否在规定时间完成 | 0~10 | | | | |
| 5 | 是否有序规范安全 | 0~10 | | | | |
| 6 | 是否主动参与互动 | 0~10 | | | | |

学习笔记

续上表

| 序号 | 评价项目 | 分值 | 自我评价 | 互相评价 | 教师评价 | 总评 |
|---|---|---|---|---|---|---|
| 7 | 展示汇报 | 0 ~ 20 | | | | |
| 合　计 | | 100 | | | | |

## 任务拓展

查阅资料，了解 HXN3 型内燃机车转向架，比较 HXN3 与 HXN5 型内燃机车两者的转向架有什么区别，制作 PPT。PPT 制作要求结构、布局合理，整体色调、风格协调，图文搭配合理，切勿大段文字堆砌。

## 任务关联知识

### 一、HXN5 型内燃机车转向架特点

HXN5型内燃机车转向架认知

HXN5 型内燃机车转向架主要由构架、轴箱装置、弹簧装置、轮对电机驱动装置、基础制动装置、附件（轮缘润滑装置、撒砂装置、排障器及轨面清扫器等）组成。其主要特点有：

1. 转向架的设计满足在环境 -40 ~ +45 ℃下的运用要求。
2. 采用中心销牵引方式。
3. 轮对由牵引电机驱动，牵引电机顺置排列。
4. 采用两台 25 t 轴重的 3 轴高黏着转向架。
5. 牵引电机悬挂方式为滚动轴承抱轴悬挂。
6. 轴箱定位方式为导框式轴箱定位结构。
7. 每台转向架有 2 只单元制动器具有停放制动功能。
8. 6 个空气驱动单元制动器，制动时通过闸瓦作用在踏面上，分别对转向架 6 个车轮提供制动力。单元制动机具有闸瓦间隙自动调整功能，以补偿闸瓦的磨耗。
9. 3 个橡胶堆式旁承承受垂向载荷并允许转向架与车体之间可以相对自由横向运动和摇头运动。在转向架构架顶面与车体底部用一个横向油压减振器来衰减二者之间的相对横向振动。
10. 每台转向架的中间轴位有一个轴箱（非齿侧）装有速度传感器。
11. 在转向架构架的两端装有一个高度可调的支架，支架上装有撒砂喷嘴。支架高度可以提升以补偿车轮磨耗。
12. 转向架具有整体起吊功能。

### 二、构架

单司机室 HXN5 型内燃机车转向架构架采用低温综合性能良好的钢板及铸钢件焊接

学习笔记

而成，可以保证在 −40 ℃低温环境下正常工作。

构架由左右两根对称布置的侧梁、牵引梁、横梁、后端梁及各支座组成。侧梁底面焊有导框、制动座、轮缘润滑装置安装座，外侧面焊有一系垂向减振器座，顶面焊有抗蛇行减振器座和纵向止挡座。牵引梁、横梁和后端梁上均有电机吊座。牵引梁上有牵引装置安装接口。左右两侧梁和横梁上各有一个承载垫安装面。构架上还焊有撒砂管等转向架附件安装座。

## 三、轴箱装置

单司机室 HXN5 型内燃机车转向架采用导框式轴箱定位结构。与国内广泛采用的轴箱拉杆配轴箱弹簧的无导框轴箱定位方式相比，导框式轴箱定位方式的缺点是：由于有摩擦磨损，所以需要定期进行检测，并更换摩擦副组件。

轴箱（图 4-2-1）由轴箱体、轴箱弹簧、轴箱轴承、磨耗板、导框衬垫、轴承保持座（图 4-2-2）、上下弹簧座、橡胶垫、调整垫等组成。端轴轴箱和构架之间设置一系垂向油压减振器。每台转向架非齿侧的中间轴位轴箱安装有速度传感器。

图 4-2-1　轴箱

图 4-2-2　轴承保持座

为了避免构架导框及轴箱体的磨损，并方便维修时更换，在轴箱与构架导框间配有主磨耗板和导框衬垫。主磨耗板焊装在轴箱体上。导框衬垫设计为槽形截面，用它将构架导框工作面包裹住，从而实现对构架导框的保护。导框衬垫安放在主磨耗板与构架导框之间；在竖直方向，构架导框的止挡面与轮对托座的顶面共同维持导框衬垫在合适的高度位置。轴箱体的顶面还焊有顶面磨耗板。

为了给轴箱弹簧的上下两端面定位，轴箱上设置有上下弹簧座。上弹簧座通过两个定位销和两根螺栓安装在构架上，下弹簧座直接安放在轴箱体两侧的弹簧座面上。下弹簧座与轴箱弹簧之间设置有橡胶垫，用来隔声并衰减轴箱弹簧的负荷，使各轴箱的轴箱弹簧负荷相对均匀，但不能通过加减调整垫来校正由于车轮踏面磨损产生的轮径偏差。调整垫采用剖分式结构，因而用两个千斤顶同时顶起轴箱两侧的下弹簧座即可进行加减调整垫的作业。

学习笔记

轴承保持座安装好后，无论机车运行中轮对相对于构架的上下浮动幅度有多大，都能保持轴箱轴承始终在轴箱体的轴承腔内。

轮对托座有三个方面的作用：一是限制构架相对于轮对最大的上浮量；二是固定导框衬垫在合适的高度位置；三是吊起转向架时可以同时吊起轮对。轮对托座为铸铝件，经热处理后达到 T6 条件，其主要受力部位应进行着色探伤检查，不得有裂纹存在。

每根车轴的两端各安装一个圆锥滚子轴承（图 4-2-3），它主要由轴承、轴箱体、轴端盖、密封件等组成。轴承必须使用导向套筒以压装方式安装到车轴上，不允许对轴承内圈加热，以保持内隔圈与内圈孔对中并将轴承组件引导到车轴上。

图 4-2-3　轴箱轴承

## 四、弹簧装置

单司机室 HXN5 型内燃机车转向架采用两系悬挂系统。一系悬挂（图 4-2-4）主要由轴箱圆弹簧、橡胶垫及垂向减振器组成。二系悬挂主要由 2 个侧承载垫和 1 个中间承载垫、1 个横向减振器和 2 个抗蛇行减振器组成。

### 1. 一系悬挂

中间轴位轴箱不设垂向减振器。垂向减振器设在端轴轴箱与转向架构架之间，它是一种双向作用油压减振器，用来衰减线路不平顺引起的垂直振动。

每个轴箱设置 2 个轴箱圆弹簧，每台转向架设有 12 个轴箱圆弹簧。轴箱圆弹簧下面有橡胶垫，用来吸收和衰减从轨道传至轴箱的高频振动。

### 2. 二系悬挂

为了抑制机车运行时的横向振动和蛇行振动，二系悬挂设置 1 个横向减振器和 2 个抗蛇行减振器（图 4-2-5）。

图 4-2-4　一系悬挂

图 4-2-5　抗蛇行减振器

运用中,应检查液压减振器(每台转向架有垂向减振器4个,横向减振器1个、抗蛇行减振器2个,共7个)是否泄漏或橡胶安装套是否损坏。减振器上有轻微的液体薄膜是正常的,如果减振器体上有明显的液体,说明安装套磨损、黏结、严重腐蚀或丢失,则须更换。

更换减振器时,同一轴位的两个垂向减振器须成组更换,即若一个垂向减振器须更换,该轴位的另一个垂向减振器须同时更换。

同一台转向架上的两个抗蛇行减振器也须同时更换。

## 五、轮对电机驱动装置

HXN5型内燃机车转向架电机驱动装置采用滚动轴承抱轴的轴悬结构形式。一台转向架有3组轮对电机驱动装置(TM1～TM6),它们在转向架上内顺置排列。

轮对电机驱动装置主要包括车轮、车轴、抱轴箱、抱轴轴承、牵引齿轮副、牵引电机及电机吊杆装配、齿轮箱、通风道等。每组轮对电机驱动装置由两个结构相同的车轮过盈压装在车轴两侧轮座处。

### 1. 车轮

车轮(图4-2-6)为整体结构,即轮箍和轮心是一体的。车轮踏面采用JM3外形。车轮材料符合AAR M-107 B级要求。每只车轮质量约为474 kg(新制成品)。

在机车运行期间,车轮的踏面和轮缘会发生磨损。如果轮缘厚度、踏面磨耗或轮缘高度超过有关运用限度,或者踏面上的缺陷超过有关规定,该车轮必须重新旋轮或废弃。

### 2. 车轴

车轴(图4-2-7)作为转向架最重要的结构件之一,其上压装有众多的受力元件——轴箱轴承、车轮、从动齿轮、抱轴轴承等。在机车运行中,车轴承受着非常大的交变载荷。

图4-2-6 车轮

图4-2-7 车轴

### 3. 抱轴箱

抱轴箱为铸钢件,质量约为206 kg。抱轴箱两端为圆环形,为抱轴轴承及其密封件提供安装接口。其两端因组装工艺需要,在结构设计上有所不同。另外,在靠近齿轮侧的一段伸出一悬臂,它是齿轮箱的安装支承面之一。

学习笔记

抱轴箱中间部分为U形，因此抱轴箱在英文中又被称为U-Tube。该部位是与牵引电机组装的接口，两端各有4只直径为34 mm的通孔，为组装用螺栓孔；组装完后，U形部分同时也为车轴的周身部位提供一个防护性壳体。

### 4. 抱轴轴承

抱轴箱的两端各装有一套圆锥滚子抱轴轴承。两套轴承在结构尺寸上有大小之分，大轴承装在靠近齿轮侧，小轴承装在另一侧。

### 5. 牵引齿轮副

牵引齿轮副的作用是传递牵引电机与车轴之间的扭矩。牵引齿轮副由主动齿轮与从动齿轮组成，主动齿轮直接在牵引电机的电枢轴上加工出来，为齿轴结构件，从动齿轮过盈压装在车轴上。牵引齿轮副的材料为真空脱气优质轴承钢ASTM A534，质量约为220 kg。

### 6. 牵引电机及电机吊杆装配

HXN5型内燃机车牵引电机是一种强迫风冷、三相交流感应电机，质量约为2 450 kg。

电机吊杆装配（图4-2-8）的作用是将牵引电机组件的一端通过吊杆弹性地悬挂在构架横梁或后端梁上，并承受电机组件约一半的重量，而牵引电机组件另一半重量则通过抱轴箱、抱轴轴承刚性地支承在车轴上。

运行中，应检查电机吊杆装配中的橡胶球铰有无橡胶分离、严重腐蚀的橡胶或裂纹。检查吊杆是否有裂纹或折断。如果损坏，应及时更换电机吊杆装配。

### 7. 齿轮箱

齿轮箱（图4-2-9）的作用是保护牵引齿轮副不受外界环境侵害。此外，它还保存适量润滑油以润滑其内的齿轮副和牵引电机输出端轴承。

图4-2-8　吊杆装配

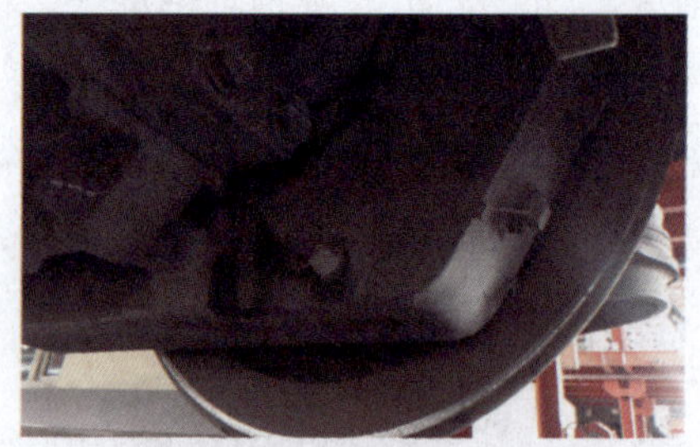
图4-2-9　齿轮箱

齿轮箱采用薄钢板焊接而成，分为上下两半，属于剖分式结构，用螺栓固定在一起。上下齿轮箱的结合方式为平面结合，结合面涂密封胶。

日常维护中，应经常使用油尺检查油位。需要注意的是：油位的检查应在机车停止至少30 min以后进行，以保证润滑油能够充分地回流到齿轮箱的底部。

学习笔记

## 六、基础制动装置

基础制动装置的作用是使机车能够按照司机的操作意图进行制动，实现机车在一定的距离内速度减慢或停放的功能。HXN5 型内燃机车的紧急制动距离不大于 1 100 m，即机车以 120 km/h 的速度运行时实施紧急制动，要求机车在 1 100 m 的距离内能够停下来（此性能适用于轨道干燥或有水、无冰、无锈、无碎石及无油的情况下）。

HXN5 型内燃机车的基础制动装置由单元制动器和闸瓦两部分组成。每台转向架装有 6 个独立的单元制动器，即每个车轮上各有一个单元制动器，采用单侧制动。闸瓦采用复合材料。这种材料既能够保证较高的摩擦系数，同时硬度又不大，减少了对车轮的损伤，闸瓦通过瓦钎固定在闸瓦托上。

基础制动装置是与安装在机车上部的空气制动装置相配套的执行机构。当机车制动时，具有一定压力的压缩空气将传递到制动缸，制动缸活塞动作，从而使闸瓦贴靠在车轮踏面上，靠摩擦力使车轮转速降低，达到制动目的。

每台机车设有 8 个常用单元制动器（图 4-2-10），分别装在左 1、4、5、6 位，右 1、2、3、6 位；设有 4 个带有停放制动的单元制动器（图 4-2-11），分别装在左 2、3 位，右 4、5 位，起人力制动机作用。在司机室墙壁上设有手制动阀和示灯，运行中手制动阀置于缓解位，机车停留时置于制动位，机车长时间停留总风缸没风需要动车作业时，必须分别拉动 4 个单元制动缓解销，进行手动缓解。

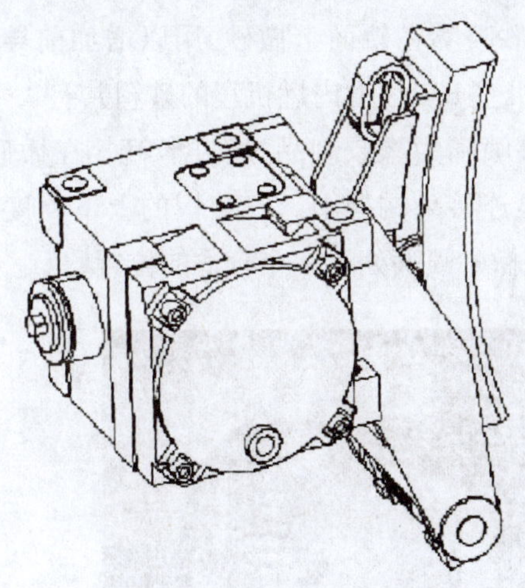

图 4-2-10　常用单元制动器

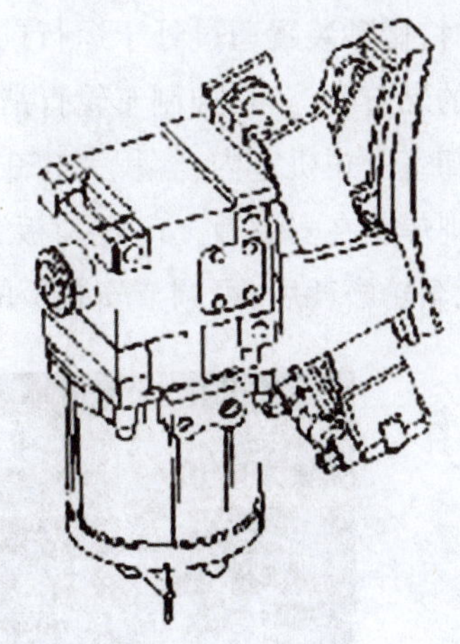

图 4-2-11　带停放制动的单元制动器

## 七、附件

### 1. 轮缘润滑装置（图 4-2-12）

HXN5 型内燃机车的 1、6 轴位的每个车轮配有一套干式轮缘润滑装置。它是一种以

学习笔记

轮缘润滑新技术

弹簧力推动润滑块，使之与轮缘喉部紧密贴在一起的轮缘润滑装置。干式轮缘润滑系统采用点对点的固体润滑方式，实时润滑，在车轮运动过程中，润滑块先润滑接触车轮的轮缘形成一层薄膜，当轮缘与钢轨接触时，这层薄膜转移到钢轨，钢轨再润滑下一个车轮的轮缘。由于润滑剂是连续涂在轮缘上，所以在轮缘内侧形成一层均匀的、连续的金属膜。润滑介质与轮轨的附着力强，润滑剂在固定界面内转移，不产生飞溅，对转向架及车下设备、通信设备不会造成污染。

图 4-2-12　轮缘润滑装置

### 2. 撒砂装置（图 4-2-13）

每个转向架的 4 个角处各装有一个撒砂喷嘴，分别指向前进方向车轮的前面。当需要撒砂时，撒砂装置通过处于运行前方的撒砂喷嘴在轨面上撒砂，用以增加前导车轮与钢轨间的黏着摩擦力，抑制车轮打滑。单司机室 $HXN_5$ 型内燃机车的砂箱共有 4 个，分别设在冷却室及司机室内，容积为 850 L。撒砂喷嘴为橡胶制品，通过卡箍扎在撒砂管上。撒砂管则焊装在安装板上。安装板通过螺栓连接到构架上。安装板的上下高度可以调整，因此车轮磨耗后，可调节安装板的高度使撒砂喷嘴处于一个合适的位置。

图 4-2-13　撒砂装置

### 3. 排障器及轨面清扫器（图 4-2-14）

在转向架开口端装有排障器及轨面清扫器。它们与撒砂管共用一个安装板。

排障器用来将轨道上体积较大的障碍物排到轨道外侧。轨面清扫器则用来去除排障器未能排除、体积较小的杂物。

图 4-2-14 排障器及轨面清扫器

排障器由一块钢板及一块加强板焊接在安装板上而构成。排障器距轨面高度 72 mm。排障器的工作面向钢轨外侧偏斜，与钢轨横截面夹角约为 15.5°，这样可以方便地将障碍物排到轨道外侧。

轨面清扫器由一块橡胶板、一块压板组成。压板通过螺栓将橡胶板压装在安装板的支座上。橡胶板上的 4 只孔为上下方向的腰形孔，以便于单独调节橡胶板距轨面的高度。橡胶板底面距轨面的高度设定为 25 mm。由于机车运行中转向架上下沉浮，会导致橡胶板与钢轨接触而磨损。当无法将橡胶板调节到规定高度时，须更换橡胶板。

### 4. 转向架整体起吊装置

为方便机车整体吊运，如机车整体装船，现代机车大多设有转向架整体起吊装置。该装置由两部分组成：一是轮对与转向架之间的起吊装置，当吊起转向架时，用来实现轮对的同步起吊；二是转向架与车体之间的起吊装置，当吊起机车时，用以实现转向架与机车的同步起吊。

## 任务三 SS4G 型电力机车转向架认知

### 任务导入

1. 一个完整的机车轮对包含哪些部件？整体轮和分体轮的区别是什么？分体轮上有三条黄线，代表什么含义？

2. 机车构架的结构形状是规则的吗？它如何起到轴箱定位的作用？轴向拉杆固定

学习笔记

座为什么设计成梯形槽？

3. 机车设置轴箱有什么作用？内部结构是什么？

4. 机车悬挂装置包含哪些部件？如何区分一系悬挂和二系悬挂？

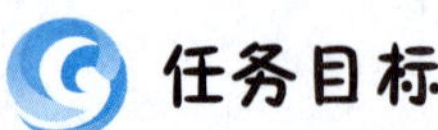

## 任务目标

掌握 SS4G 型电力机车转向架构架、轮对、轴箱及其定位、悬挂装置、电机悬挂、齿轮传动、基础制动装置的结构及作用。

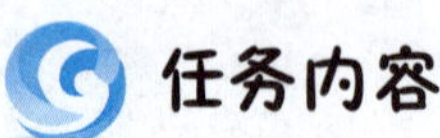

## 任务内容

任务书见表 4-3-1。

表 4-3-1　任务书

<table>
<tr><td>任务名称</td><td>绘制 SS4G 型电力机车转向架简易图</td><td>参考学时</td><td>4</td></tr>
<tr><td colspan="4">任务描述：<br>查阅图书馆和网络上相关资料，阅读项目四任务三中任务关联知识；参观校内或机务段机车实物、模型，掌握 SS4G 型电力机车转向架关键部件安装位置、组成结构、作用、工作原理等，绘制 SS4G 型电力机车转向架简易图。各小组展示汇报，开展评比活动</td></tr>
<tr><td colspan="4">任务要求：<br>以小组为单位，每组 5～8 人，剖析任务内容，商定工作方案，明确成员分工，共同完成任务。小组讨论选派代表，进行汇报分享。简易图绘制要求布局、结构合理；图框内容逻辑清晰、正确；色彩搭配合理；文字描述简洁。分享时采用普通话，口齿清晰，声音洪亮</td></tr>
<tr><td colspan="4">检查意见：</td></tr>
<tr><td colspan="4">签　章：<br><br>日期：____年____月____日</td></tr>
</table>

说明：检查意见是在汇总任务评价表内容后，小组集体讨论，由担任学习小组的组长写出小组人员在任务完成过程中存在的问题，描述要准确，便于小组人员后期整改，并给出总体评价成绩[统一采用 A(优秀)、B(良好)、C(合格)、D(努力)4 个]。签章由任课教师签字确认评判成绩的合理性、公正性。

## 任务分组

请在表 4-3-2 中填写任务分工情况。

学习笔记

表 4-3-2 任务分配表

| 班级 | | 组号 | | 指导教师 | |
|---|---|---|---|---|---|
| 组长 | | 学号 | | | |
| 组员 | 姓名 | 学号 | 姓名 | 学号 | |
| | | | | | |
| | | | | | |
| | | | | | |
| | | | | | |
| 任务分工： | | | | | |

## 任务计划

制定工作方案，填写在表 4-3-3 中。

表 4-3-3 工作方案

| 步骤 | 工作内容 | 负责人 |
|---|---|---|
| 1 | | |
| 2 | | |
| 3 | | |
| 4 | | |
| 5 | | |
| 6 | | |

## 任务实施

### 一、知识储备

查阅任务关联知识，完成以下问题。(90 min)

**引导问题 1**：完成下列填空题。

(1) SS4G 型电力机车转向架构架由 2 根侧梁、1 根前端梁、1 根后端梁、1 根牵引梁和各种附加支座等组成，构成________字形结构。

(2) SS4G 型电力机车车轴和车轮采用________配合，一般采用热套装或冷压装或注油压装来组装。

(3) 车轴分为轴颈、________、轮座、________和中间轴身部分。加工后，其圆弧部分表面均通过________处理。

学习笔记

(4)为了检查轮箍是否发生了弛缓,用________色油漆在轮箍轮心结合处画一条径向宽线,可以观察它有无错位来判断是否发生了弛缓现象。

(5)有了________斜度的踏面,可以减轻磨耗凹陷的程度,减小机车进入道岔或小半径曲线时的跳动,确保行车安全。

(6)轴箱与转向架的连接方式,通称为________。________起到固定轴距和限制轮对活动范围的作用。

(7)SS4G 型电力机车轴箱定位采用________定位。

(8)弹簧调整(包括一系、二系悬挂)的主要目的是要调整机车的________。

(9)SS4G 型电力机车采用两系悬挂装置,________设置在机车转向架构架与轴箱之间;________设置在车体底架与转向架构架之间。

(10)SS4G 型电力机车牵引电机为________式半悬挂,一端通过抱轴承刚性的支承在轴上,一端靠电机悬挂装置吊在构架牵引梁电机悬挂座上。

(11)SS4G 型电力机车基础制动装置由________、制动传动装置、________及闸瓦间隙调整装置组成。

(12)SS4G 电力机车基础制动装置采用________式单元制动器,它是以制动器箱体为基础,将制动传动装置和闸瓦间隙调整装置安装于箱体内部,闸瓦装置安装于箱体外侧的一种基础制动装置,因此又称为____________。

**引导问题 2:**完成下列判断题。

(1)轮箍是车轮直接在钢轨上滚动运行的部分。它用热套法套在轮心上,俗称"红套"。 (　　)

(2)为了检查轮箍是否发生了弛缓,用红色油漆在轮箍轮心结合处画一条径向宽线,可以观察它有无错位来判断是否发生了弛缓现象。 (　　)

(3)轮缘起着导向和防止脱轨的重要作用。 (　　)

(4)辐条式轮心,具有质量轻、弹性好等优点,但强度较差。 (　　)

(5)拉杆式轴箱定位,是目前各国认为比较先进可靠、采用较普遍的一种无导框轴箱定位方式。 (　　)

(6)油压减振器的作用是为了衰减振动。它是将振动能量通过油液黏滞阻尼形式变为热量散发掉,从而使振动衰减,达到平稳运行的目的。 (　　)

(7)一系悬挂,可显著减小车体的振动加速度,有利于机车的高速平稳运行。(　　)

(8)簧下质量对线路产生较大的动作用力,危害很大,必须设法减轻,尤其是速度较高的机车。 (　　)

(9)SS4G 型电力机车牵引电机全部悬挂在转向架构架上,减小了簧下死重量,适应了高速运行的需要。 (　　)

(10)SS4G 型电力机车采用双边刚性斜齿轮传动,包括大齿轮(从动轮)、小齿轮(主动轮)和齿轮箱。 (　　)

学习笔记

**引导问题3：**用连线的方式指出题图4-3-1中车轴、轮心、轮箍、轮缘、踏面、轮毂、轮辐的位置。

车轴　轮心　轮箍　轮缘　踏面　轮毂　轮辐

题图　4-3-1

**引导问题4：**名词解释。

轮对：

轴箱定位：

一系悬挂：

二系悬挂：

簧上质量：

簧下质量：

**引导问题5：**分析 $SS_{4G}$ 型电力机车转向架力的传递情况。

**引导问题6：**分析 $SS_{4G}$ 型电力机车轴箱定位方式有哪些？比较分析不同定位方式的特点。

学习笔记

**引导问题7**:分析踏面为什么要制成锥形?

**引导问题8**:电机悬挂方式有哪些种类?比较各种悬挂方式的优缺点。

## 二、游戏热身

准备一张SS4G型电力机车转向架图片,一人随机指向图片中的部件,各小组进行抢答,口述所指部件的名称及作用。以各组回答问题的数量(50%)、正确率(50%)判定输赢。(20 min)

## 三、理论联系实际

结合SS4G型电力机实物,理论联系实际,分组参观转向架,熟悉转向架部件安装位置,部件组成结构,填写表4-3-4。(30 min)

**表4-3-4 SS4G型电力机车转向架结构认知**

| 序号 | 组成结构 | 作用(关键词描述) | 位置指认 |
| --- | --- | --- | --- |
| 1 | 构架 | | 正确□ 错误□ |
| 2 | 轴箱 | | 正确□ 错误□ |
| 3 | 一系悬挂装置 | | 正确□ 错误□ |
| 4 | 二系悬挂装置 | | 正确□ 错误□ |
| 5 | 轮对 | | 正确□ 错误□ |
| 6 | 基础制动装置 | | 正确□ 错误□ |
| 7 | 撒砂装置 | | 正确□ 错误□ |

## 四、任务活动

以小组为单位,参观校内或机务段机车实物、模型,绘制SS4G型电力机车转向架简易

学习笔记

图。简易图要求能够准确反映转向架组成结构，且各组成部分的位置正确，大小比例恰当。各小组展示汇报，开展评比活动。以简易图绘制的布局合理性(25%)、部件名称准确性(25%)、部件位置安排准确性(25%)、部件个数完整性(25%)判定成绩。(40 min)

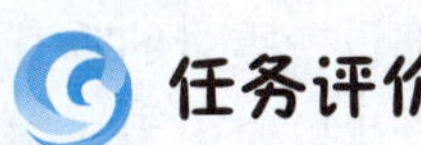

## 任务评价

各组代表展示任务完成结果，介绍任务完成过程，并填写评价表4-3-5。

表4-3-5　评价表

| 序号 | 评价项目 | 分值 | 自我评价 | 互相评价 | 教师评价 | 总评 |
|---|---|---|---|---|---|---|
| 1 | 学习准备 | 0～10 | | | | |
| 2 | 引导问题填写 | 0～20 | | | | |
| 3 | 任务完成质量 | 0～20 | | | | |
| 4 | 是否在规定时间完成 | 0～10 | | | | |
| 5 | 是否有序规范安全 | 0～10 | | | | |
| 6 | 是否主动参与互动 | 0～10 | | | | |
| 7 | 展示汇报 | 0～20 | | | | |
| 合　计 | | 100 | | | | |

## 任务拓展

查阅资料，以小组为单位，对SS4G型电力机车转向架结构组成的其中一个部分进行详细讲解。可以借助必要的图片、动画、视频、音频等优化PPT。

## 任务关联知识

### 一、SS4G型电力机车转向架特点

SS4G型电力机车有4台相同的转向架，其主要特点有：

1. 一系悬挂采用轴箱弹簧组和弹性拉杆定位的独立悬挂结构，配置垂向油压减振器；二系悬挂采用全旁承橡胶堆并配合横向油压减振器和摩擦减振器。

SS4G型电力机车转向架认知

2. 牵引力、制动力采用斜拉杆低位牵引方式。
3. 轴箱采用圆柱滚子轴承。
4. 电机悬挂为刚性半悬挂。
5. 构架受力状态和结构合理，工艺性好。
6. 基础制动装置采用单边高摩合成闸瓦。

学习笔记

## 二、构架

构架是转向架连接的基体，也是承载和传力的基体。传递车体的垂直载荷和承受轮对上传来的作用力。机车以各种工况运行时，它承受来自车体及其上部设备重量的垂直载荷和由于机车振动引起的垂直附加动载荷；承受机车牵引或制动时产生的牵引力或制动力；承受机车通过曲线时的水平横向力和离心力等。因而它必须具有足够的强度、刚度和抗疲劳性能。

SS4G 型电力机车转向架构架由 2 根侧梁、1 根前端梁、1 根后端梁、1 根牵引梁和各种附加支座等组成，构成"日"字形结构。

侧梁由钢板焊接成箱形封闭截面，分左右各一根，形状为倒凸形。

前端梁上有端梁体和牵引装置三角形撑杆固定上支座，端梁体为无缝钢管。支座为普通铸钢件。后端梁采用一根无缝钢管，无其他部件。

牵引梁为蝶形箱式梁体。它由上下盖板、定位销、防落框、电机悬挂吊座、筋板、隔板、立板和套等焊接而成。

附属部件包括旁承座、横向液压减振器座、纵向摩擦减振器座、垂向油压减振器座和接地台。各座材料均为低碳钢或普通铸钢材料。

为了提高机车黏着系数，通过撒砂装置向钢轨轨面撒砂，防止轮对空转和踏面擦伤。在每个转向架前后左右 4 个角处设置了 4 个砂箱装置，每个砂箱（图 4-3-1）容积 0.1 $m^3$，由箱体、砂箱盖、支架和排石器组成。排石器距轨面 70～80 mm。

## 三、轮对

SS4G 型电力机车轮对（图 4-3-2）由 1 根车轴、左右 2 个轮心、2 个轮箍及 2 个大齿轮组成。

图 4-3-1　砂箱

图 4-3-2　轮对

### 1. 车轴

车轴（图 4-3-3）分为轴颈、防尘座、轮座、抱轴颈和中间轴身部分。加工后，其圆弧部分表面均通过滚压强化处理。

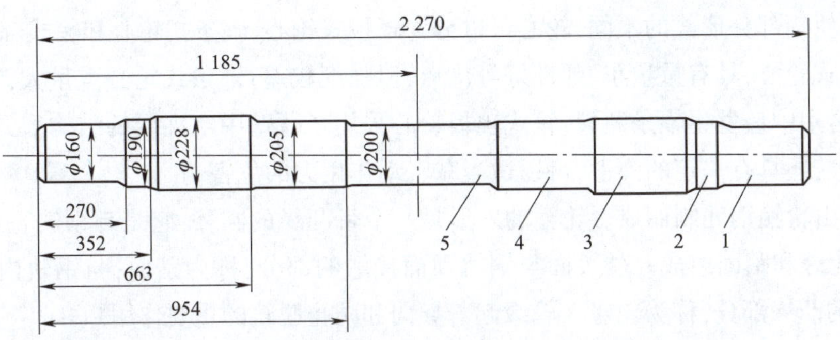


图 4-3-3　车轴(单位:mm)

1—轴颈;2—防尘座;3—轮座;4—抱轴颈;5—轴身

学习笔记

车轴加工新技术

车轴承受的载荷相当复杂:有垂向载荷引起的弯矩,曲线运动使轮轨侧压力引起的弯矩,齿轮传动时引起的扭矩,某侧车轮发生滑行时引起的扭矩,线路的不平顺导致的冲击,弹簧上部分的振动、制动力作用等,都产生附加载荷。所以车轴受弯、受扭、受交变载荷、受突加载载荷。疲劳裂纹和折断是车轴各种破坏中最严重的破坏。

为了减少车轴的疲劳破坏,可采取下列措施:

(1)锻造车轴钢坯应进行人工时效或自然时效处理,待内应力消除后再进行机械加工。

(2)加工成形的车轴表面应有高的表面光洁度。

(3)不同直径的过渡部分,要有尽可能大的过渡圆弧,以减小应力集中。

(4)对车轴表面进行滚压强化处理,使表层金属材料更加密致,提高疲劳能力等。

### 2. 车轮

$SS_{4G}$ 型电力机车车轮属于分体轮(图 4-3-4),分体轮由轮箍和轮心组装而成。轮心为辐板箱式结构,材料为 ZG230-450,质量为 370 kg。

图 4-3-4　分体轮

轮心是车轮的主体,轮箍加热后套装在轮心外侧,中心安装车轴。轮心上和车轴压装的部分,称为轮毂;轮心上和轮箍套装的部分,称为轮辋;轮毂和轮辋之间的部分,称为轮辐。轮心一般用优质钢铸成整体,在铸件铸成后,要用退火和正火等热处理方法消除内应力。

学习笔记

根据轮辐部分形式的不同，轮心可以分为辐板式轮心、辐条式轮心和箱式辐板轮心。

辐板式轮心，具有重量小、弹性好等优点，但强度较差；辐条式轮心重量大，铸造时内应力大，运用中易发生辐条断裂；箱式辐板轮心采用了薄壁中空夹层的结构形式，其重量小，强度大，还具有一定的弹性，可以适当减轻动作用力的危害。

轮箍由轮箍钢轧制而成。轮箍的外形是一个带凸缘的圆环，它是与钢轨直接接触的部分，由轮缘和踏面组成。外表面与钢轨顶面接触的部分，称为踏面；与钢轨内侧面(轨肩)接触的凸缘部分，称为轮缘。轮缘起着导向和防止脱轨的重要作用。

轮箍是车轮直接在钢轨上滚动运行的部分。它用热套法套在轮心上，俗称"红套"。套装过紧会引起轮箍崩裂，特别是冬季气温低，材质脆性大，更易发生崩裂。套装过松，就很容易弛缓，尤其是在长大下坡道，连续施行空气制动时，轮箍发热，容易发生弛缓。

为了检查轮箍是否发生了弛缓，用黄色油漆在轮箍轮心结合处画一条径向宽线，如图 4-3-5 所示，可以观察它有无错位来判断是否发生了弛缓现象。轮箍在机车运用中，必须定期旋修，旋修或磨耗到限后必须更换新的轮箍。

图 4-3-5　弛缓线

车轮踏面制成 1∶10 和 1∶20 两段斜面，其原因如下：

如果踏面为圆柱形，过曲线时就会引起车内轮向后、外轮向前的滑行。如果踏面具有锥度，曲线通得时车轮因离心力的作用贴靠外轨运行，外轮与外轨的接触直径必然大于内轮与内轨的接触直径，这样就能显著减少滑行，有利于充分发挥轮轴牵引力，减少轮轨磨耗。

踏面具有锥度后，轮对在直线上运动时，产生轮对的蛇行运动，防止轮缘单靠，降低轮缘与轨肩的磨耗，使踏面均匀磨耗。

有了 1∶10 斜度的踏面，可以减轻磨耗凹陷的程度，减小机车进入道岔或小半径曲线时的跳动，确保行车安全。

学习笔记

## 四、轴箱及轴箱定位

SS4G 型电力机车轴箱采用独立悬挂、弹性定位拉杆式结构，主要由轴箱端盖（图 4-3-6），轴箱体（图 4-3-7），圆柱滚子轴承，密封环，接地棒，轴圈轴承内外圈和挡板等组成。

图 4-3-6　轴箱端盖

图 4-3-7　轴箱体

SS4G 型电力机车轴箱拉杆（图 4-3-8）由连杆体、长拉杆、短拉杆、橡胶圈、端盖、橡胶端垫组成，连杆体为 ZG230-450 铸钢件，呈双筒形，中间连接部分呈工字形。长短拉杆为 45 号锻钢，拉杆中间为圆柱形，两端呈八字形，八字形凸面与轴箱体和构架拉杆座凹八字形面相配合，并用螺栓紧固。橡胶圈为橡胶元件，长拉杆处 2 个，短拉杆处 1 个。为增加橡胶端垫的刚度和强度，在其中部加 2 mm 厚的钢板金属夹层。端盖用半圆卡环固定，组合后的轴箱拉杆形成一个整体弹性组件，它传递各种负荷（牵引力、制动力、冲击作用力和横向力），缓和衰减各种振动，改善机车性能。

图 4-3-8　轴箱拉杆

## 五、弹簧装置

弹簧装置（图 4-3-9）包括弹性元件及减振器。机车动力性能的好坏，与弹簧装置的结构形式及参数选择密切相关。良好的弹簧装置能使机车运行平稳，振动减小，对行车

学习笔记

安全有积极意义。对线路来说，由于弹簧装置的缓冲作用，也可减轻机车簧上部分振动对线路的冲击破坏作用。

SS4G 型电力机车每个轴箱设置有 2 个弹簧组，每个弹簧有内、中、外 3 个弹簧，除中间弹簧左旋外其余内外两个弹簧均为右旋弹簧。

SS4G 型电力机车二系悬挂装置包括橡胶堆（图 4-3-10）、横向油压减振器、侧向油压减振器。

图 4-3-9 弹簧装置

图 4-3-10 橡胶堆

## 六、传动及电机悬挂装置

### 1. 齿轮传动装置

SS4G 型电力机车采用双边刚性斜齿轮传动，包括大齿轮（从动轮）、小齿轮（主动轮）和齿轮箱（图 4-3-11）。它将牵引电机（图 4-3-12）产生的转矩通过大小齿轮啮合传递给轮对，产生牵引力或者制动力。

图 4-3-11 齿轮箱

图 4-3-12 牵引电机

小齿轮安装在牵引电机电枢轴两端，用 1∶10 锥度过盈配合。

大齿轮由齿圈和齿轮心组合而成。组装时采用热套方法。

为了对齿轮进行润滑以及防止尘土、沙石等污物对齿轮的侵袭,将大小齿轮密闭在齿轮箱。

齿轮箱由上箱和下箱组成。箱体均为低碳钢焊接结构。为了平衡齿轮箱内外的大气压力,上箱盖板上焊装2个手把形状的气管,用于通气,同时还可用于吊装齿轮箱体。下箱安装有油堵和验油阀。旋开下部放油堵可放油;验油阀打开阀盖可观察油位和加润滑油。

为了防止上下箱合口处漏油,焊装两个挡油槽,组装时打密封胶。电机齿轮孔组装时用橡胶圈进行密封,与大齿轮轮毂相配合处用聚氨酯毛毡条进行密封。

### 2. 电机悬挂装置

SS4G型电力机车牵引电机为抱轴式半悬挂(刚性轴悬式),一端通过抱轴承刚性的支承在轴上,一端靠电机悬挂装置吊在构架牵引梁电机悬挂座上。一方面承受牵引电机静载荷,另一方面承受电机工作时的反力,并可随电机纵向和横向自由摆动。

## 七、基础制动装置

基础制动装置由制动缸活塞推杆、闸瓦及其间一系列传动部分所组成,它的作用是把制动原力放大若干倍后均匀地传递到各个闸瓦,使之压紧车轮踏面产生制动作用。基础制动装置的任务是:传递制动原力至各个闸瓦;将制动原力放大一定倍数;保证各闸瓦有较一致的闸瓦压力。

机车基础制动装置由制动缸、制动传动装置、闸瓦装置及闸瓦间隙调整装置组成。

制动缸俗称闸缸,它是产生制动原力的部件,它受制动缸内压缩空气压力变化的控制而进行动作。制动缸的种类很多,但其构造基本相同,主要由缸体、活塞、活塞杆及缓解弹簧等组成。

制动传动装置应用杠杆原理,将制动缸产生的制动原力放大一定的倍数后均衡地传递给各个闸瓦。

闸瓦装置用于安装闸瓦,并调整闸瓦与车轮踏面间的工作角度。闸瓦装置包括闸瓦、闸瓦托、闸瓦钎及闸瓦定位装置等。

闸瓦间隙调整装置用于自动调整闸瓦与车轮踏面之间的间隙,使闸瓦间隙保持在规定的范围内,以确保制动作用的可靠性。

SS4G型电力机车基础制动装置采用独立箱式单元制动器,它是以制动器箱体为基础,将制动传动装置和闸瓦间隙调整装置安装于箱体内部,闸瓦装置安装于箱体外侧的一种基础制动装置,因此又称为单缸制动器。

# 任务四　HXD3 型电力机车转向架认知

## 任务导入

1. HXD3 型电力机车转向架的结构组成和 SS4G 型电力机车转向架的结构组成相同吗？如果不同，它们的区别主要在哪里？

2. HXD3 型电力机车电机悬挂采用何种形式？轴承是否采用圆柱滚子轴承？

3. HXD3 型电力机车齿轮箱上设置小齿轮拆卸压盖的目的是什么？

## 任务目标

了解 HXD3 型电力机车转向架各部件名称和作用，比较其与 SS4G 型电力机车转向架的不同之处，为机车走行部检查打下基础。

## 任务内容

任务书见表 4-4-1。

表 4-4-1　任务书

<table>
<tr><td>任务名称</td><td>绘制 HXD3 型电力机车转向架简易图</td><td>参考学时</td><td>4</td></tr>
<tr><td colspan="4">任务描述：<br>查阅图书馆和网络上相关资料，阅读项目四任务四中任务关联知识；参观校内或机务段机车实物、模型，掌握 HXD3 型电力机车转向架关键部件安装位置、组成结构、作用、工作原理等，绘制 HXD3 型电力机车转向架简易图。各小组展示汇报，开展评比活动</td></tr>
<tr><td colspan="4">任务要求：<br>以小组为单位，每组 5～8 人，剖析任务内容，商定工作方案，明确成员分工，共同完成任务。小组讨论选派代表，进行汇报分享。简易图绘制要求布局、结构合理；图框内容逻辑清晰、正确；色彩搭配合理；文字描述简洁。分享时采用普通话，口齿清晰，声音洪亮</td></tr>
<tr><td colspan="4">检查意见：</td></tr>
<tr><td colspan="4">签　　章：<br><br>日期：____年____月____日</td></tr>
</table>

说明：检查意见是在汇总任务评价表内容后，小组集体讨论，由担任学习小组的组长写出小组人员在任务完成过程中存在的问题，描述要准确，便于小组人员后期整改，并给出总体评价成绩[统一采用 A(优秀)、B(良好)、C(合格)、D(努力)4 个]。签章由任课教师签字确认评判成绩的合理性、公正性。

## 任务分组

学习笔记

请在表 4-4-2 中填写任务分工情况。

表 4-4-2　任务分配表

<table>
<tr><td>班级</td><td></td><td>组号</td><td></td><td>指导教师</td><td></td></tr>
<tr><td>组长</td><td></td><td>学号</td><td colspan="3"></td></tr>
<tr><td rowspan="5">组员</td><td>姓名</td><td>学号</td><td>姓名</td><td colspan="2">学号</td></tr>
<tr><td></td><td></td><td></td><td colspan="2"></td></tr>
<tr><td></td><td></td><td></td><td colspan="2"></td></tr>
<tr><td></td><td></td><td></td><td colspan="2"></td></tr>
<tr><td></td><td></td><td></td><td colspan="2"></td></tr>
<tr><td colspan="6">任务分工：</td></tr>
</table>

## 任务计划

制定工作方案，填写在表 4-4-3 中。

表 4-4-3　工作方案

| 步骤 | 工　作　内　容 | 负责人 |
|---|---|---|
| 1 | | |
| 2 | | |
| 3 | | |
| 4 | | |
| 5 | | |
| 6 | | |

## 任务实施

### 一、知识储备

查阅任务关联知识，完成以下问题。(60 min)

**引导问题 1**：完成下列填空题。

(1) $HXD_3$ 型电力机车转向架构架采用高可靠性和轻量化结构，由 Q345E 钢板焊接

学习笔记

成箱形梁结构。由左右对称布置的两个侧梁、________、后端梁、________、横梁和各种附加支座等组成。构架组焊后，成为完全封闭的框架式________字形箱形结构。

(2)HXD3 型电力机车轴箱采用________悬挂，轴箱相对构架的上、下和横向移动，靠弹簧、橡胶元件的弹性变形来获得。轴箱定位采用________式轴箱定位方式，主要由前后端盖、轴箱体、________、________、压盖、接地装置、速度传感器、轴箱拉杆、______和橡胶减振垫等组成。

(3)HXD3 型电力机车二系悬挂系统是由高圆弹簧与二系垂向减振器和横向布置的________组成。

(4)HXD3 型电力机车牵引电机为________结构，牵引电机、齿轮箱、抱轴箱组成刚性结构，一端通过两个分别安装于抱轴箱内和齿轮箱内的滚动轴承支承在车轴上，另一端通过电机吊杆悬挂在转向架构架上。

(5)HXD3 型电力机车采用的是________制动方式，每个车轮安装________套独立的单元制动器，其中每个转向架有________套单元制动器带有弹簧停车储能制动，安装在第________轴车轮上。

(6)HXD3 型电力机车转向架采用 KNORR 的全套撒砂系统，主要包括砂箱、________、________和砂管加热器。

**引导问题 2**：简述 HXD3 型电力机车转向架构架的组成、形式及各部件名称。

________________________________________________________________

________________________________________________________________

________________________________________________________________

________________________________________________________________

________________________________________________________________

**引导问题 3**：简述 HXD3 型电力机车转向架电机悬挂装置的组成和结构。

________________________________________________________________

________________________________________________________________

________________________________________________________________

________________________________________________________________

________________________________________________________________

**引导问题 4**：比较分析 HXD3 型电力机车和 SS4G 型电力机车基础制动装置的区别。

________________________________________________________________

________________________________________________________________

________________________________________________________________

学习笔记

引导问题 5:分析撒砂装置的组成和作用。

## 二、游戏热身

准备一张 $HXD_3$ 型电力机车转向架图片,一人随机指向图片中的部件,各小组进行抢答,口述所指部件的名称及作用。以各组回答问题的数量(50%)、正确率(50%)判定输赢。(30 min)

## 三、理论联系实际

结合 $HXD_3$ 型电力机车实物,理论联系实际,分组参观转向架,熟悉转向架部件安装位置,部件组成结构,填写表 4-4-4。(45 min)

表 4-4-4 $HXD_3$ 型电力机车转向架结构认知

| 序号 | 组成结构 | 作用(关键词描述) | 位置指认 |
|---|---|---|---|
| 1 | 构架 | | 正确□ 错误□ |
| 2 | 轴箱 | | 正确□ 错误□ |
| 3 | 一系悬挂装置 | | 正确□ 错误□ |
| 4 | 二系悬挂装置 | | 正确□ 错误□ |
| 5 | 轮对 | | 正确□ 错误□ |
| 6 | 基础制动装置 | | 正确□ 错误□ |
| 7 | 撒砂装置 | | 正确□ 错误□ |

## 四、任务活动

以小组为单位,参观校内或机务段机车实物、模型,绘制 $HXD_3$ 型电力机车转向架简易图。简易图要求能够准确反映转向架组成结构,且各组成部分的位置正确,大小比例恰当。各小组展示汇报,开展评比活动。以简易图绘制的布局合理性(25%)、部件名称准确性(25%)、部件位置安排准确性(25%)、部件个数完整性(25%)判定成绩。(45 min)

学习笔记

## 任务评价

各组代表展示任务完成结果,介绍任务完成过程,并填写评价表4-4-5。

表4-4-5 评价表

| 序号 | 评价项目 | 分值 | 自我评价 | 互相评价 | 教师评价 | 总评 |
|---|---|---|---|---|---|---|
| 1 | 学习准备 | 0~10 | | | | |
| 2 | 引导问题填写 | 0~20 | | | | |
| 3 | 任务完成质量 | 0~20 | | | | |
| 4 | 是否在规定时间完成 | 0~10 | | | | |
| 5 | 是否有序规范安全 | 0~10 | | | | |
| 6 | 是否主动参与互动 | 0~10 | | | | |
| 7 | 展示汇报 | 0~20 | | | | |
| 合计 | | 100 | | | | |

## 拓展任务

查阅高速转向架的技术特征和发展趋势,撰写小论文,字数不少于800字。

## 任务关联知识

HXD3型电力机车转向架认知

### 一、HXD3型电力机车转向架特点

HXD3型电力机车装有两台结构相同的3轴转向架,转向架主要由构架、轮对、轴箱、悬挂装置、驱动装置、基础制动装置、撒砂装置等组成。

HXD3型电力机车转向架具有如下结构特点:

1. 牵引电机采用内顺置布置。这种布置可使机车在牵引工况获得较小的轴重转移。

2. 低位推挽式单牵引杆结构。加以合理的悬挂参数选择,使机车轴重转移减小,满足机车牵引要求。

3. 构架刚度和强度高,侧梁与端梁、横梁连接处采用圆弧连接的结构形式,降低连接处的应力集中。

4. 二系悬挂高圆弹簧组每侧1组由3个弹簧组成,这种布置使弹簧接近回转中心,可减小弹簧的回转位移,降低弹簧的剪切应力。

5. 一系弹簧采用单圆、小静挠度值,使一、二系弹簧参数搭配趋于合理。

6. 基础制动采用轮盘制动,使轮对受力形式较踏面制动更加合理。

7. 驱动装置采用滚动抱轴式半悬挂结构。

学习笔记

## 二、构架

HXD3 型电力机车转向架构架(图 4-4-1)采用高可靠性和轻量化结构,左右对称布置有两个侧梁、前端梁、后端梁、牵引横梁、横梁和各种附加支座等,由 Q345E 钢板焊接成为完全封闭的框架式"目"字形箱形结构。

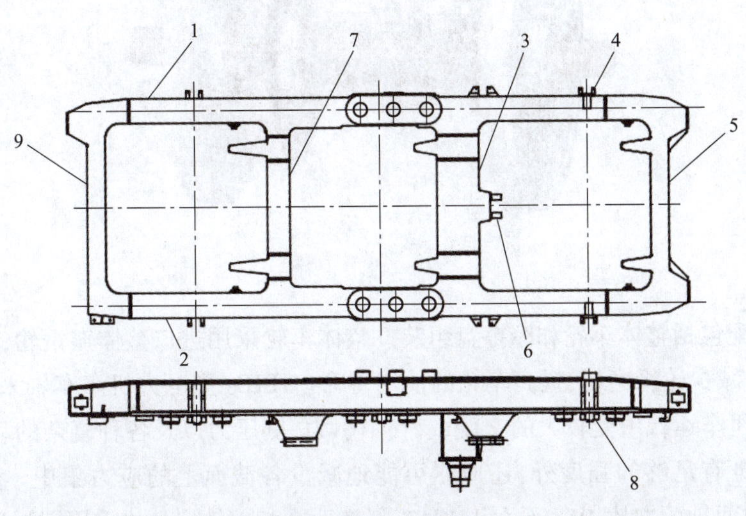


图 4-4-1 构架

1—右侧梁;2—左侧梁;3—牵引横梁;4—减振器座;5—前端梁;6—电机吊杆座;7—横梁;8—轴箱止档;9—后端梁

为减少构架的应力集中,各梁连接处采用圆弧过渡,圆弧需进行加工。构架的牵引梁布置在构架的中间,其上焊有牵引座和牵引销。

为了满足重载货运牵引性能的要求,降低整车的质心,同时满足轴重要求,考虑电力机车车体上部质量较轻,适当增加了一系悬挂以上的质量。在构架设计时,为保证构架有足够的强度和刚度,侧架、横梁的下盖板采用了 30 mm 厚的钢板。各梁受力部分的内腔均设有 10 mm 厚的筋板。横梁内除设有筋板,还用钢板串联,以增加牵引梁的刚度。

侧梁与端梁采用圆弧连接的结构形式,以降低连接处的应力集中。为了增加侧梁与端梁、横梁的连接强度,连接处的上下盖板交错,并且在横梁受力较大的四个连接处,采用双焊面。为实现整体起吊功能,在侧梁内和轴线相交处还设有断面为 H 形的筋板结构,以保证吊装时此处的强度。端梁连接处下盖板用排障器和砂箱座板补强。

构架作为组焊件,在整体组焊后进行回火处理,以消除焊接过程中产生的焊接应力。为了方便检修,在构架的前后端梁各有两个水平基准,这些基准作为机车检修时的测量依据。

## 三、轮对

轮对(图 4-4-2)由车轴、车轮装配、驱动装置组成。车轮装配是采用注油压装方式将

学习笔记

轮对组装新技术

车轮组装到车轴的轮座上；车轮拆卸时仍通过轮毂上的高压油孔注油退下。从动齿轮直接套在车轴上，滚动抱轴箱装配在车轮压装前组装到车轴上，并调整好轴承游隙。

图 4-4-2　轮对

车轮装配包括整体车轮和摩擦盘组装。整体车轮采用进口整体辗钢轮，车轮踏面为 JM3 型踏面，减少轮缘磨耗，提高车轮的使用寿命。$HXD_3$ 型电力机车车轴采用 JZ50 钢。由于车轴在机车运行中受较大的交变载荷、牵引力、侧压力以及各种复杂的动载荷等，所以车轴除保证有足够的强度外，还应尽可能地减少各截面上的应力集中。为此在设计时，相邻部位两轴颈之比 $D/d$ 不大于 1.12，任意两个相邻轴肩处均采用圆弧过渡，其半径选择尽可能大些。为了提高车轴的抗疲劳强度，在轴颈和大圆角处均采用滚压加工。

## 四、轴箱

轴箱采用独立悬挂，轴箱相对构架的上、下和横向移动，靠弹簧、橡胶元件的弹性变形来获得。轴箱定位采用拉杆式轴箱定位方式，主要由前后端盖、轴箱体、吊钩、轴承单元、压盖、接地装置、速度传感器、轴箱拉杆、一系弹簧和橡胶减振垫等组成。

## 五、悬挂装置

### 1. 一系悬挂系统

一系悬挂系统由 6 套 4 种轴箱装配组成，4 种轴箱的结构基本相同。不同的是：轴箱(一)装有接地装置和垂向减振器；轴箱(二)装有接地装置；轴箱(三)装有垂向减振器；轴箱(四)装有速度传感器。轴箱采用单拉杆与转向架的构架弹性相连，把机车弹簧上部分的重量传递给轮对，同时将来自轮对的牵引力、制动力、横向力等传递到构架上。

### 2. 二系悬挂系统

二系悬挂系统是由高圆弹簧与二系垂向减振器和横向布置的抗蛇行减振器组成。每个转向架上有两组高圆弹簧(每组 3 个)布置在左右侧架中央部分。高圆弹簧支承着机车上部结构重量，并均匀地分配到转向架构架上。当机车通过曲线时，它可在车体与转向架之间产生相对位移，使机车顺利通过曲线，当机车通过曲线后，它可使转向架与车

学习笔记

体之间快速恢复原来的平衡状态。垂向和抗蛇行减振器的设置可以使机车获得良好的运行品质。

## 六、驱动装置

驱动装置(图4-4-3)主要包括齿轮箱、主从齿轮、抱轴箱等。驱动装置为单边斜齿轮传动,传动比为4.8。牵引电机为滚动抱轴结构,牵引电机、齿轮箱、抱轴箱组成刚性结构,一端通过两个分别安装于抱轴箱内和齿轮箱内的滚动轴承支承在车轴上,另一端通过电机吊杆悬挂在转向架构架上。

图4-4-3　驱动装置

## 七、基础制动装置

基础制动装置采用轮盘制动方式,每个车轮安装一套独立的单元制动器(图4-4-4),其中每个转向架有一套单元制动器带有弹簧停车储能制动,安装在第一轴车轮上。当机车制动时,制动单元得到压缩空气,通过制动缸活塞推动卡钳,再通过闸瓦,压力作用到安装在车轮辐板的摩擦盘上,使闸瓦与摩擦盘间产生摩擦,消耗功率,将动能转变为热能散发掉,从而使机车达到减速或停车的目的。

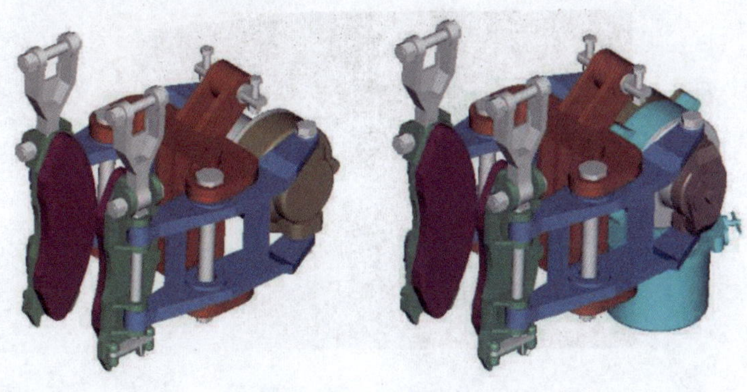

图4-4-4　单元制动器

学习笔记

轮盘制动对比于踏面制动有如下优点:

①传统的踏面(闸瓦)制动方式大部分热能由车轮和闸瓦来承担。随着机车速度的提高和载重的增大,车轮的制动热负荷也相应增加。轮盘制动代替了闸瓦对车轮踏面的摩擦,增大了摩擦接触面积,改善了热负荷传递条件,也减少了车轮的磨耗,延长了车轮的使用寿命和改善了运行品质,保证了行车安全。

②在轮盘制动装置中,作为摩擦副的制动盘和闸片的材料及结构,可根据制动的要求进行多种方案的选择,可以获得较高的摩擦系数,并且比较稳定,受速度的影响小。因此可以减小制动压力,制动缸及杠杆的尺寸都可以缩小,减轻了制动装置的重量。

③轮盘制动装置的散热性能比较好,摩擦系数稳定,能得到较恒定的制动力。它的热容量允许它采用较高的制动率,可以在更高的速度下制动,从而也就缩短了制动距离。

④轮盘制动装置结构紧凑,制动效率高,便于拆装和维护。轮盘制动装置包括单元制动缸、制动盘、闸片及夹钳组成。

制动盘设计特点:$HXD_3$ 型电力机车制动盘材料采用高强度合金铸铁。车轮制动盘由两个摩擦盘组成,根据它们与车轮的相对位置确定是在内还是在外。在这个结构中,其中一个制动盘的安装面设有冷却筋。冷却筋具有散热功能和支承作用。制动盘的厚度、冷却筋的数量以及形状都是为了在制动时使制动盘的温度能保持在正常范围内。结构设计上要尽可能地减小部件重量。用螺栓和圆销将制动盘固定在轮心上,以传递制动力矩,螺栓的紧固力应保证制动盘因受热膨胀时也不会产生位移和松弛。定位销是圆柱形的元件,它的两端被磨成扁平的。定位销的扁平部分插到制动盘的槽内起到定位作用。

## 八、撒砂装置

$HXD_3$ 型电力机车转向架采用 KNORR 的全套撒砂装置(图 4-4-5),主要包括砂箱、砂箱盖、撒砂器和砂管加热器。机车设有 8 个砂箱,每个转向架上面 4 个砂箱,容积均为 100 L,撒砂量可在 0.5 ~ 1 L/min 范围内调节。机车撒砂方向与机车实际运行方向一致。

图 4-4-5　撒砂装置

学习笔记

砂箱为全钢板焊接成的方形结构,分前后两种砂箱。装置构造简单,降低了维护和彻底检修的费用。系统全密闭,砂箱盖具有气密性,撒砂器具有对箱体内砂子进行烘干的功能,砂管加热器可以保证在寒冷风雪天气的撒砂顺畅。砂箱盖是保证砂箱密闭的装置,它可以保证箱体内 10 kPa 的正压。

# 任务五　轮对常见故障分析与处理

## 任务导入

1. 轮对是转向架最重要的关键部件,轮对受力复杂,具体有哪些力?
2. 轮对踏面发生剥离,原因是什么?如何预防?
3. 车轴主要的受力破坏形式是什么?为什么?

## 任务目标

进一步掌握轮对的受力情况,熟悉轮对常见故障现象、故障原因及处理方法,为机车走行部检查打下基础。

## 任务内容

任务书见表 4-5-1。

表 4-5-1　任务书

<table>
<tr><td>任务名称</td><td>轮对常见故障分析与处理</td><td>参考学时</td><td>2</td></tr>
<tr><td colspan="4">任务描述:<br>查阅图书馆和网络上相关资料,阅读项目四任务五中任务关联知识;参观校内或机务段机车实物、模型,参观校内或机务段机车实物、模型,小组讨论轮对受力情况,分析轮对各部位故障现象、故障原因及处理方法,然后制作手抄报。各小组展示汇报,开展评比活动</td></tr>
<tr><td colspan="4">任务要求:<br>以小组为单位,每组 5 ~ 8 人,剖析任务内容,商定工作方案,明确成员分工,共同完成任务。小组讨论选派代表,进行汇报分享。手抄报设计要新颖,版面整洁,画面清晰,逻辑关系准确。分享时采用普通话,口齿清晰,声音洪亮</td></tr>
<tr><td colspan="4">检查意见:</td></tr>
</table>

学习笔记

续上表

| 签　章： |
|---|
| 日期：____年____月____日 |

说明：检查意见是在汇总任务评价表内容后，小组集体讨论，由担任学习小组的组长写出小组人员在任务完成过程中存在的问题，描述要准确，便于小组人员后期整改，并给出总体评价成绩[统一采用A(优秀)、B(良好)、C(合格)、D(努力)4个]。签章由任课教师签字确认评判成绩的合理性、公正性。

## 任务分组

请在表4-5-2中填写任务分工情况。

表4-5-2　任务分配表

| 班级 | | 组号 | | 指导教师 | |
|---|---|---|---|---|---|
| 组长 | | 学号 | | | |
| 组员 | 姓名 | 学号 | 姓名 | 学号 | |
| | | | | | |
| | | | | | |
| | | | | | |
| | | | | | |
| 任务分工： | | | | | |

## 任务计划

制定工作方案，填写在表4-5-3中。

表4-5-3　工作方案

| 步骤 | 工作内容 | 负责人 |
|---|---|---|
| 1 | | |
| 2 | | |
| 3 | | |
| 4 | | |
| 5 | | |
| 6 | | |

## 任务实施

学习笔记

### 一、知识储备

查阅任务关联知识,完成以下问题。(45 min)

**引导问题1:**车轴承受的载荷相当复杂,下列哪种不是车轴所承受的载荷?(　　)

A. 由垂向载荷引起的弯矩　　B. 曲线运动使轮轨侧压力引起的弯矩

C. 线路的不平顺导致的冲击　　D. 列车弯道运行所导致的水平拉力

**引导问题2:**车轮踏面发生剥离、擦伤的原因主要有(　　)。

A. 列车紧急制动　　B. 停车制动装置未缓解

C. 司机操作不当　　D. 曲线半径小

**引导问题3:**踏面发生故障是下列哪种形式?(　　)

A. 厚度到限　　B. 裂损　　C. 疲劳裂纹　　D. 剥离

**引导问题4:**轮心发生裂损、轮辋外翻边等故障的主要原因是(　　)。

A. 装配不合理　　B. 紧急制动　　C. 铸造缺陷　　D. 列车提速

**引导问题5:**说明机车轮箍弛缓的原因及检查判断方法。

________________________________________

________________________________________

________________________________________

________________________________________

________________________________________

**引导问题6:**机车车轴上承受的载荷比较复杂,包括哪些?其主要的破坏形式是什么?

________________________________________

________________________________________

________________________________________

________________________________________

________________________________________

**引导问题7:**案例分析。

$HXD_3$ 型电力机车入库整备作业检查发现左5位轮缘厚度最小达到23.5 mm,右5位轮缘厚度31 mm,左右轮缘偏磨严重,如题图4-5-1所示。试分析轮缘偏磨严重的原因。

学习笔记

题图 4-5-1

## 二、任务活动

以小组为单位，参观校内或机务段机车实物、模型，讨论轮对受力情况，分析轮对各部位故障现象、故障原因及处理方法，然后制作手抄报。各小组展示汇报，开展评比活动。以手抄报设计新颖程度(25%)、内容准确性(25%)、画面清晰程度(25%)、逻辑准确性(25%)判定成绩。(45 min)

## 任务评价

各组代表展示任务完成结果，介绍任务完成过程，并填写评价表4-5-4。

表 4-5-4 评价表

| 序号 | 评价项目 | 分值 | 自我评价 | 互相评价 | 教师评价 | 总评 |
|---|---|---|---|---|---|---|
| 1 | 学习准备 | 0～10 | | | | |
| 2 | 引导问题填写 | 0～20 | | | | |
| 3 | 任务完成质量 | 0～20 | | | | |
| 4 | 是否在规定时间完成 | 0～10 | | | | |
| 5 | 是否有序规范安全 | 0～10 | | | | |
| 6 | 是否主动参与互动 | 0～10 | | | | |
| 7 | 展示汇报 | 0～20 | | | | |
| 合　计 | | 100 | | | | |

## 拓展任务

学习笔记

查阅 1998 年 6 月 3 日,德国 ICE 高速列车出轨事故相关资料、视频等,以小组为单位,从轮对的角度讨论 ICE 列车脱轨事故。撰写事故分析报告,字数不少于 800 字。

## 任务关联知识

轮对常见故障分析与处理

轮对是转向架最重要的关键部件,轮对受力复杂,容易发生故障,是检查维修过程中的重点关注对象。以下为轮对的轮缘、踏面、轮箍、轮心、车轴常见的故障形式、故障原因及处理措施。

### 1. 轮缘

故障形式:偏磨(图 4-5-1)、厚度到限。

产生原因:列车提速、弯道多、曲线半径小、新钢轨、转向架结构性缺陷。

处理方法:机车加装轮缘润滑装置;小辅修时,加强检查测量,发现尺寸不符合要求,及时旋修或更换轮对。

### 2. 踏面

故障形式:剥离(图 4-5-2)、擦伤、内部缺陷、非正常磨耗导致轮箍厚度到限。

产生原因:列车紧急制动、停车制动装置未缓解、闸瓦材料、间隙过小、司机操作不当等。

图 4-5-1 轮缘偏磨

图 4-5-2 踏面剥离

处理方法:机车加装轮缘润滑装置;小辅修时,加强检查测量,发现尺寸不符合要求,及时旋修;踏面磨耗到限,随时更换轮箍;机车中修时,轮箍厚度不足 65 mm,更换轮箍。

### 3. 轮箍

故障形式:弛缓(图 4-5-3)、崩裂。

产生原因:组装时过盈量选择不当(过盈量太小,组装配合压力不足,造成轮箍弛缓甚至脱落;过盈量太大,组装配合压力过大,造成轮箍崩裂);轮箍长时间过热;司机操纵不当。

处理方法:检修时加强轮箍探伤;换轮时正确选择过盈量,一般为配合直径的 1‰ ~ 1.5‰(约为 1.4 ~ 1.8 mm);机车出库前检查轮箍防弛缓标记,并注意松开手闸;运行中

学习笔记

注意减少紧急制动使用频率。

**4. 轮心**

故障形式:裂损、轮心外翻边(图 4-5-4)、轮辋裂纹。

产生原因:铸造缺陷。

处理方法:检修时加强轮心探伤;加强轮对寿命管理,严格执行对于“轮心设计寿命为 20 年”的规定。

图 4-5-3　轮箍弛缓

图 4-5-4　轮心外翻边

**5. 车轴**

故障形式:疲劳裂纹和折断。

故障部位:轴颈与抱轴颈的圆根部、轮座内侧(图 4-5-5)。

产生原因:设计、加工、材质、运用。车轴承受的载荷相当复杂、所受的主要应力也都是交变的。因此车轴的工作条件十分恶劣、疲劳裂纹和折断是车轴各种破坏中后果最严重的破坏。

处理方法:锻造钢坯,时效处理后再进行机加工,提高加工的表面粗糙度,对表面进行滚压处理,提高抗疲劳能力;中修时加强轮心探伤,小辅修时进行顶轮检测;运用中加强对轴温的监控测量。

图 4-5-5　车轴故障部位

学习笔记

# 任务六　第四种检查器(LLJ-4A 型)的使用

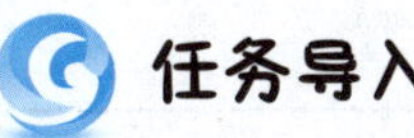

## 任务导入

1. 踏面磨耗量、轮缘厚度等参数是利用什么工器具测量出来的?
2. 踏面磨耗量、轮缘厚度的测量方法是什么?

## 任务目标

掌握利用第四种检查器(LLJ-4A 型)测量车轮轮缘、踏面相关尺寸的技能。

## 任务内容

任务书见表 4-6-1。

**表 4-6-1　任务书**

<table>
<tr><td>任务名称</td><td>轮对重要尺寸测量</td><td>参考学时</td><td>2</td></tr>
<tr><td colspan="4">任务描述:<br>查阅图书馆和网络上相关资料,阅读项目四任务六中任务关联知识;熟练掌握第四种检查器的使用方法。两人为一组,其中一人为主测人,另外一人为监护人,利用第四种检查器(LLJ-4A 型)准确测量踏面磨耗量、轮缘厚度、踏面擦伤深度、轮辋厚度,并将测得的数据填到评分表里面,未参与检查的人员在安全区域观察</td></tr>
<tr><td colspan="4">任务要求:<br>检查人员必须头戴安全帽,脚穿防砸劳保鞋,身穿工装。携带必要的检查工具,严格按照第四种检查器使用方法,运用正确的姿势、站位、手势、标准用语,开展测量作业</td></tr>
<tr><td colspan="4">检查意见:</td></tr>
<tr><td colspan="4">签　章:<br><br>日期:____年____月____日</td></tr>
</table>

说明:检查意见是在汇总任务评价表内容后,小组集体讨论,由担任学习小组的组长写出小组人员在任务完成过程中存在的问题,描述要准确,便于小组人员后期整改,并给出总体评价成绩[统一采用 A(优秀)、B(良好)、C(合格)、D(努力)4 个]。签章由任课教师签字确认评判成绩的合理性、公正性。

学习笔记

## 任务分组

请在表 4-6-2 中填写任务分工情况。

表 4-6-2　任务分配表

<table>
<tr><td>班级</td><td></td><td>组号</td><td></td><td>指导教师</td><td></td></tr>
<tr><td>组长</td><td></td><td>学号</td><td></td><td colspan="2"></td></tr>
<tr><td rowspan="5">组员</td><td>姓名</td><td>学号</td><td>姓名</td><td colspan="2">学号</td></tr>
<tr><td></td><td></td><td></td><td colspan="2"></td></tr>
<tr><td></td><td></td><td></td><td colspan="2"></td></tr>
<tr><td></td><td></td><td></td><td colspan="2"></td></tr>
<tr><td></td><td></td><td></td><td colspan="2"></td></tr>
<tr><td colspan="6">任务分工：</td></tr>
</table>

## 任务计划

制定工作方案，填写在表 4-6-3 中。

表 4-6-3　工作方案

| 步骤 | 工作内容 | 负责人 |
|---|---|---|
| 1 | | |
| 2 | | |
| 3 | | |
| 4 | | |
| 5 | | |
| 6 | | |

在表 4-6-4 中列出完成任务所需的材料设备。

表 4-6-4　材料清单

| 序号 | 名　称 | 型号与规格 | 单位 | 数量 | 备注 |
|---|---|---|---|---|---|
| | | | | | |
| | | | | | |

学习笔记

续上表

| 序号 | 名称 | 型号与规格 | 单位 | 数量 | 备注 |
|---|---|---|---|---|---|
| | | | | | |
| | | | | | |
| | | | | | |
| | | | | | |

## 任务实施

### 一、知识储备

查阅任务关联知识,完成以下问题。(40 min)

**引导问题 1:**想一想在有地沟的场地利用第四种检查器测量轮对相关数据时,有哪些安全隐患,需要注意什么?

**引导问题 2:**第四种检查器的组成包括哪些?

**引导问题 3:**第四种检查有哪些功能?

学习笔记

## 二、任务活动

两人为一组，其中一人为主测人，另外一人为监护人，利用第四种检查器（LLJ-4A型）准确测量踏面磨耗量、轮缘厚度、踏面擦伤深度、轮辋厚度，并将测得的数据填在表4-6-5中。未参与检查的人员在安全区域观察。（50 min）

表4-6-5　第四种检查器测量结果

<table>
<tr><td>姓　名</td><td></td><td>机/型号</td><td></td><td>组别</td><td></td></tr>
<tr><td>时　间</td><td colspan="2">起：</td><td colspan="2">止：</td><td>用时：</td></tr>
<tr><td>测量参数</td><td colspan="4">测量数据</td><td>得分</td></tr>
<tr><td>踏面圆周磨耗量</td><td colspan="4"></td><td></td></tr>
<tr><td>轮缘厚度</td><td colspan="4"></td><td></td></tr>
<tr><td>踏面擦伤深度</td><td colspan="4"></td><td></td></tr>
<tr><td>轮辋厚度</td><td colspan="4"></td><td></td></tr>
<tr><td>备注</td><td colspan="3">1. 每项检查限时5 min，每超1 min扣10分，超10 min失格；<br>2. 每个检查项目得分10分</td><td>总分</td><td></td></tr>
</table>

## 任务评价

各组代表展示任务完成结果，介绍任务完成过程，并填写评价表4-6-6。

表4-6-6　评价表

| 序号 | 评价项目 | 分值 | 自我评价 | 互相评价 | 教师评价 | 总评 |
|---|---|---|---|---|---|---|
| 1 | 学习准备 | 0～10 | | | | |
| 2 | 引导问题填写 | 0～20 | | | | |
| 3 | 任务完成质量 | 0～20 | | | | |
| 4 | 是否在规定时间完成 | 0～10 | | | | |
| 5 | 是否有序规范安全 | 0～10 | | | | |
| 6 | 是否主动参与互动 | 0～10 | | | | |
| 7 | 展示汇报 | 0～20 | | | | |
| 合　计 | | 100 | | | | |

学习笔记

## 任务拓展

以小组为单位，每组选择一名代表，利用第四种检查器测量踏面磨耗量、轮缘厚度、踏面擦伤深度、轮辋厚度。其他同学将测量过程录制成视频，小组同心协力，对视频进行剪辑处理。

## 任务关联知识

### 一、概述

第四种检查器的使用

LLJ-4A 型铁道车辆车轮第四种检查器是测量车辆轮缘、踏面相关尺寸与缺陷的一种专用检测量具。该种检查器以车轮踏面滚动圆(即距车轮侧面 70 mm 处的基线)为测量基准，符合铁路相关规定与国际上通用的测量方法。即轮缘厚度的测点与车轮踏面滚动圆的距离始终保持恒定，不会因踏面的磨耗而改变。

图 4-6-1 LLJ-4A 型铁道车辆车轮第四种检查器

该种检查器具有测量车轮踏面圆周磨耗、轮缘厚度、轮缘垂直磨耗、轮缘高度、轮辋宽度、轮辋厚度、踏面擦伤深度和长度、踏面剥离深度和长度、车钩闭锁位钩舌与钩腕内侧距离等 11 种测量功能。其主尺为直角形，垂直尺身(又称轮辋厚度测尺)正面刻有长度双刻度线，水平尺身的背面刻有车轮滚动圆定位刻线。踏面圆周磨耗测尺和轮缘厚度测尺通过踏面圆周磨耗测尺框和轮缘厚度测尺框组合在一起，从而形成整体的联动结构形式。

为保证车轮检查器测量操作的稳定和数据准确可靠，在轮辋厚度测尺的背面装有定位角铁。

### 二、使用方法及步骤

首先，检查第四种检查器(LLJ-4A)定检是否过期，如图 4-6-2 所示。

学习笔记

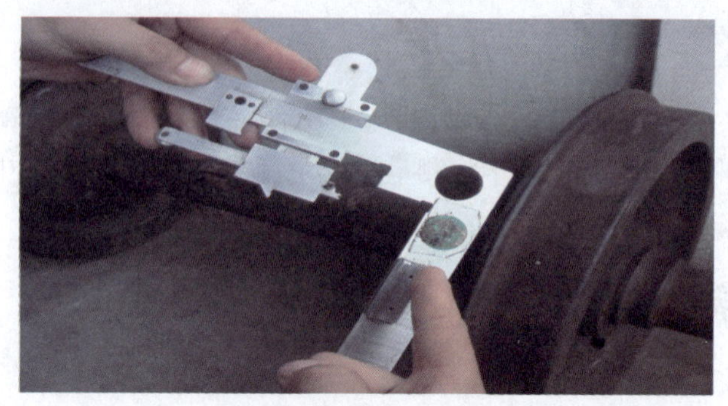

图 4-6-2　检查第四种检查器(LLJ-4A)定检是否过期

其次,检查第四种检查器零件是否齐全,有无破损,有无误差,游标移动是否顺畅,如图 4-6-3 所示。

图 4-6-3　检查第四种检查器(LLJ-4A)定检是否完好

最后进行测量。

### 1. 测量踏面圆周磨耗

磨耗型车轮踏面 70 mm 处圆周磨耗的测量,推动螺钉沿水平方向将尺框推至定位块左侧,由下向上带动轮缘厚度测尺推至导板根部,再向右推动尺框至定位块挡住为止。然后将检查器置于检查车轮上,并将检查器同轮缘顶部和轮辋内侧面靠紧,再向下推动螺钉,使踏面磨耗测尺抵住踏面,即可在游标读出分度值为 0. 1 mm 的踏面磨耗值。

测量范围: -2 ~ +9 mm。

分度值:0. 1 mm。

具体操作:首先调整游标到正确测量踏面圆周磨耗位置 70 mm 处,准备开始测量,如图 4-6-4 所示。

将调整好的检查器放在要测量的车轮上开始测量,如图 4-6-5 所示。

学习笔记

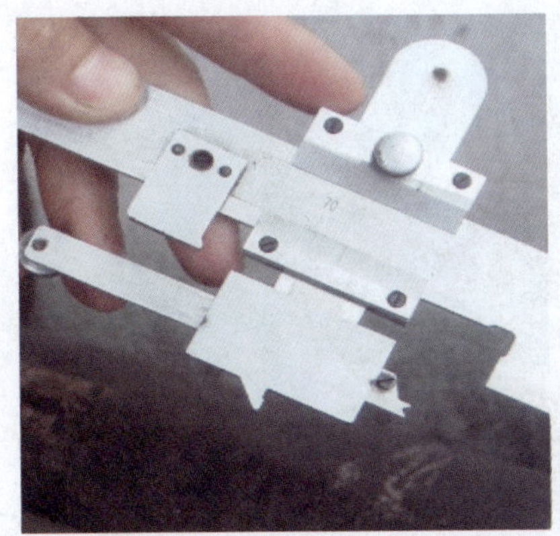

图 4-6-4 检查器调整

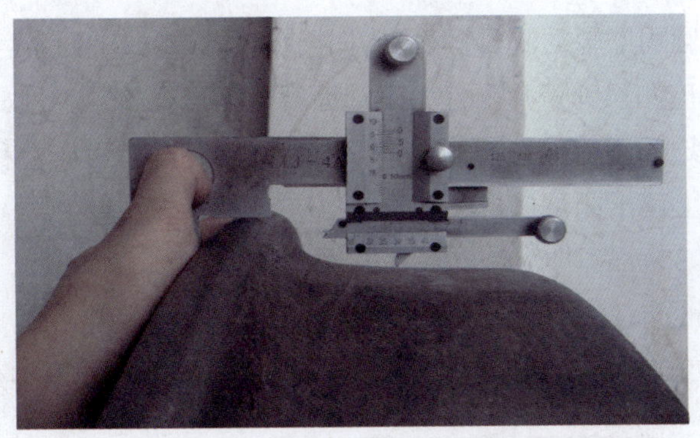

图 4-6-5 踏面圆周磨耗深度测量

使检查器紧贴车轮内侧面,并与车轴中心线垂直,如图 4-6-6 所示。

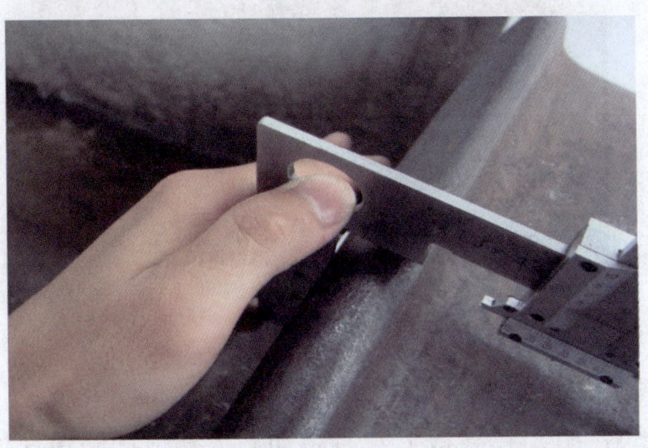

图 4-6-6 踏面圆周磨耗深度测量

移动纵向游标,使其与踏面密贴,并读出测量数值,如图 4-6-7 所示。

学习笔记

图 4-6-7 踏面圆周磨耗深度测量

**2. 测量轮缘厚度**

在完成对踏面圆周磨耗的测量操作后，向上推动螺钉 2 ~ 3 mm（避开踏面呈坡状的影响），由于轮缘厚度测尺弹簧片弹性大于踏面磨耗测尺弹簧片弹性，轮缘厚度测尺不动（如果弹簧片弹性减少，不能保持不动，可将垂直紧固钉拧紧）再向左移动尺框至轮缘，即可在轮缘厚度游标上读出测量值。

测量范围：12 ~ 35 mm。

分度值：0. 1 mm。

具体操作：移动横向游标使其与轮缘密贴，读出测量数值，如图 4-6-8 所示。

图 4-6-8 轮缘厚度测量

**3. 测量踏面擦伤深度**

尺框带着踏面磨耗测尺，在导板上左右移动到擦伤或凹陷最深处，测量磨耗型踏面局部擦伤或凹陷深度尺寸。

测量范围：-2 ~ +9 mm。

分度值：0. 1 mm。

学习笔记

具体操作:检查轮对,找到踏面擦伤位置,如图 4-6-9 所示。

图 4-6-9 踏面擦伤位置

多次测量找到擦伤或凹陷最深处,读出测量数值并锁紧横向游标,如图 4-6-10 所示。

图 4-6-10 踏面擦伤深度测量

在擦伤最深处的圆周方向上移动第四种检查器到车轮踏面无擦伤位置进行测量(不少于 3 次)取平均值,读出数值。

**踏面擦伤深度 = 测得踏面擦伤最深处数值 − 无擦伤处数值的平均值**

#### 4. 测量轮辋厚度

将检查器置于车轮上,同轮缘顶部和轮辋内侧面靠紧,从轮辋厚度测尺与轮辋内径密贴处读出数值,再减去踏面磨耗值即为轮辋厚度。

测量范围:0 ~ 75 mm。

分度值:1 mm。

具体操作:将检查器置于车轮上,同轮缘顶部和轮辋内侧面靠紧,从轮辋厚度测尺与轮辋内径密贴处读出数值,如图 4-6-11 所示。

学习笔记

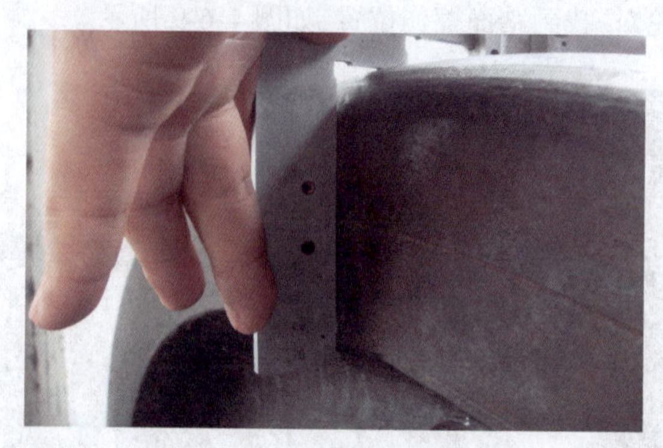

图 4-6-11　轮辋厚度测量

**实际轮辋厚度 = 轮辋厚度测尺与轮辋内径密贴处读出数值 − 踏面圆周磨耗**

# 任务七　HXD3 型电力机车走行部检查

## 任务导入

1. 如果你在检查中发现一个车轮上有很大裂纹，可能会影响到机车运行安全，你会怎么做？

2. 你知道机车检查的方法和检查的先后顺序吗？

3. 你知道机车走行部的故障假设是如何表示的吗？

4. 机车检查中发现故障后你能准确写出故障的类型和处所吗？

## 任务目标

掌握机车走行部检查的方法和步骤，以及机车走行部检查的范围，准确填报机车走行部常见故障类型和处所。

## 任务内容

任务书见表 4-7-1。

表 4-7-1　任务书

| 任务名称 | HXD3 型电力机车走行部检查 | 参考学时 | 4 |
|---|---|---|---|
| 任务描述：<br>查阅图书馆和网络上相关资料，阅读项目四任务七中任务关联知识；熟练掌握转向架部件名称，准确识别转向架故障假设符号，牢记走行部检修顺序、方法及各部件检查的内容及要求。两人为一组，其中一人为主检人，另外一人为监护人，展开转向架检查工作，未参与检查的人员在安全区域观察 | | | |

续上表

| 任务要求： |
| --- |
| 检查人员必须头戴安全帽，脚穿防砸劳保鞋，身穿工装。携带必要的检查工具，严格按照转向架检查行走路线，运用正确的走姿、站位、手势、标准用语，开展走行部检查作业 |
| 检查意见： |
| 签　　章：<br><br>日期：____年____月____日 |

说明：检查意见是在汇总任务评价表内容后，小组集体讨论，由担任学习小组的组长写出小组人员在任务完成过程中存在的问题，描述要准确，便于小组人员后期整改，并给出总体评价成绩[统一采用A(优秀)、B(良好)、C(合格)、D(努力)4个]。签章由任课教师签字确认评判成绩的合理性、公正性。

## 任务分组

请在表4-7-2中填写任务分工情况。

**表4-7-2　任务分配表**

<table>
<tr><td>班级</td><td></td><td>组号</td><td></td><td>指导教师</td><td></td></tr>
<tr><td>组长</td><td></td><td>学号</td><td colspan="3"></td></tr>
<tr><td rowspan="5">组员</td><td>姓名</td><td>学号</td><td>姓名</td><td colspan="2">学号</td></tr>
<tr><td></td><td></td><td></td><td colspan="2"></td></tr>
<tr><td></td><td></td><td></td><td colspan="2"></td></tr>
<tr><td></td><td></td><td></td><td colspan="2"></td></tr>
<tr><td></td><td></td><td></td><td colspan="2"></td></tr>
<tr><td colspan="6">任务分工：</td></tr>
</table>

## 任务计划

制定工作方案，填写在表4-7-3中。

**表4-7-3　工作方案**

| 步骤 | 工作内容 | 负责人 |
| --- | --- | --- |
| 1 | | |

学习笔记

续上表

| 步骤 | 工作内容 | 负责人 |
|---|---|---|
| 2 | | |
| 3 | | |
| 4 | | |
| 5 | | |
| 6 | | |

在表 4-7-4 中列出完成任务所需的材料设备。

表 4-7-4　材料清单

| 序号 | 名　称 | 型号与规格 | 单位 | 数量 | 备注 |
|---|---|---|---|---|---|
| | | | | | |
| | | | | | |
| | | | | | |
| | | | | | |
| | | | | | |
| | | | | | |

## 任务实施

### 一、知识储备

查阅任务关联知识,回答下列问题。(30 min)

**引导问题 1**:想一想在机车走行部检查时,有哪些安全隐患,需要注意什么?

______________________________

______________________________

______________________________

______________________________

______________________________

______________________________

**引导问题 2**:完成下列选择题。

(1)检查有关部件的温度,可以采用(　　)检查。

学习笔记

A. 锤检法　　B. 目视法　　C. 手检法　　D. 测试法

(2)机车检查时,可以在零部件表面画上某种记号,表示该零件有某种缺陷或故障。白色粉笔画在轮对踏面上片状图形,表示(　　)。

A. 该零件上有裂纹或焊接处裂损

B. 动轮踏面擦伤,其图形面积表示擦伤面积

C. 轮对踏面剥离

D. 轮对踏面上有污物

(3)HXD3 型电力机车转向架检查时,应提前在(　　)动轮打好止轮器。

A. 一、三　　B. 二、五　　C. 三、四　　D. 二、四

(4)HXD3 型电力机车转向架轴箱检查时,应采用(　　)。

A. 过渡步检查　　B. 弯腰屈步检查

C. 蹲步检查　　D. 侧步右进检查

**引导问题 3:**简述 HXD3 型电力机车动轮检查的内容及要求。

**引导问题 4:**练习识别机车走行部故障假设符号,写出相应故障类型。

## 二、游戏热身

准备好若干小纸条,分别在小纸条上写上左一轴箱、右一轮对、左一砂箱、第三牵引电机、排障器等部件名称,逐一念出小纸条上所写部件名称,各小组进行抢答,正确指出所念部件在转向架的位置,并口述其检查的内容及要求。以各组回答问题的数量(50%)、正确率(50%)判定输赢。(30 min)

学习笔记

## 三、任务活动

以小组为单位,熟练掌握转向架部件名称,准确识别转向架故障假设符号,牢记走行部检修顺序、方法及各部件检查的内容及要求。两人为一组,其中一人为主检人,另外一人为监护人,展开转向架检查工作,未参与检查的人员在安全区域观察。(120 min)

## 任务评价

各组代表展示任务完成结果,介绍任务完成过程,并填写评价表4-7-5。

表4-7-5 评价表

| 序号 | 评价项目 | 分值 | 自我评价 | 互相评价 | 教师评价 | 总评 |
|---|---|---|---|---|---|---|
| 1 | 学习准备 | 0~10 | | | | |
| 2 | 引导问题填写 | 0~20 | | | | |
| 3 | 任务完成质量 | 0~20 | | | | |
| 4 | 是否在规定时间完成 | 0~10 | | | | |
| 5 | 是否有序规范安全 | 0~10 | | | | |
| 6 | 是否主动参与互动 | 0~10 | | | | |
| 7 | 展示汇报 | 0~20 | | | | |
| 合　计 | | 100 | | | | |

## 任务拓展

以小组为单位,每组选择一名代表,按照转向架检查方法正确开展检查作业。其他同学将检查过程录制成视频,小组同心协力,对视频进行剪辑处理。

## 任务关联知识

### 一、机车检查的基本知识

#### 1. 机车检查的目的

机车运行中,由于种种原因一些部件会出现磨耗、磨损等现象以致造成事故,直接影响机车的寿命和行车安全。因此,乘务员在出勤前、退勤及运行中都要对机车进行检查,早期发现不良处所,及时加以整修,确保运输安全。

#### 2. 机车检查的基本要求

机车乘务员应熟练掌握机车构造、各部件名称及结构、部件安装位置及正常工作状态。

局部检查顺序按先上后下、由里向外进行。以检查的某个部件为“点”,由左向右,再

学习笔记

由右向左连成“线”。在检查机车时手、眼、身、步法运用自如,以正确的姿势,适当的方法,按规定的顺序、步骤进行,准确地判断分析故障原因和查找故障处所。

### 3. 机车检查方法

机车检查分为锤检法、手检法、目视检查法、测量法和测试法。

(1)锤检法。锤敲是靠检查锤敲击零部件时所发出的声响及手握锤柄的振动感觉来判断螺栓的紧固程度或部件是否发生断裂。用锤尖或锤柄撬动零部件的间隙及横动量等。

(2)手检法。手动检查包括:晃、拍、握、拧。采用“晃动看安装,手拧试松动”的方法,判断各风、油管及接头是否有松缓、漏泄等现象,各种电器开关,风、油管路塞门位置是否在正常工作位等。这种方法还适用于检查有关部件的温度。

(3)目视检查法。在使用锤检和手检的同时也要进行目视,做到手、眼、锤合一,动作一致,并对各仪表的检验日期、指针位置及外观、弹簧垫片及平垫状态和油位的确认等进行目视检查。

(4)测量法。使用塞尺、直尺、卷尺及专用工具测量有关部件的间隙、距离、行程等各种限度。

(5)测试法。使用仪表、仪器测试电压、电流、电阻的数据及电路状态等。

## 二、机车走行部故障假设符号表示

机车检查时,可以在零部件表面画上某种记号,表示该零件有某种缺陷或故障。

(1)白色粉笔画的线条“—”,表示该零件上有裂纹或焊接处裂损。

(2)画在轮对踏面上的白色片状图形,表示动轮踏面擦伤,其图形面积表示擦伤面积。

(3)画在轮对踏面上的环形白色粉笔线一环套一环“◎”,表示轮对踏面剥离。

(4)部件表面涂以红色粉笔的片状,表示该部件烧损。

(5)螺栓松动以白色粉笔“×”表示。

(6)油、水、风管路的跑冒滴漏故障以白色粉笔“△”表示。

## 三、机车走行部检查作业程序

### 1. 准备及要求

(1)机车应到位,停放在清洁且上下方便的地沟,并在机车两端安放好稳固渡板。

(2)机车二、五动轮打好止轮器。(电力机车打开隔离开关挂好接地线)在前后 20 m 外设置红色防护牌,机车四周 2 m 处设置禁入线。

### 2. 检查基本方法

(1)按逆时针方向进行。

(2)先里后外、先上后下、先左后右。

学习笔记

(3)先检查外部,再检查内部;先检查自然状态,再检查机能状态。

## 四、HXD3 型电力机车走行部检查

### 1. 转向架检查的步伐

(1)进入检查的部位前,采用过渡步。

(2)机车前后端、侧墙面,直立前视。

(3)车钩、风管、蓄电池、底部牵引电机,站立检查。

(4)轴箱、轮对采用蹲步检查,左右变换身子,形成蹲步右侧身和蹲步左侧身。

(5)各部件内侧,弓腰向左或向右探身检查。

(6)各部件外侧,侧步右进检查。

(7)电机、齿轮箱、推挽式低牵引杆等,弯腰屈步前移检查。

### 2. HXD3 型电力机车转向架检查步骤

转向架外侧检查共计十二步,具体如下:

第一步:第四砂箱、扫石器检查。

第二步:第六动轮及附近设备检查。

第三步:第二系油压减振器及附近设备检查。

第四步:第五动轮及附近设备检查。

第五步:第四动轮及附近设备检查。

第六步:第三砂箱检查。

第七步:第二砂箱检查。

第八步:第三动轮及附近设备检查。

第九步:第二动轮及附近设备检查。

第十步:第二系油压减振器及附近设备检查。

第十一步:第一动轮及附近设备检查。

第十二步:第一砂箱、扫石器检查。

## 五、注意及失格事项

1. 违反安全操作规定,造成后果者失格。

2. 检查方法不当,造成部件损坏者失格。

3. 假设少于 5 件单项未发现假设失格。

4. 检查人员必须按规定着装,携带检点锤、电筒、试灯、短接线、电路图等,否则不允许参加。

5. 填写活票必须准确,否则酌情扣分。

6. 检查中不允许破坏或未经允许恢复假设,一经发现将取消检查资格。

学习笔记

## 六、机车走行部检查内容及要求(表 4-7-6 ~ 表 4-7-8)

表 4-7-6　Ⅱ端走行部右侧的检查项目和要求

(走行部一侧的检查总分为 20 分,漏检、错呼每次扣 0.5 分,扣完为止)

| 部位 | 序号 | 部件名称 | 检查内容及要求 | 方法 | 标准 | 次数 | 扣分 |
|---|---|---|---|---|---|---|---|
| 走行部右侧 | 1 | 车体外观 | 车体侧面平整,无变形、损伤<br>车体吊装孔盖齐全,安装良好<br>后视镜安装牢固无破损 | 手动<br>目视 | 5 | | |
| | 2 | 排障器内侧 | 机车自动信号装置及自动过分相装置安装架螺栓紧固,接线无松脱<br>排石器安装良好,符合标准,胶皮无破损<br>排石器距轨面高 70 ~ 80 mm<br>扫石胶皮距轨面 10 ~ 15 mm | 手动<br>目视<br>测量 | 10 | | |
| | 3 | 司机室扶手、脚梯 | 扶手、脚梯安装牢固,无变形、开焊 | 目视<br>手动 | 5 | | |
| | 4 | 右四砂箱 | 砂箱安装牢固,箱体无变形、开焊<br>砂箱盖完整无损,扣锁良好,关闭严密<br>箱内砂子干燥,无异物,颗粒均匀下砂,砂箱加热装置外观良好,电线无断线,管路外观良好,无堵塞,不偏斜,距轨面高度,符合标准<br>撒砂胶皮管距轨面高,不得低于 25 mm | 目视<br>手动<br>测量<br>锤检 | 10 | | |
| | 5 | 右六动轮 | 轮盘式制动单元安装牢固,螺栓无松动,单元制动缸无泄漏,制动盘不得有明显的台阶沟槽、拉伤。制动盘热裂纹长度不超过 65 mm,摩擦面磨伤深度不超过 1 mm,凹面不超过 2 mm。闸瓦与制动盘缓解间隙 3 mm<br>制动盘摩擦面的摩擦限度为每侧 5 mm<br>注:检查时不得敲打制动盘的任何部位<br>停放制动单元安装牢固,空气管路无泄漏<br>踏面清扫制动装置安装螺栓牢固,制动器外观良好,闸瓦无裂纹、偏磨,不到限,闸瓦穿销开闭销良好<br>右六动轮踏面无剥离、擦伤,轮箍无裂纹、弛缓,轮辐、轮辋无裂纹<br>轴箱状态良好,内外螺栓牢固,无漏油,无裂纹<br>轴箱拉杆连体状态良好,橡胶关节无老化,无裂纹和挤出,前后弹簧装置无裂纹<br>轴箱接地线无断股、松脱现象。断股不超过 10%<br>轴箱油压减振器无漏油,安装螺栓牢固。轴箱温度正常,不超过 80 ℃。轴箱端盖安装螺栓齐全无松动<br>轮缘滑条支架安装牢固,滑条压力均匀,无卡滞现象<br>制动指示器、弹停指示器安装及管接头良好,显示正确 | 目视<br>锤检<br>耳听<br>测量 | 5 | | |

学习笔记

续上表

| 部位 | 序号 | 部件名称 | 检查内容及要求 | 方法 | 标准 | 次数 | 扣分 |
|---|---|---|---|---|---|---|---|
| 走行部右侧 | 6 | 垂直油压减振器 | 套筒及座无裂纹,无漏油,安装螺栓齐全紧固 | 目视<br>手动 | 5 | | |
| | 7 | 高圆弹簧及垫片 | 无裂纹、移动、脱落 | 目视<br>锤检<br>耳听 | 5 | | |
| | 8 | 右二侧向限制器 | 安装螺栓无松动,限制器座无开焊 | 手动<br>目视 | 5 | | |
| | 9 | 右五动轮 | 同5项 | 目视<br>锤检<br>耳听<br>测量 | 5 | | |
| | 10 | 第二转向架右侧侧梁上接线及管路、接地线 | 构架上接线无破损、松、断,接头无松动,管路无漏泄,卡子紧固<br>接地线无断股、松脱现象 | 目视<br>手动 | 5 | | |
| | 11 | 右四动轮 | 同5项 | 目视<br>锤检<br>耳听<br>测量 | 5 | | |
| | 12 | 右三砂箱 | 同4项 | 目视<br>锤检<br>耳听<br>手动 | 5 | | |
| | 13 | 主电路、控制电路插座 | 安装座无开焊,螺栓紧固,压盖严密,座芯洁净,无烧损。接线无破损、松脱 | 目视<br>手动 | 5 | | |
| | 14 | 变压器储油箱 | 箱体无开焊,无变形,无漏泄<br>管路安装螺栓紧固<br>油箱外部状态良好管路、管接头无漏油,放油阀手轮铁丝无断开,油流继电器指针位置正确,盖无丢失 | 目视<br>手动 | 5 | | |
| | 15 | 右二砂箱 | 同4项 | 目视<br>手动<br>耳听<br>测量 | 5 | | |
| | 16 | 右三动轮 | 同5项 | 目视<br>锤检<br>耳听<br>测量 | 5 | | |

学习笔记

续上表

| 部位 | 序号 | 部件名称 | 检查内容及要求 | 方法 | 标准 | 次数 | 扣分 |
|---|---|---|---|---|---|---|---|
| 走行部右侧 | 17 | 第二转向架右侧侧梁上接线及管路 | 构架上接线无破损、松、断,接头无松动,管路无漏泄,卡子紧固 | 目视<br>手动 | 5 | | |
| | 18 | 右二动轮 | 轮缘滑条支架安装牢固,滑条压力均匀,无卡滞现象 | 目视<br>锤检<br>耳听<br>测量 | 5 | | |
| | 19 | 垂直油压减振器 | 同 6 项 | 手动<br>目视 | 5 | | |
| | 20 | 右一侧向限制器 | 同 8 项 | 手动<br>目视 | 5 | | |
| | 21 | 高圆弹簧及垫片 | 同 7 项 | 目视<br>锤检<br>耳听 | 5 | | |
| | 22 | 右一动轮 | 同 5 项 | 目视<br>锤检<br>耳听<br>测量 | 5 | | |
| | 23 | 行灯插座 | 安装座无开焊,螺栓紧固,压盖严密,座芯洁净,无烧损。接线无破损、松脱 | 目视<br>手动 | 5 | | |
| | 24 | 右一砂箱 | 同 4 项 | 目视<br>手动<br>锤检<br>测量 | 10 | | |

**表 4-7-7 I 端走行部左侧的检查项目和要求**

(走行部一侧的检查总分为 20 分,漏检、错呼每次扣 0.5 分,扣完为止)

| 部位 | 序号 | 部件名称 | 检查内容及要求 | 方法 | 标准 | 次数 | 扣分 |
|---|---|---|---|---|---|---|---|
| 走行部左侧 | 1 | 车体外观 | 同表 4-7-6 第 1 项 | 目视<br>测量<br>手动 | 10 | | |
| | 2 | 排障器内侧 | 机车自动信号装置及自动过分相装置安装架螺栓紧固,接线无松脱<br>排石器安装良好,符合标准,胶皮无破损<br>排石器距轨面高 70 ~ 80 mm<br>扫石胶皮距轨面 10 ~ 15 mm | 目视<br>测量<br>手动 | 10 | | |
| | 3 | 司机室门窗 | 门、窗完整无变形<br>扶手、脚梯安装牢固,无变形、开焊 | 目视<br>手动 | 5 | | |
| | 4 | 左一砂箱 | 同表 4-7-6 第 4 项 | 目视<br>锤检<br>测量<br>手动 | 10 | | |

学习笔记

续上表

| 部位 | 序号 | 部件名称 | 检查内容及要求 | 方法 | 标准 | 次数 | 扣分 |
|---|---|---|---|---|---|---|---|
| 走行部左侧 | 5 | 左一动轮 | 同表 4-7-6 第 5 项 | 目视<br>锤检<br>耳听<br>测量 | 10 | | |
| | 6 | 垂直油压减振器 | 同表 4-7-6 第 6 项 | 目视<br>手动 | 5 | | |
| | 7 | 高圆弹簧及垫片 | 同表 4-7-6 第 7 项 | 目视<br>锤检<br>耳听 | 5 | | |
| | 8 | 左一侧向限制器 | 同表 4-7-6 第 8 项 | 目视 | 5 | | |
| | 9 | 左二动轮 | 同表 4-7-6 第 5 项 | 目视<br>锤检<br>耳听<br>测量 | 5 | | |
| | 10 | 第一转向架右侧上部侧梁上接线及管路 | 构架上接线无破损、松、断,接头无松动,管路无漏泄,卡子紧固 | 目视<br>手动 | 5 | | |
| | 11 | 车体与转向架接地线 | 接地线无断股、松脱现象 | 目视 | 5 | | |
| | 12 | 左三动轮 | 同表 4-7-6 第 5 项 | 目视<br>锤检<br>耳听<br>测量 | 10 | | |
| | 13 | 左二砂箱 | 同表 4-7-6 第 4 项 | 目视<br>锤检<br>测量<br>手动 | 10 | | |
| | 14 | 主、辅助电路库用插座 | 安装座无开焊,螺栓紧固,压盖严密,座芯洁净,无烧损。接线无破损、松脱 | 目视<br>手动 | 5 | | |
| | 15 | 变压器储油箱 | 箱体无开焊,无变形,无漏泄。管路安装螺栓紧固<br>油箱外部状态良好管路、管接头无漏油,放油阀手轮铁丝无断开,油流继电器、油温表指针位置正确,盖无丢失 | 目视<br>锤检 | 5 | | |
| | 16 | 左三砂箱 | 同表 4-7-6 第 4 项 | 目视<br>锤检 | 5 | | |

续上表

学习笔记

| 部位 | 序号 | 部件名称 | 检查内容及要求 | 方法 | 标准 | 次数 | 扣分 |
|---|---|---|---|---|---|---|---|
| 走行部左侧 | 17 | 左四动轮 | 同表4-7-6第5项 | 目视<br>手动 | 5 | | |
| | 18 | 第二转向架左侧上部侧梁上接线及管路 | 构架上接线无破损、松、断，接头无松动，管路无漏泄，卡子紧固 | 目视<br>手动 | 5 | | |
| | 19 | 左五动轮 | 同表4-7-6第5项 | 目视<br>锤检 | 5 | | |
| | 20 | 高圆弹簧及垫片 | 同表4-7-6第7项 | 目视<br>锤检<br>耳听 | 5 | | |
| | 21 | 垂直油压减振器 | 同表4-7-6第6项 | 目视<br>手动 | 5 | | |
| | 22 | 左二侧向限制器 | 同表4-7-6第8项 | 目视<br>手动 | 5 | | |
| | 23 | 行灯插座 | 同表4-7-6第24项 | 目视 | 5 | | |
| | 24 | 左六动轮 | 轮盘式制动单元安装牢固，螺栓无松动，单元制动缸无泄漏，缓解良好，活塞杆复位时，不得有卡滞现象，单元制动缸间隙调整器良好，制动盘不得有明显的台阶沟槽、拉伤<br>踏面清扫制动装置，安装螺栓牢固，制动器外观良好，闸瓦无裂纹、偏磨，闸瓦磨耗未到限，闸瓦穿销开闭销良好<br>制动盘的摩擦面的摩擦限度为每侧5 mm<br>注：检查时不得敲打制动盘的任何部位<br>动轮踏面无剥离、擦伤，轮箍无裂纹、弛缓，轮辐、轮辋无裂纹<br>轴箱状态良好，内外螺栓牢固，无漏油，无裂纹<br>轴箱拉杆连体状态良好，橡胶关节无老化，无裂纹和挤出，前后弹簧装置无裂纹<br>速度传感器大线无破损、松脱现象<br>油压减振器套筒及座无裂纹，无漏油，安装螺栓齐全紧固 | 目视<br>锤检<br>测量 | 5 | | |
| | 25 | 左四砂箱 | 同表4-7-6第4项 | 目视<br>锤检 | 5 | | |
| | 26 | 司机室扶手、脚梯 | 扶手、脚梯安装牢固，无变形、开焊、缺损 | 目视<br>手动 | 5 | | |
| | 27 | 主、控制电路插座 | 同表4-7-6第14项 | 目视<br>手动 | 5 | | |
| | 28 | 排障器内侧 | 同表4-7-6第2项 | 目视<br>手动 | 5 | | |

学习笔记

表 4-7-8 机车车底检查项目和要求

（车底的检查总分为 20 分，漏检、错呼每次扣 0.5 分，扣完为止）

| 部位 | 序号 | 部件名称 | 检查内容及要求 | 方法 | 标准 | 次数 | 扣分 |
|---|---|---|---|---|---|---|---|
| 车底 | 1 | Ⅱ端车钩下部及缓冲装置 | 钩体托板及缓冲器托板螺栓是否紧固，弹簧箱冲击座、钩尾框有无裂纹，从板摩擦部分是否缺油和非正常磨损 | 目视<br>锤检 | 5 | | |
| | 2 | 排障器 | 安装螺栓牢固，无开焊裂纹。排障器距轨面的高度为 110 mm | 测量<br>锤检 | 5 | | |
| | 3 | 车底照明灯 | 安装牢固，玻璃罩完好，灯泡良好 | 目视 | 5 | | |
| | 4 | 车钩前部管路 | 总风管、列车管、平均管各管路接头无漏风，塞门位置正确，橡胶无老化、裂纹痕迹。安装牢固 | 目视<br>锤检 | 5 | | |
| | 5 | 横向油压减振器 | 套筒及座无裂纹，无漏油，安装螺栓齐全紧固。油压减振器座焊缝无开焊 | 目视 | 5 | | |
| | 6 | 牵引梁前部 | 检查各紧固件螺栓无松动，防缓线无位移。牵引销、橡胶关节及托板状态良好，O 形圈没有磨损、不超限 | 目视 | 5 | | |
| | 7 | 自动信号接收线圈及自动过分相装置 | 各安装螺栓紧固，各部无破损，插座接线良好 | 目视<br>手动 | 5 | | |
| | 8 | 排石器 | 安装牢固，排石器支架无开焊，螺栓紧固，胶皮完整，高度符合标准<br>扫石胶皮距轨面高 10～15 mm | 目视<br>测量 | 10 | | |
| | 9 | 左右第四砂箱背部 | 箱体完整，无开焊，安装座牢固，螺栓不松动，撒砂阀良好，砂管支架安装牢固，砂管角度不偏斜 | 目视<br>锤检 | 5 | | |
| | 10 | 第六动轮轮盘制动单元及弹停设置背部 | 制动器外部状态良好，安装螺栓紧固，来风管及接头无漏泄和裂纹<br>轮盘式制动单元安装牢固，螺栓无松动，单元制动缸无泄漏，缓解良好。活塞杆复位时，不得有卡滞现象，制动盘不得有明显的台阶沟槽、拉伤。闸瓦吊杆、支架无开焊、裂纹。弹停拉钩灵活<br>制动盘的摩擦面的摩擦限度为每侧 5 mm<br>注：检查时不得敲打制动盘的任何部位 | 目视<br>锤检<br>测量 | 10 | | |
| | 11 | 第二转向架后部 | 构架无裂纹、变形、开焊，各风管及卡子无松动，无破损漏风 | 目视<br>手动 | 10 | | |
| | 12 | 第六动轮轮对 | 轮辐无裂纹<br>踏面擦伤深度不大于 0.7 mm，缺陷或剥离长度不超过 40 mm，深度不大于 1 mm，轮缘垂直磨耗锥形踏面向上 11.25 mm 处测量 33～23 mm<br>轮箍无裂纹，轮缘符合标准，无碾堆，轮箍、轮心结合良好，无移位<br>牵引电机大线无磨耗，定位紧固<br>轮缘厚度 23～33 mm | 目视<br>测量<br>手动 | 5 | | |

学习笔记

续上表

| 部位 | 序号 | 部件名称 | 检查内容及要求 | 方法 | 标准 | 次数 | 扣分 |
|---|---|---|---|---|---|---|---|
| 车底 | 13 | 第六动轮齿轮箱 | 箱体安装螺栓无松动,箱体无开焊、裂纹、漏油、变形,油封无漏油,油位符合标准,油堵不漏油,安装紧固 | 目视<br>手动<br>锤检 | 5 | | |
| | 14 | 第六轮对踏面清扫装置 | 踏面清扫制动装置,安装螺栓牢固,制动器外观良好,闸瓦无裂纹、偏磨,闸瓦磨耗未到限,闸瓦穿销开闭销良好 | 目视<br>手动 | 5 | | |
| | 15 | 第六牵引电机 | 电机风道干净,无油泥,电机内部转子杆无松动,短路环、保持环及定子绝缘外皮无损伤,各紧固螺栓无松动。电机油堵无松动 | 目视<br>手动 | 5 | | |
| | 16 | 第六牵引电机悬挂装置 | 悬挂座无裂纹、开焊,连接杆、吊杆无裂纹,橡皮垫无裂纹,下部螺母开口销安装紧固、齐全,防落板无断裂、变形 | 目视<br>锤检 | 5 | | |
| | 17 | 第二转向架牵引销座 | 同6项 | 目视<br>锤检 | 5 | | |
| | 18 | 第五动轮轮盘制动单元背部 | 制动器外部状态良好,安装螺栓紧固,来风管及接头无漏泄和裂纹<br>轮盘式制动单元安装牢固,螺栓无松动,单元制动缸无泄漏,缓解良好,活塞杆复位时,不得有卡滞现象,制动盘不得有明显的台阶沟槽、拉伤。闸瓦吊杆、支架无开焊、裂纹。制动盘的摩擦面的摩擦限度为每侧5 mm<br>注:检查时不得敲打制动盘的任何部位 | 目视<br>锤检<br>测量 | 5 | | |
| | 19 | 第五动轮轮对 | 同12项 | 目视<br>测量 | 5 | | |
| | 20 | 第五动轮齿轮箱 | 同13项 | 目视<br>手动<br>锤检 | 5 | | |
| | 21 | 第五轮对踏面清扫装置 | 同14项 | 目视<br>锤检 | 5 | | |
| | 22 | 第五牵引电机 | 同15项 | 目视<br>手动 | 5 | | |
| | 23 | 第五牵引电机悬挂装置 | 同16项 | 目视<br>锤检 | 5 | | |
| | 24 | 第四动轮轮盘制动单元背部 | 同18项 | 目视<br>锤检 | | | |
| | 25 | 第四动轮轮对 | 同12项 | 目视<br>测量 | 5 | | |

学习笔记

续上表

| 部位 | 序号 | 部件名称 | 检查内容及要求 | 方法 | 标准 | 次数 | 扣分 |
|---|---|---|---|---|---|---|---|
| 车底 | 26 | 第四动轮齿轮箱 | 同13项 | 目视<br>手动<br>锤检 | 5 | | |
| | 27 | 第四牵引电机 | 同15项 | 目视<br>手动 | 5 | | |
| | 28 | 第四牵引电机悬挂装置 | 同16项 | 目视<br>锤检 | 5 | | |
| | 29 | 第二转向架前部 | 同11项 | 目视<br>手动 | 5 | | |
| | 30 | 横向油压减振器 | 同5项 | 目视 | | | |
| | 31 | 车底照明灯 | 同3项 | 目视 | | | |
| | 32 | 第四轮对踏面清扫装置 | 同14项 | 目视<br>手动 | 5 | | |
| | 33 | 左右第三砂箱背部 | 同9项 | 目视<br>锤检 | 5 | | |
| | 34 | 监控装置支架 | 安装牢固,无开焊 | 目视<br>手动 | 5 | | |
| | 35 | 各风管、接头及电线路 | 各风管及接头无裂漏,卡子紧固,电线路无松脱、断和破损,安装牢固 | 目视<br>手动 | 5 | | |
| | 36 | 变压器油箱底部 | 箱体无开焊,无变形,无漏泄。管路安装螺栓紧固<br>油箱外部状态良好,管路、管接头无漏油,放油阀手轮铁丝无断开 | 目视<br>锤检 | 5 | | |
| | 37 | 横向油压减振器 | 同5项 | 目视<br>手动 | 5 | | |
| | 38 | 车底照明灯 | 同3项 | 目视 | 5 | | |
| | 39 | 左右第二砂箱 | 同9项 | 目视<br>锤检 | 5 | | |
| | 40 | 左右第三轮对踏面清扫装置 | 同14项 | 目视<br>手动 | 5 | | |
| | 41 | 第一转向架后部 | 同11项 | 目视<br>手动 | 5 | | |

续上表

学习笔记

| 部位 | 序号 | 部件名称 | 检查内容及要求 | 方法 | 标准 | 次数 | 扣分 |
|---|---|---|---|---|---|---|---|
| 车底 | 42 | 第三牵引电机悬挂装置 | 同 16 项 | 目视<br>锤检 | 5 | | |
| | 43 | 第三牵引电机 | 同 15 项 | 目视<br>手动 | 5 | | |
| | 44 | 第三动轮轮对 | 同 12 项 | 目视<br>测量 | 5 | | |
| | 45 | 第三动轮齿轮箱 | 同 13 项 | 目视<br>手动<br>锤检 | 5 | | |
| | 46 | 第三动轮轮盘制动单元背部 | 同 18 项 | 目视<br>锤检 | 5 | | |
| | 47 | 左右第二轮对踏面清扫装置 | 同 14 项 | 目视<br>手动 | 5 | | |
| | 48 | 第二牵引电机悬挂装置 | 同 16 项 | 目视<br>锤检 | 5 | | |
| | 49 | 第二牵引电机 | 同 15 项 | 目视<br>手动 | 5 | | |
| | 50 | 第二动轮轮对 | 同 12 项 | 目视<br>测量 | 5 | | |
| | 51 | 第二动轮齿轮箱 | 同 13 项 | 目视<br>手动<br>锤检 | 5 | | |
| | 52 | 第二动轮轮盘制动单元背部 | 同 18 项 | 目视<br>锤检 | 5 | | |
| | 53 | 左右第一轮对踏面清扫装置 | 同 14 项 | 目视<br>手动 | 5 | | |
| | 54 | 第一转向架牵引销座 | 同 6 项 | 目视<br>锤检 | 5 | | |
| | 55 | 第一牵引电机悬挂装置 | 同 16 项 | 目视<br>锤检 | 5 | | |

学习笔记

续上表

| 部位 | 序号 | 部件名称 | 检查内容及要求 | 方法 | 标准 | 次数 | 扣分 |
|---|---|---|---|---|---|---|---|
| 车底 | 56 | 第一牵引电机 | 同15项 | 目视<br>手动 | 5 | | |
| | 57 | 第一动轮轮对 | 同12项 | 目视<br>测量 | 5 | | |
| | 58 | 第一动轮齿轮箱 | 同13项 | 目视<br>手动<br>锤检 | 5 | | |
| | 59 | 第一转向架前部 | 同11项 | 目视<br>锤检 | 5 | | |
| | 60 | 第一动轮轮盘制动单元背部 | 同10项 | 目视<br>锤检 | 5 | | |
| | 61 | 左右第一砂箱 | 同9项 | 目视<br>锤检 | 5 | | |
| | 62 | 排石器 | 安装牢固,无开焊、螺栓紧固,胶皮完整,高度符合标准<br>扫石胶皮距轨面高10～15 mm | 目视<br>锤检<br>测量 | 10 | | |
| | 63 | 横向油压减振器 | 套筒及座无裂纹,无漏油,安装螺栓齐全紧固。油压减振器座焊缝无开焊 | 目视 | 5 | | |
| | 64 | 车底照明灯 | 安装牢固,玻璃罩完好,灯泡良好 | 目视 | 5 | | |
| | 65 | 排障器 | 安装螺栓牢固,无开焊、裂纹。排障器距轨面的高度为110 mm | 目视<br>锤检<br>测量 | 5 | | |
| | 66 | 自动信号接收线圈及自动过分相 | 各安装螺栓紧固,各部无破损,插座、接线良好 | 目视<br>手动 | 5 | | |
| | 67 | Ⅱ端车钩下部及缓冲装置 | 钩体托板及缓冲器托板螺栓紧固,弹簧箱冲击座、钩尾框无裂纹,从板摩擦部分不缺油且无非正常磨损 | 目视<br>锤检 | 5 | | |
| | 68 | 车钩前部管路 | 总风管、列车管、平均管各管路接头无漏风,塞门位置正确,橡胶无老化、裂纹痕迹。安装牢固 | 目视<br>锤检 | 5 | | |
| | 69 | 自动信号接收线圈及自动过分相装置 | 各安装螺栓紧固,各部无破损,插座、接线良好 | 目视<br>手动 | 5 | | |
| | 70 | Ⅰ端车钩下部及缓冲装置 | 钩体托板及缓冲器托板螺栓是否紧固,弹簧箱冲击座、钩尾框有无裂纹,从板摩擦部分是否缺油和非正常磨损 | 目视<br>锤检 | 5 | | |

铁道机车转向架结构及检查维护习题

# 项目五　牵引装置及牵引缓冲装置检查维护

## 致敬最美铁路人，铸就大国工匠心

### "机车神医"张如意——诊治机车"零缺陷"

张如意是大连机车车辆有限公司的一名机车调试工，80后的他被誉为"机车神医"。

"把好机车出厂最后一道关。"张如意对工匠精神这样阐释，这是他与自身工作相结合而得出的具体回答。"虽然工作时间长，步骤复杂，但也不能因烦琐工作而忽视细节。要把机车故障降到最低，保证机车无故障、零缺陷出厂。"

张如意经验丰富，技能过硬，熟练掌握各型机车的电气原理和调试工艺规程，攻克上百次技术难题，避免经济损失和机车运行隐患，节约资金近千万元。

"我不是完人，但我把关的产品一定要完美。"把每一步做到极致，保证机车"零缺陷"出厂。要做到这点，提升技能与创新则必不可少。"坚持不懈，付出了总会有回报。"

"不断学习新车型、新技术就是成功的捷径。"他针对HXD3C型电力机车的耐压调试工作中常见的机车不升弓、主断路器无法闭合、机车无法加载等问题进行总结，编写制作成《和谐型电力机车各系统主要故障类别分析判断和排除》PPT供大家学习；总结编写的《HXD3C电力机车受电弓分析调试操作方法》被公司工会命名为《张如意HXD3C电力机车受电弓分析调试操作方法》，此方法大大缩短了机车调试故障排查的时间，提高了寻找故障点的准确率和工作效率。

因为肯钻研，他成为了电力机车调试技术能手；因为太热爱，多年来他几乎节假日无休。

从HXD3型机车，到HXD3B型机车，再到HXD3C型机车，张如意不断攻克一个个高技术难关，解决上百次调试生产难题，大到微机故障，小到线路故障，机车的所有疑难杂症他都能够甄别诊治，成为掌握电力机车先进技术的专家人才。

心得感悟：

学习笔记

# 任务一　机车牵引装置认知

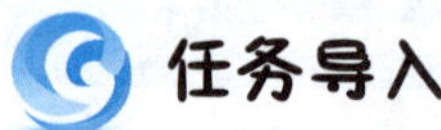

## 任务导入

1. 机车要牵引 5 000 t 的货物，动力从牵引电机发出来，是如何传递到车体车钩上的？

2. 如果机车牵引装置发生断裂，会发生什么事故？

## 任务目标

了解 HXN$_5$、SS$_{4G}$、HXD$_3$ 型机车牵引装置的结构名称及作用，准确剖析 HXN$_5$、SS$_{4G}$、HXD$_3$ 型机车牵引装置传递牵引力或制动力的过程。

## 任务内容

任务书见表 5-1-1。

表 5-1-1　任务书

| 任务名称 | 机车牵引装置认知 | 参考学时 | 3 |
| --- | --- | --- | --- |
| **任务描述：**<br>查阅图书馆和网络上相关资料，阅读项目五任务一中任务关联知识；参观校内或机务段机车实物、模型，掌握 HXN$_5$、SS$_{4G}$、HXD$_3$ 三种机车牵引装置的结构组成，比较分析三种车型牵引装置的不同，描述牵引装置的传递牵引力或制动力的路径。制作 PPT。各小组展示汇报，开展评比活动 | | | |
| **任务要求：**<br>以小组为单位，每组 5～8 人，剖析任务内容，商定工作方案，明确成员分工，共同完成任务。小组讨论选派代表，进行汇报分享。PPT 制作要求结构、布局合理，整体色调、风格协调，图文搭配合理，切勿大段文字堆砌。分享时采用普通话，口齿清晰，声音洪亮 | | | |
| **检查意见：** | | | |
| **签　　章：**<br>日期：___年___月___日 | | | |

说明：检查意见是在汇总任务评价表内容后，小组集体讨论，由担任学习小组的组长写出小组人员在任务完成过程中存在的问题，描述要准确，便于小组人员后期整改。并给出总体评价成绩［统一采用 A（优秀）、B（良好）、C（合格）、D（努力）4 个］。签章由任课教师签字确认评判成绩的合理性、公正性。

学习笔记

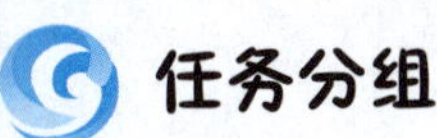

## 任务分组

请在表 5-1-2 中填写任务分工情况。

表 5-1-2 任务分配表

<table>
<tr><td>班级</td><td></td><td>组号</td><td></td><td>指导教师</td><td></td></tr>
<tr><td>组长</td><td></td><td>学号</td><td colspan="3"></td></tr>
<tr><td rowspan="5">组员</td><td>姓名</td><td>学号</td><td>姓名</td><td colspan="2">学号</td></tr>
<tr><td></td><td></td><td></td><td colspan="2"></td></tr>
<tr><td></td><td></td><td></td><td colspan="2"></td></tr>
<tr><td></td><td></td><td></td><td colspan="2"></td></tr>
<tr><td></td><td></td><td></td><td colspan="2"></td></tr>
<tr><td colspan="6">任务分工：</td></tr>
</table>

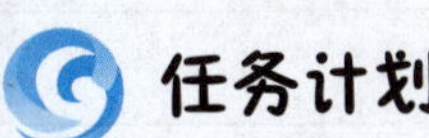

## 任务计划

制定工作方案，填写在表 5-1-3 中。

表 5-1-3 工作方案

| 步骤 | 工作内容 | 负责人 |
|---|---|---|
| 1 | | |
| 2 | | |
| 3 | | |
| 4 | | |
| 5 | | |
| 6 | | |

## 任务实施

### 一、知识储备

查阅任务关联知识，完成下列问题。(40 min)

**引导问题 1**：HXN5 型内燃机车牵引装置的结构形式是什么？由哪些部件组成？

学习笔记

牵引力如何传递？

**引导问题 2**：SS4G 型电力机车牵引装置的结构形式是什么？由哪些部件组成？牵引力如何传递？

**引导问题 3**：HXD3 型电力机车牵引装置的结构形式是什么？由哪些部件组成？牵引力如何传递？

## 二、游戏热身

以小组为单位，围坐一圈，由任意一人开始，按照顺时针或逆时针，在规定的时间内依次讲述 HXN5、SS4G、HXD3 三种机车牵引装置的结构及作用原理。根据讲述内容的完整性（50%）、准确性（50%）判定成绩。（20 min）

## 三、理论联系实际

对照 SS4G 型电力机车牵引装置实物，认知牵引装置组成结构，指出各组成部件的安装位置及其作用，填写表 5-1-4。（30 min）

学习笔记

表 5-1-4　SS4G 型电力机车牵引装置结构认知

| 序号 | 结构名称 | 作用(关键词描述) | 位置指认 |
|---|---|---|---|
| 1 | 牵引座 | | 正确□　错误□ |
| 2 | 牵引橡胶垫 | | 正确□　错误□ |
| 3 | 压盖 | | 正确□　错误□ |
| 4 | 牵引叉头 | | 正确□　错误□ |
| 5 | 牵引杆 | | 正确□　错误□ |
| 6 | 三角撑杆 | | 正确□　错误□ |
| 7 | 三角架 | | 正确□　错误□ |

## 四、任务活动

以小组为单位,参观校内或机务段机车实物、模型,掌握 HXN5、SS4G、HXD3 三种机车牵引装置的结构组成,比较分析三种车型牵引装置的不同,描述牵引装置传递牵引力或制动力的路径。制作 PPT。各小组展示汇报,开展评比活动。成绩判定标准见表 5-1-5。(45 min)

表 5-1-5　成绩判定标准

| 判定项目 | 判定标准 | 判定分值 | 得分 |
|---|---|---|---|
| 牵引装置形式 | 三种牵引装置形式描述准确,图片选用合理,能直观反映形式区别 | 0～10 | |
| 牵引装置结构 | 三种牵引装置组成结构描述全面,部件名称描述准确,无遗漏、无缺项、无错项 | 0～30 | |
| 牵引装置传力 | 三种牵引装置纵向力传递过程描述正确,逻辑关系准确 | 0～20 | |
| PPT 制作精美度 | PPT 版式新颖,采用图片、动画、视频、音频等优化,无大段文字堆砌现象 | 0～20 | |
| 汇报人仪态 | 汇报人仪态大方,口齿清晰,声音洪亮,穿着得体,普通话标准,无卡顿等情况 | 0～20 | |
| 合　计 | | 100 | |

## 任务评价

各组代表展示任务完成结果,介绍任务完成过程,并填写评价表 5-1-6。

学习笔记

续上表

表 5-1-6　评价表

| 序号 | 评价项目 | 分值 | 自我评价 | 互相评价 | 教师评价 | 总评 |
|---|---|---|---|---|---|---|
| 1 | 学习准备 | 0 ~ 10 | | | | |
| 2 | 引导问题填写 | 0 ~ 20 | | | | |
| 3 | 任务完成质量 | 0 ~ 20 | | | | |
| 4 | 是否在规定时间完成 | 0 ~ 10 | | | | |
| 5 | 是否有序规范安全 | 0 ~ 10 | | | | |
| 6 | 是否主动参与互动 | 0 ~ 10 | | | | |
| 7 | 展示汇报 | 0 ~ 20 | | | | |
| 合　计 | | 100 | | | | |

## 任务拓展

查阅资料，了解我国高速动车组牵引装置的组成、工作原理，以及纵向力传递过程。撰写小论文，字数不少于 800 字。

## 任务关联知识

机车牵引装置认知

牵引装置是连接机车车体与转向架的重要组成部分，其主要作用是传递机车的牵引力和制动力。机车运行时要求其不应该存在对运动的约束，且能适应机车车体与转向架之间的各种相对运动。

### 一、$HXN_5$ 型内燃机车牵引装置

$HXN_5$ 型内燃机车的牵引装置采用中心销形式，将转向架上产生的纵向力(牵引力或制动力)传递到车体上，还允许转向架相对于车体有适当的横移和转动。

牵引装置由牵引座、中心销、尼龙衬套、压板牵引缓冲垫、横向止挡、托架等组成，如图 5-1-1 所示。

中心销为铸钢件，材质符合“AAR M-201B + 级”的要求，质量约为 246 kg。中心销焊装在车体架下部。

中心销与牵引座之间配有自润滑尼龙衬套。尼龙衬套的内孔与中心销的装配为间隙配合，最小间隙为 0. 8 mm；尼龙衬套的外圆与牵引座内尼龙衬套内孔为间隙配合，最小间隙为 0。尼龙衬套内孔在垂直方向挖 12 道沟槽，为便于组装，尼龙衬套垂直方向剖开了一条宽 1 ~2 mm 的豁口。组装时，事先用 1 块压板通过 4 只螺钉将尼龙衬套(法兰)压装在牵引座顶面上。

牵引箱盖通过定位销和螺栓安装到构架牵引梁上，与构架牵引梁后侧中间区域相配

学习笔记

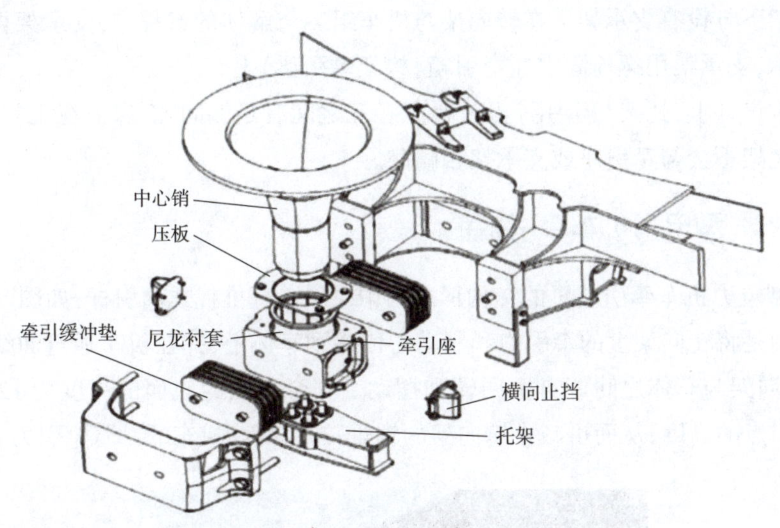


图 5-1-1　HXN5 型内燃机车牵引装置爆炸图

合,组成了框形的牵引箱结构。

牵引箱与牵引座(图 5-1-1)之间在纵向(转向架前后方向)压装有两个牵引缓冲垫。由于橡胶元件不易承受拉伸载荷,因此,牵引缓冲垫被设计成具有较大预压缩量,这样可以保证无论前进还是后退,承受机车最大的纵向力时,两个牵引缓冲垫均处于压缩状态。另外,两个处于压缩状态的牵引缓冲垫还可以承受牵引座以及尼龙衬套的重量,保证牵引座不会掉落下来。

图 5-1-2　HXN5 型内燃机车牵引座

在牵引箱与牵引座之间,牵引座两侧面(横向)各装有一个横向止挡。该止挡与牵引箱相配合,用来限制车体相对于转向架过大的横向位移。当中心销相对于牵引箱的横向位移量超过 35 mm 时,横向止挡将起作用。

为防止牵引缓冲垫失效导致牵引座脱落到轨道上而扩大损失,在牵引座的下方设有托架,托架用螺栓固定在中心销下端面处。托架还是转向架与机车整体起吊的起吊设备之一,当转向架需要从机车上解体时,须事先将托架从中心销上拆下来。

学习笔记

在托架下方设有支承架。在转向架与机车组装与解体的过程中,支承架可用作托架的临时支承,支承架用螺栓固定在牵引箱(构架牵引梁)上。

在结构设计上,托架与牵引座及支承架相互之间有足够间隙,保证在正常情况下,机车运行时托架不会与牵引座或支承架相磕碰。

## 二、SS4G 型电力机车牵引装置

SS4G 型电力机车牵引装置的结构形式为中央斜单杆推挽式牵引杆,如图 5-1-3 所示。其主要作用是将转向架上的牵引力和制动力传递到车体上,并在机车通过曲线或上下振动时,使转向架与车体之间能自由回转和摆动。其牵引点距轨面的高度为 12 mm,降低了机车牵引点的高度,从而可减小转向架的轴重转移,提高机车的黏着牵引力。

图 5-1-3　SS4G 型电力机车牵引装置

### 1. 结构

SS4G 型电力机车牵引杆装置为中央斜单杆推挽式牵引装置,主要部件有牵引座、牵引橡胶垫、压盖、牵引叉头、牵引杆、三角撑杆、三角架等,如图 5-1-4 所示。牵引杆一端通过牵引座与车体底架牵引梁相连,另一端通过销与三角撑杆相连,三角撑杆通过销与三角架相连,三角架通过销与构架牵引梁相连。

牵引座是一个焊接件,它用 8 个 M36 的螺栓安装在车体牵引梁下方。牵引橡胶垫用来缓和在牵引和制动过程中力的冲击。牵引叉头为锻钢件,材料为 45 钢,是连接牵引杆和牵引座的重要部件,受力大,要求进行调质处理并经探伤检查。牵引杆是传递机车牵引力和制动力的关键部件,要求用不低于母材性能的焊条焊接,焊后焊缝进行电磁探伤,不允许存在任何裂纹等缺陷,并进行去应力退火。三角架分别与构架牵引梁和三角撑杆相连构成一个稳定的三角形结构,传递机车的牵引力和制动力。

### 2. 牵引力和制动力的传递

来自轮轨黏着产生的牵引力或制动力的传递过程为:轮对→轴箱→构架牵引梁→三角架、三角撑杆座和三角撑杆→牵引杆→牵引叉头压盖、牵引橡胶垫→牵引座→车体。

学习笔记

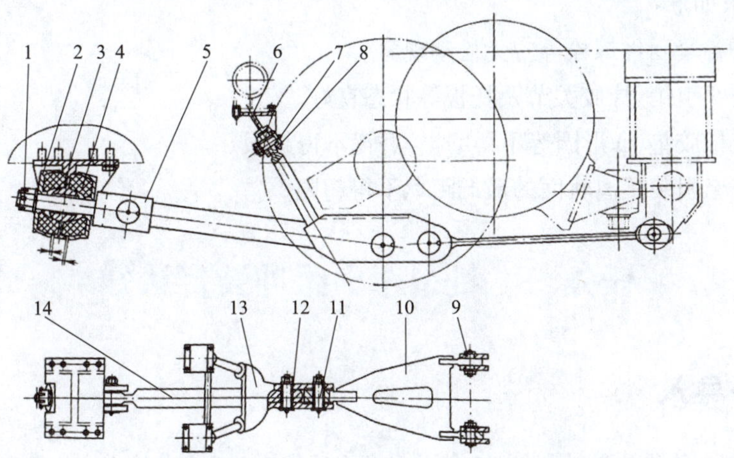


图 5-1-4　SS4G 型电力机车转向架牵引杆装置结构

1—六角开槽螺母；2—压盖；3—牵引座；4—牵引橡胶垫；5—牵引叉头；6—三角撑杆座；7—关节轴承；8—销Ⅰ；9—销Ⅱ；10—三角架；11—销Ⅲ；12—关节轴承；13—三角撑杆；14—牵引杆

## 三、HXD3 型电力机车牵引装置

HXD3 型电力机车牵引装置为推挽式中央平拉杆，主要部件包括牵引销装配、橡胶关节、托板、牵引杆体等，如图 5-1-5 所示。牵引杆通过弹性橡胶关节安装在牵引销上，关节和牵引销间涂有装配膏。

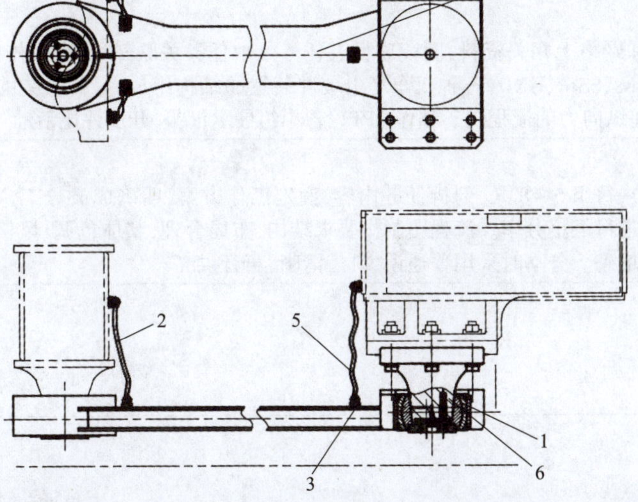


图 5-1-5　HXD3 型电力机车转向架牵引装置结构

1—橡胶关节；2、5—钢丝绳；3—安全索座；4—牵引杆体；6—牵引销装配

学习笔记

保养要求如下：

(1)检查各紧固件螺栓等应无松动现象。

(2)检查牵引销、橡胶关节及托板等状态良好。

(3)检查橡胶垫、O 形圈等不得磨损，磨耗不得超限。

(4)检查牵引装置离轨面的最低距离不得超限。

## 任务二　机车牵引缓冲装置认知

### 任务导入

1. 各型机车的质量分别是多少？能牵引多重的货物？两个车钩连接必须具备什么条件？
2. 机车乘务员哪些操作不当时会造成机车断钩？断钩后乘务员应如何处理？

### 任务目标

掌握机车牵引缓冲装置的结构组成、传递牵引力的路径、车钩三态作用。

### 任务内容

任务书见表 5-2-1。

表 5-2-1　任务书

<table>
<tr><td>任务名称</td><td>机车牵引缓冲装置认知</td><td>参考学时</td><td>3</td></tr>
<tr><td colspan="4">任务描述：<br>查阅图书馆和网络上相关资料，阅读项目五任务二中任务关联知识；参观校内或机务段机车实物、模型，掌握 HXN5、SS4G、HXD3 三种机车牵引缓冲装置的结构组成，分析车钩的三态作用，绘制牵引缓冲装置的传递纵向力的流程图。制作 PPT。各小组展示汇报，开展评比活动</td></tr>
<tr><td colspan="4">任务要求：<br>以小组为单位，每组 5～8 人，剖析任务内容，商定工作方案，明确成员分工，共同完成任务。小组讨论选派代表，进行汇报分享。流程图制作要求结构、布局合理，整体色调、风格协调，图文搭配合理，切勿大段文字堆砌。分享时采用普通话，口齿清晰，声音洪亮</td></tr>
<tr><td colspan="4">检查意见：</td></tr>
<tr><td colspan="4">签　　章：<br><br>日期：____年____月____日</td></tr>
</table>

说明：检查意见是在汇总任务评价表内容后，小组集体讨论，由担任学习小组的组长写出小组人员在任务完成过程中存在的问题，描述要准确，便于小组人员后期整改。并给出总体评价成绩[统一采用 A(优秀)、B(良好)、C(合格)、D(努力)4 个]。签章由任课教师签字确认评判成绩的合理性、公正性。

学习笔记

## 任务分组

请在表 5-2-2 中填写任务分工情况。

表 5-2-2　任务分配表

<table>
<tr><td>班级</td><td colspan="4"></td><td colspan="4">组号</td><td colspan="4"></td><td colspan="4">指导教师</td><td colspan="4"></td></tr>
<tr><td>组长</td><td colspan="4"></td><td colspan="4">学号</td><td colspan="4"></td><td colspan="8"></td></tr>
<tr><td rowspan="5">组员</td><td colspan="5">姓名</td><td colspan="5">学号</td><td colspan="5">姓名</td><td colspan="5">学号</td></tr>
<tr><td colspan="5"></td><td colspan="5"></td><td colspan="5"></td><td colspan="5"></td></tr>
<tr><td colspan="5"></td><td colspan="5"></td><td colspan="5"></td><td colspan="5"></td></tr>
<tr><td colspan="5"></td><td colspan="5"></td><td colspan="5"></td><td colspan="5"></td></tr>
<tr><td colspan="5"></td><td colspan="5"></td><td colspan="5"></td><td colspan="5"></td></tr>
<tr><td colspan="21">任务分工：</td></tr>
</table>

## 任务计划

制定工作方案，填写在表 5-2-3 中。

表 5-2-3　工作方案

| 步骤 | 工作内容 | 负责人 |
| --- | --- | --- |
| 1 | | |
| 2 | | |
| 3 | | |
| 4 | | |
| 5 | | |
| 6 | | |

## 任务实施

### 一、知识储备

查阅任务关联知识，完成下列问题。(40 min)

**引导问题 1**：完成下列填空题。

(1)____________________是吸收机车对列车进行连挂时及列车在运行中由于传递

学习笔记

牵引力、制动力的动态作用产生的纵向冲击力。

(2)根据车钩的开启方式,可以将车钩分为________式及________式两种。

(3)车钩各零件(主要指钩舌、钩锁铁)处于不同的位置时,使车钩具有闭锁、开锁、全开三种作用,俗称为车钩的________。

(4)车钩中心线距轨面高度为________mm。

(5)HXN5 型内燃机车采用________型号车钩。

(6)SS4G 型电力机车采用________型号车钩。

(7)HXD3 型电力机车采用________型号车钩。

(8)SS4G 型电力机车采用________型橡胶摩擦式缓冲器。

(9)HXN5 型内燃机车采用________型橡胶缓冲器。

(10)HXD3 型电力机车采用________型大功率弹性胶泥缓冲器,它由箱体、预压板、垫板、弹性橡胶芯、垫块、减摩套和螺杆等组成。

**引导问题 2**:车钩在设计时有什么要求?

______________________________

______________________________

______________________________

______________________________

**引导问题 3**:下作用式 13 号车钩的组成、构造及车钩的三态作用是怎样的?

______________________________

______________________________

______________________________

______________________________

**引导问题 4**:两车钩能够连挂的充分必要条件是什么?

______________________________

______________________________

______________________________

______________________________

______________________________

**引导问题 5**:简述 MX-1 型缓冲器的构造及作用原理。

______________________________

______________________________

学习笔记

## 二、游戏热身

准备一张 $HXD_3$ 型电力机车车钩图片，一人随机指向图片中的部件，各小组进行抢答，口述所指部件的名称及作用。以各组回答问题的数量（50%）、正确率（50%）判定输赢。（20 min）

## 三、理论联系实际

对照 $SS_{4G}$ 型电力机车车钩实物，认知车钩组成结构，指出各组成部件的安装位置及其作用，填写表 5-2-4。（30 min）

**表 5-2-4　$SS_{4G}$ 型电力机车车钩结构认知**

| 序号 | 结构名称 | 作用（关键词描述） | 位置指认 |
|---|---|---|---|
| 1 | 钩头 | | 正确□　错误□ |
| 2 | 钩舌 | | 正确□　错误□ |
| 3 | 钩锁铁 | | 正确□　错误□ |
| 4 | 钩舌推铁 | | 正确□　错误□ |
| 5 | 钩舌销 | | 正确□　错误□ |
| 6 | 钩身 | | 正确□　错误□ |
| 7 | 钩尾 | | 正确□　错误□ |

## 四、任务活动

以小组为单位，参观车钩实物或模型，掌握 $HXN_5$、$SS_{4G}$、$HXD_3$ 三种机车牵引缓冲装置的结构组成，分析车钩的三态作用，绘制牵引缓冲装置的传递纵向力的流程图。制作 PPT。各小组展示汇报，开展评比活动。成绩判定标准见表 5-2-5。（45 min）

**表 5-2-5　成绩判定标准**

| 判定项目 | 判定标准 | 判定分值 | 得分 |
|---|---|---|---|
| 牵引缓冲装置型号 | 三种机车所采用的车钩、缓冲器的型号描述准确 | 0～10 | |
| 牵引缓冲装置结构 | 三种机车所采用的车钩、缓冲器的组成结构描述全面，部件名称描述准确，无遗漏、无缺项、无错项 | 0～30 | |
| 牵引缓冲装置传力 | 三种牵引缓冲装置纵向力传递过程描述正确，逻辑关系准确，流程图能直观反映力的传递过程 | 0～30 | |

学习笔记

续上表

| 判定项目 | 判定标准 | 判定分值 | 得分 |
|---|---|---|---|
| PPT 制作精美度 | PPT 版式新颖,采用图片、动画、视频、音频等优化,无大段文字堆砌现象 | 0～20 | |
| 汇报人仪态 | 汇报人仪态大方,口齿清晰,声音洪亮,穿着得体,普通话标准,无卡顿等情况 | 0～10 | |
| 合　计 | | 100 | |

## 任务评价

各组代表展示任务完成结果,介绍任务完成过程,并填写评价表 5-2-6。

表 5-2-6　评价表

| 序号 | 评价项目 | 分值 | 自我评价 | 互相评价 | 教师评价 | 总评 |
|---|---|---|---|---|---|---|
| 1 | 学习准备 | 0～10 | | | | |
| 2 | 引导问题填写 | 0～20 | | | | |
| 3 | 任务完成质量 | 0～20 | | | | |
| 4 | 是否在规定时间完成 | 0～10 | | | | |
| 5 | 是否有序规范安全 | 0～10 | | | | |
| 6 | 是否主动参与互动 | 0～10 | | | | |
| 7 | 展示汇报 | 0～20 | | | | |
| 合　计 | | 100 | | | | |

## 任务拓展

查阅资料,了解我国高速动车组牵引缓冲装置的组成、工作原理,纵向力传递过程。撰写小论文,论文字数不少于 800 字。

## 任务关联知识

机车牵引缓冲装置认知

牵引缓冲装置用来吸收机车对列车进行连挂时及列车在运行中由于传递牵引力、制动力的动态作用产生的纵向冲击力。牵引缓冲装置安装在车体底架两端牵引梁的车钩箱内,它包括车钩及缓冲器。

### 一、车钩

车钩是机车牵引缓冲装置的主要部件之一,起连挂车列或其他机车的作用。我国机车车辆上采用的车钩是现代各国普遍采用的自动车钩,具有自动连接的功能。车钩的型

学习笔记

号很多,但其作用原理基本相同,结构上也大同小异。我国规定的标准车钩有1号、2号、13号、13A(E级钢)、15号等多种。

根据车钩的开启方式,可以将车钩分为上作用式及下作用式两种。由设在钩头上部提升机构开启的,叫上作用式车钩,如图5-2-1所示;由设在钩头下部推顶机构开启的,叫下作用式车钩,如图5-2-2所示。我国各型电力机车大多采用下作用式13号自动车钩。

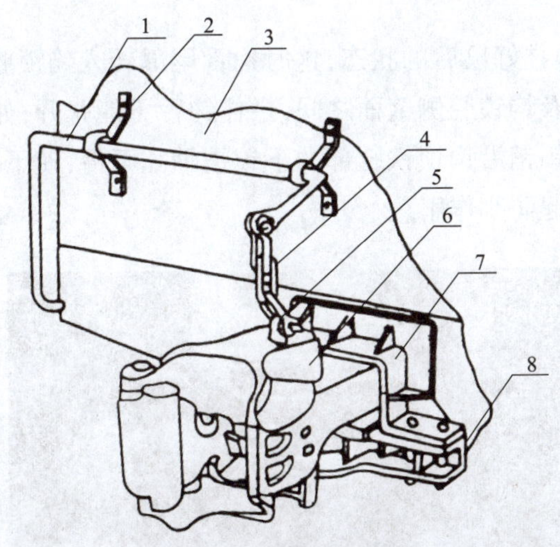


图5-2-1 上作用式车钩

1—车钩提杆;2—车钩提杆座;3—车体端墙;4—提钩链;5—锁提销;6—钩头;7—冲击座;8—钩身托梁

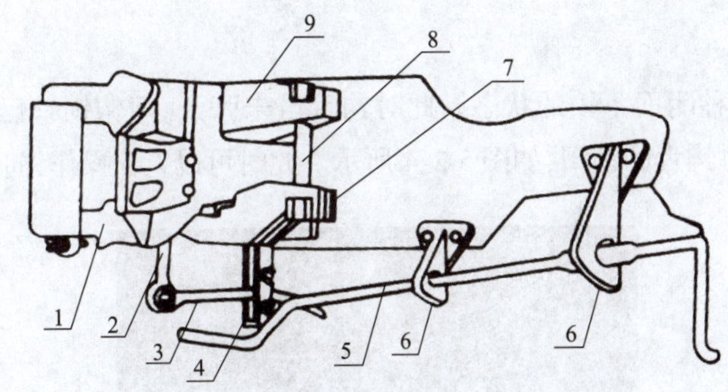


图5-2-2 下作用式车钩

1—钩头;2—锁推销;3—下锁销杆;4—下锁销托吊;5—车钩提杆;6—车钩提杆座;7—车钩托梁;8—吊杆;9—冲击座

### 1. 对车钩的要求

(1)要有足够的强度。

(2)容易辨识其连接状态,以免误认而造成列车分离事故。

(3)不能因运行振动而自动解锁脱钩。

学习笔记

上作用式车钩三态作用

下作用式车钩三态作用

(4)不能因各部稍有磨耗而影响其作用和挂钩的安全。

(5)构造简单、操作方便、装拆容易,以降低运用保养成本。

**2. 车钩的三态作用**

车钩各零件(主要指钩舌、钩锁铁)处于不同的位置时,使车钩具有闭锁、开锁、全开三种作用,俗称为车钩的三态作用。

(1)闭锁位置

闭锁位置是车钩连挂好以后的状态,这时钩舌尾部转入钩锁腔内,钩锁铁以自重落下,卡在钩舌尾部侧面及钩锁腔侧壁面之间,拦住钩舌不能张开,如图 5-2-3 所示。当钩锁铁以自重落下后,下锁销沿钩锁铁腿部的下锁销轴孔下滑,使下锁销的防跳台处于下锁销孔中防跳台下方,起防跳作用。

图 5-2-3　闭锁位置

(2)开锁位置

开锁位置是一种闭而不锁的状态。此时钩舌虽未张开,但钩锁铁已被人为操纵顶起一定高度,解除了对钩舌的锁闭,如图 5-2-4 所示。此时可以人工操作,向外扳动钩舌旋转。

图 5-2-4　开锁位置

学习笔记

(3)全开位置

全开位置是车钩钩舌完全张开的状态，为车钩再次连挂的准备位置，由开锁位用力提起车钩提杆，下锁销推动钩锁铁使其上升，钩锁铁的腿部向后转动，后踢足踢动钩舌推铁的踢足推动面，使钩舌推铁绕其轴转动，推铁踢足踢动钩舌尾部侧面，使钩舌以钩舌销为轴张开，形成全开位置，如图5-2-5所示。全开位置，钩锁坐落在钩舌尾部上方，不能落下。

图5-2-5　全开位置

在挂钩时，相互连挂的两个车钩必须有一个处于全开位，另一个则处于什么位置都可以。也就是说，挂钩的必要条件是其中一个车钩处于全开位。由此可知，全开位置是连挂车钩的准备位置。

**3. 车钩主要技术要求**(设计参数)

(1)在闭锁位，车钩其开度为110～130 mm；在全开位时，其开度为220～250 mm。

(2)车钩中心线距轨面高度为(880±10) mm。

(3)两个车钩连挂后，其两个车钩的中心线相差不得超过75 mm。

(4)车钩在闭锁位时，钩舌锁铁往上的活动量为5～15 mm。

(5)钩舌销与销孔径向间隙为1～4 mm。

**4. 车钩的稳定性**

实践证明，无论在牵引或推进运行中，万一钩舌销折损，只要车钩确实处于相互连接而且完全锁闭的状态下，钩舌并没有自动落下或被拉脱的危险；只有当互扣的钩舌解开后，钩舌方可取下。这种设计，目的是保障列车运行中车钩安全而可靠的连接。

列车在运行中的纵向冲击和垂直振动，使得互相连接的两车钩经常发生相对运动。

学习笔记

特别是在路基较软、曲线较多的线路上行车时，车钩经常处于相互摩擦状态，这就必然导致磨耗。为保证行车安全，应按照车钩磨耗限度，随时注意检查，及时修复或更换新品。

HXN5 型内燃机车采用 AAR E 型车钩，如图 5-2-6 所示，材料为 AAR M201 E 级钢。车钩中心线具轨面高度为(新轮)(880±10) mm。车钩钩体最小破坏载荷为 4 003 kN；车钩钩舌的最小破坏载荷为 2 891 kN。由于钩身短，截面积大，可以适应重载列车牵引。

图 5-2-6　HXN5 型内燃机车车钩

SS4G 型电力机车采用下作用式 13 号自动车钩，如图 5-2-7 所示。它由钩体、钩舌、钩舌销、钩锁铁、钩舌推铁和下锁销装配等组成。

图 5-2-7　SS4G 型电力机车车钩

钩体由铸钢铸成，是车钩的主体件，按部位可分为钩头、钩身、钩尾三部分。钩头前部空腔用来安装其他车钩零件。钩锁腔为钩头中空部，容纳并安装钩锁、钩舌推铁等零件。

钩尾分叉并设销孔，用来连接车钩尾框，在尾框内设缓冲器。

钩舌是一个形状复杂的铸钢件，钩舌是挽钩部分，钩舌尾部是锁钩、开钩的控制部分，并且是车钩承受拉压载荷的部分。

在钩舌转轴处，设一垂向销孔，通过钩舌销把钩舌装在钩头上，并可以转动，呈张开或闭合状态。张开时可以进行挂钩，闭合并锁住后即为连挂好以后的状态。

学习笔记

钩锁铁是一个形状复杂的铸钢件,用来打开和锁闭钩舌,它和日常生活中的门栓作用一样。

钩舌推铁是一个弯曲形状的铸钢件,平置于钩头空腔内,处于钩舌尾部的后面,下部有一短圆销作为转轴。当钩锁铁被提起时,钩锁推动钩舌推铁一端,使它绕轴转动一定角度,其另一端则拨动钩舌尾部,使钩舌张开成为全开状态,在挂钩后,钩舌尾部又将它转回原位。

下锁销装配为顶起钩锁用,它是由下锁销、下锁销体和下锁销钩组成。

HXD3 型电力机车采用下作用式 13A (E 级钢)自动车钩,如图 5-2-8 所示。

图 5-2-8　HXD3 型电力机车车钩

## 二、缓冲器

### 1. 缓冲器的作用和种类

缓冲器是借助弹性元件来缓和冲击作用力,在弹性元件变形过程中(利用摩擦和阻尼)吸收冲击能量的装置。

作用:减小列车在运行中由于机车牵引力的变化或起动、制动及调车挂钩时机车车辆相互碰撞而引起的冲击和振动。使机车车辆保持一定的距离。

种类:弹簧式、摩擦式、摩擦橡胶式、弹性胶泥式、液压式等。(大多采用 MX-1 橡胶摩擦式缓冲器)

### 2. 缓冲器的性能参数

(1)行程:缓冲器受力下产生的最大变形量,此时,弹性元件处于压死状态。

(2)作用力:缓冲器变形量达到行程时的作用外力。

(3)容量:作用力在其行程上所做的功的总和,是衡量缓冲器缓冲能力大小的主要依据。

(4)能量吸收率:消耗部分能量与容量之比,表明缓冲器吸收冲击的能力。

HXN5 型内燃机车采用 NC-391 型橡胶缓冲器。最低吸收容量为机车以 3.6 km/h 的

学习笔记

速度与一个静止物体碰撞时不损坏。NC-391 型橡胶缓冲器主要由连接体(又称钩尾框)、前从板、后从板、中间橡胶片、端橡胶片、复原块、钩尾销衬套、钩尾销、定位铁等组成。

$SS_{4G}$ 型电力机车采用 MX-1 型橡胶摩擦式缓冲器,如图 5-2-9 所示。橡胶片的两面均与钢板经过硫化固结在一起,组成减振元件。

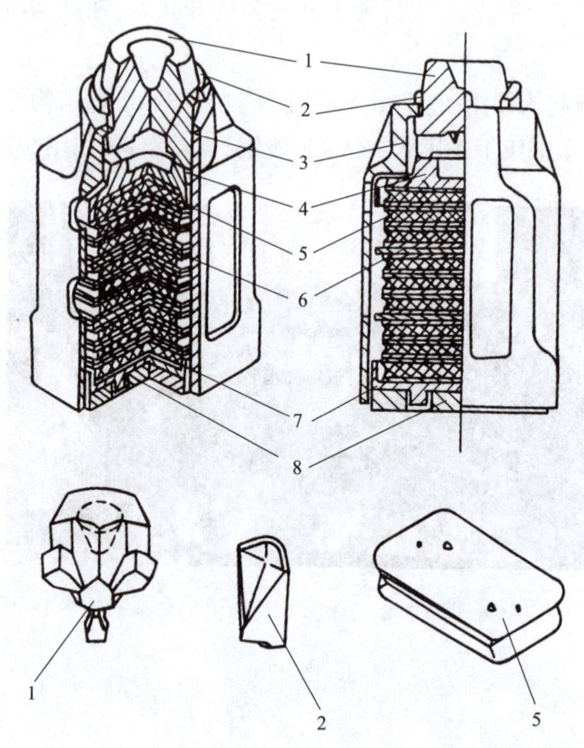


图 5-2-9　MX-1 型橡胶式缓冲器结构

1—压头;2—楔块;3—箱体;4—顶隔板;5—橡胶片;6—中隔板;7—底隔板;8—底板

橡胶缓冲器的工作原理:借助于橡胶分子内摩擦和弹性变形起到缓和冲击和消耗能量的作用。为了增大缓冲器容量,在头部装有金属摩擦部分,借助三个带有倾角的楔块,在受压时与箱体及压头间各接触斜面产生相对位移,因摩擦而消耗冲击能量。

这种缓冲器的优点是:容量大;性能好;零件少,重量小;制造方便,检修容易。缺点是:橡胶片的性能不稳定,箱体容易产生裂纹,有待于改进。

$HXD_3$ 型电力机车采用 QKX100 型大功率弹性胶泥缓冲器,如图 5-2-10 所示。它由箱体、预压板、垫板、弹性橡胶芯、垫块、减摩套和螺杆等组成。

## 三、车钩与缓冲装置的安装

车钩钩体尾部通过钩尾销连接车钩尾框,在车钩尾框内,安装前从板、缓冲器和后从板,组装后一同安装在车体底架前后两端的牵引梁内,前后从板及缓冲器卡装在牵引梁前后从板座之间,如图 5-2-11 所示。

学习笔记

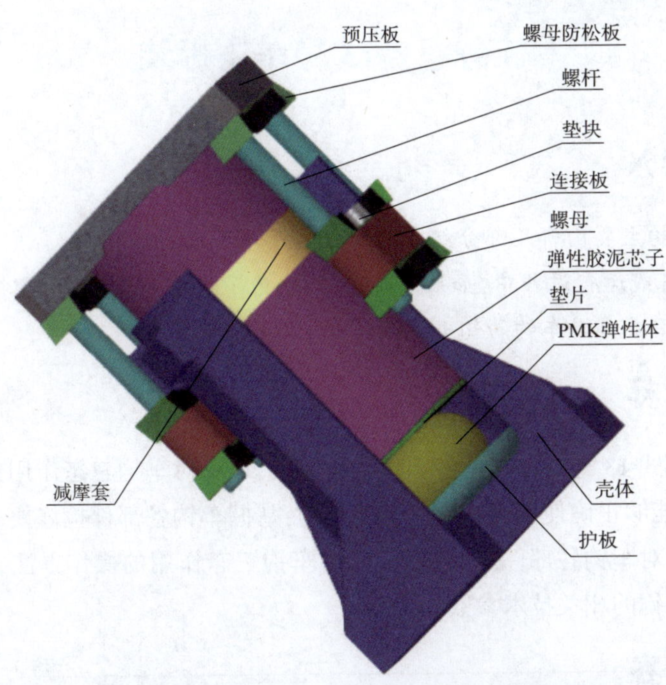


图 5-2-10　QKX100 型弹性胶泥缓冲器结构

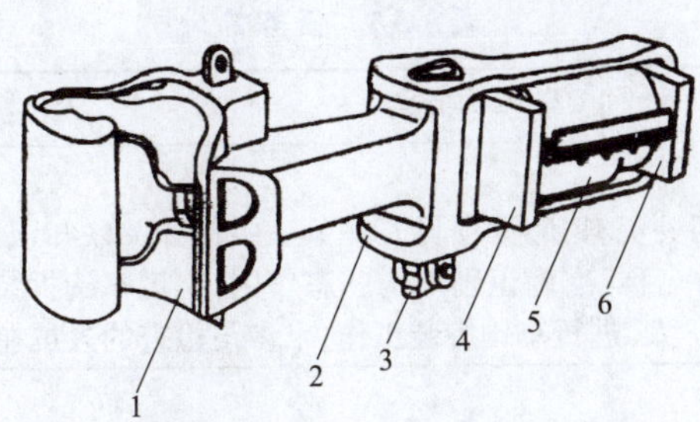


图 5-2-11　牵引缓冲装置组装

1—车钩;2—钩尾框;3—钩尾销;4—前从板;5—缓冲器;6—后从板

从板是牵引缓冲装置中传递纵向力的部件。

牵引缓冲装置力的传递:

1. 以驱动车为例,牵引力或制动力的传递:车体底架→牵引梁→后从板座→后从板→缓冲器→前从板→车钩尾框→钩尾销→车钩。

2. 以被驱动车为例,牵引力或制动力的传递:车钩→钩尾销→前从板车钩尾框→前从板→缓冲器→后从板→后从板座→牵引梁→车体底架。

# 任务三　13 号车钩拆装

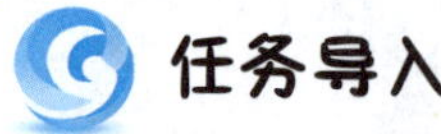

## 任务导入

1. 13 号车钩主要由哪几部分组成?

2. 列车在正线运行过程中,如果发生了断钩,为了尽快开通线路,要求你必须单独完成对 13 号下作用式自动车钩的钩舌更换作业,你将如何操作?

## 任务目标

掌握下作用式 13 号自动车钩各部件结构组成,加深对车钩三态作用的理解;掌握车钩的拆装流程,能够正确使用工具熟练拆装车钩;掌握车钩各部件检修要求及标准,能够正确使用工量具对车钩各部件进行检查;掌握车钩三态作用的操作方法,并能够正确使用工量具测量车钩的相关技术参数。

## 任务内容

任务书见表 5-3-1。

表 5-3-1　任务书

<table>
<tr><td>任务名称</td><td>13 号车钩拆装</td><td>参考学时</td><td>3</td></tr>
<tr><td colspan="4">任务描述:<br>查阅图书馆和网络上相关资料,阅读项目五任务三中任务关联知识;参观校内或机务段机车实物、模型,熟练掌握车钩部件名称,准确识别车钩三态作用,牢记车钩拆装流程,两人为一组,其中一人为主检人,另外一人为监护人,进行车钩拆装工作,未参与检查的人员在安全区域观察</td></tr>
<tr><td colspan="4">任务要求:<br>作业人员必须头戴安全帽,脚穿防砸劳保鞋,身穿工装。携带必要的拆装工具,正确规范使用工具,严格按照车钩拆装流程,进行车钩拆装作业。监护人员重点防范作业安全</td></tr>
<tr><td colspan="4">检查意见:</td></tr>
<tr><td colspan="4">签　　章:<br><br>日期:____年____月____日</td></tr>
</table>

说明:检查意见是在汇总任务评价表内容后,小组集体讨论,由担任学习小组的组长写出小组人员在任务完成过程中存在的问题,描述要准确,便于小组人员后期整改。并给出总体评价成绩[统一采用 A(优秀)、B(良好)、C(合格)、D(努力)4 个]。签章由任课教师签字确认评判成绩的合理性、公正性。

学习笔记

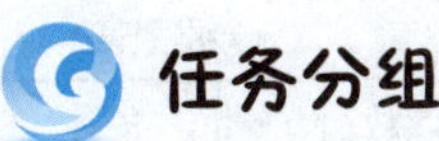

## 任务分组

请在表 5-3-2 中填写任务分工情况。

表 5-3-2　任务分配表

| 班级 | | 组号 | | 指导教师 | |
|---|---|---|---|---|---|
| 组长 | | 学号 | | | |
| 组员 | 姓名 | 学号 | 姓名 | 学号 | |
| | | | | | |
| | | | | | |
| | | | | | |
| | | | | | |
| 任务分工： | | | | | |

## 任务计划

制定工作方案，填写在表 5-3-3 中。

表 5-3-3　工作方案

| 步骤 | 工作内容 | 负责人 |
|---|---|---|
| 1 | | |
| 2 | | |
| 3 | | |
| 4 | | |
| 5 | | |
| 6 | | |

在表 5-3-4 中列出完成任务所需的材料设备。

表 5-3-4　材料清单

| 序号 | 名称 | 型号与规格 | 单位 | 数量 | 备注 |
|---|---|---|---|---|---|
| | | | | | |
| | | | | | |

学习笔记

续上表

| 序号 | 名称 | 型号与规格 | 单位 | 数量 | 备注 |
|---|---|---|---|---|---|
| | | | | | |
| | | | | | |
| | | | | | |
| | | | | | |

## 任务实施

### 一、知识储备

查阅任务关联知识,完成以下问题。(20 min)

**引导问题 1:**由于车钩很重,想一想在车钩拆装时,有哪些安全隐患,需要注意什么?

**引导问题 2:**车钩有哪些参数需要测量?钢尺如何正确使用?读数时应注意什么?

### 二、游戏热身

准备好若干小纸条,在小纸条上写上 13 号车钩组成部件名称,一人逐一念出小纸条上所写概念,各小组进行抢答,正确指出所念部件在车钩的位置,并口述其检查的内容及要求。以各组回答问题的数量(50%)、正确率(50%)判定输赢。(25 min)

### 三、任务活动

以小组为单位,熟练掌握车钩部件名称,准确识别车钩三态作用,牢记车钩拆装流程,两人为一组,其中一人为主检人,另外一人为监护人,进行车钩拆装工作,未参与检查

学习笔记

的人员在安全区域观察。考核评价标准见表 5-3-5。(90 min)

表 5-3-5 车钩拆装考核评价表

标准时间:90 min　　　　用时:

| 项目 | 考核标准 | 扣分 | 扣分次数 | 扣分合计 |
|---|---|---|---|---|
| 准备工作(A) | 1. 着装不符合要求 | 2 | | |
| | 2. 工器具拿错、少拿 | 2 | | |
| | 3. 其他错漏(每项) | 2 | | |
| 时间(B) | 1. 超过规定时间(每分钟) | 2 | | |
| | 2. 超过规定时间(2 min) | 4 | | |
| | 3. 超过规定时间(3 min) | 失格 | | |
| 作业过程(C) | 1. 操作检查测量调整方法不当或误认(每次) | 3~4 | | |
| | 2. 工序错乱(每次) | 5 | | |
| | 3. 漏拆、漏检、漏测、漏修(每次) | 5 | | |
| | 4. 零部件或工器具脱落(每次) | 5~10 | | |
| | 5. 违法或违反安全注意事项(每次) | 10 | | |
| | 6. 口述内容有遗漏、错误(每次) | 2 | | |
| | 7. 工作中返工(每次) | 10 | | |
| | 8. 作业后未按要求恢复、整理(每次) | 3 | | |
| | 9. 备注 | | | |
| 其他(D) | 1. 考委认为不当之处并指出(每次) | 2~5 | | |
| | 2. 责任性损坏工器具、设备 | 失格 | | |
| | 3. 发生工伤者 | 失格 | | |
| 总分 | 总分 = 100 − A − B − C − D | | 合计 | |

## 任务评价

各组代表展示任务完成结果,介绍任务完成过程,并填写评价表 5-3-6。

表 5-3-6 评价表

| 序号 | 评价项目 | 分值 | 自我评价 | 互相评价 | 教师评价 | 总评 |
|---|---|---|---|---|---|---|
| 1 | 学习准备 | 0~10 | | | | |
| 2 | 引导问题填写 | 0~20 | | | | |
| 3 | 任务完成质量 | 0~20 | | | | |
| 4 | 是否在规定时间完成 | 0~10 | | | | |

学习笔记

续上表

| 序号 | 评价项目 | 分值 | 自我评价 | 互相评价 | 教师评价 | 总评 |
| --- | --- | --- | --- | --- | --- | --- |
| 5 | 是否有序规范安全 | 0 ~ 10 | | | | |
| 6 | 是否主动参与互动 | 0 ~ 10 | | | | |
| 7 | 展示汇报 | 0 ~ 20 | | | | |
| 合　计 | | 100 | | | | |

## 任务拓展

以小组为单位,每组选择两名代表,工装穿戴整齐,一人作业、一人监护。严格按照车钩拆装流程进行车钩拆装作业。其他同学将车钩拆装过程录制成视频,小组同心协力,对视频进行剪辑处理。

## 任务关联知识

### 1. 工具

检查锤、小撬棍、300 mm 钢尺、1 000 mm 钢尺、内外卡钳、开口销。

### 2. 考核内容及程序

(1)(口述)准备工作:进行机车车钩的拆装作业时,须做好防溜措施,拧紧人力制动机,打好止轮器,机车前后端挂好禁动牌。

(2)将车钩提至全开位后,用手锤、小撬棍将钩舌销的开口销取下。

(3)抽出钩舌销,取下钩舌,探伤检查钩舌销无裂纹。

(4)取出锁铁及钩舌推铁,检查是否裂纹,检查钩头内腔是否有裂纹。

(5)检查钩舌销套、钩舌耳套是否松动,钩舌与钩体的上下承力面接触是否良好。

(6)用内卡钳测量钩舌销孔内径,在钢尺上读取数据;用外卡钳测量钩舌销直径,在钢尺上读取数据,报出钩舌销与销孔径向间隙数据,应符合 1 ~ 4 mm。

(7)组装车钩:装入钩舌推铁、钩锁铁,提钩提杆使钩锁铁上移,推动钩舌推铁,卡住的锁铁不下落。装入钩舌、舌销及开口销,开口销两脚打开角度为 60°。

(8)车钩组装完毕。检查车钩三态作用。

检查闭锁位,扳动车钩钩舌,钩舌被锁铁锁死,不能转动打开,锁闭位作用良好。用内卡钳量取车钩开度,在 300 mm 钢尺上读取数据,应为 110 ~ 130 mm。缓慢提起钩提杆,使锁铁上移,手动扳动钩舌至全开位,开锁良好。锁闭车钩,提起钩提杆至全开位,钩舌全部打开。用内卡钳测量车钩开度,读取数据,应为 220 ~ 250 mm。锁闭钩舌,找出车钩中心线,最后用 1 000 mm 钢尺测量车钩中心线距钢轨水平面高度应为 815 ~ 890 mm。

(9)撤除防护措施,清理作业场地。

### 3. 考核要求及标准

学习笔记

(1)车钩检修的标准时间为 90 min。(从作业开始计时)

(2)下列情况均扣分。(每次 10 分)

①应备的工具、材料遗漏。

②违反安全操作规定。

③操作过程出现遗漏、简化或返工。

(3)下列情况均为失格。

①损坏工件。

②发生工伤。

③超过规定时间 100% 。

牵引装置及牵引缓冲装置检查维护习题

# 项目六　铁道机车通风系统检查维护

## 致敬最美铁路人，铸就大国工匠心

### “钢轨神探”黄涛——练就一双“火眼金睛”

黄涛是中国铁路兰州局集团有限公司银川工务段钢轨探伤车间的一名探伤工，主要从事的工作是钢轨探伤，俗称“钢轨医生”，就是给钢轨问诊把脉，找出钢轨伤损。线路通到哪儿，探伤工作的脚步就跟到哪儿。工作20多年来，他累计行走近4万公里，相当于绕地球赤道一周，发现最小缺陷尺寸直径只有1.5毫米，相当于米粒那么大。他还曾荣获全国铁路钢轨探伤职业技能竞赛第一名的优秀成绩。

黄涛介绍，以前钢轨探伤主要是靠人力推着探伤仪徒步检测，现在由于技术的发展、设备的改进和作业模式转变，劳动强度得到很大改善。现在普速线路主要采用双轨探伤仪，高速铁路主要采用大型探伤车进行检测，单向站区一些特殊地段还是以人力徒步检测为主。他们所在的工务段管辖近2 000公里，平均每个月要对所管辖的里程检测一遍，节假日前夕要连续加班，增加探伤遍数。“工作虽然辛苦，但为了保证列车运行畅通，再苦再累都是值得的。”黄涛说。

钢轨探伤工作是个技术活，更是一个良心活，岗位虽然平凡，但责任重大。“作为探伤工，我们就是要做到‘检测一公里，放心一千米’。”黄涛自豪地说：“平时我喜欢琢磨一些小革新、小发明。你看，这款创新小工具——探头夹持装置。在平时的作业过程中，有的需要探伤的部位比较狭窄，手持探头伸不进去、够不到。这个探测小工具像手机的自拍杆，可以夹持探头进行探测，小工具解决大问题。”

2020年，黄涛全程参与银西高铁的前期探伤。银西高铁的开通标志着宁夏回族自治区正式融入国家高铁网，现在从银川到西安全程只需3个小时，非常方便快捷。

黄涛20年行走了近4万公里，这些数字见证了“钢轨神探”和工友们的坚守与付出，更见证了中国铁路的快速发展。

心得感悟：

学习笔记

# 任务一　HXN5 型内燃机车通风系统认知

## 任务导入

1. 铁道机车为什么要设置通风冷却系统？通风冷却系统有什么作用？
2. HXN5 型内燃机车正常运行时牵引电机如何散热？

## 任务目标

能描述 HXN5 型内燃机车通风系统的功能，并说出 HXN5 型内燃机车通风系统的主要设备组成。识记 HXN5 型内燃机车主要通风系统的冷却通路。

## 任务内容

任务书见表 6-1-1。

表 6-1-1　任务书

| 任务名称 | HXN5 型内燃机车通风系统认知 | 参考学时 | 2 |
|---|---|---|---|
| 任务描述：<br>查阅图书馆和网络上相关资料，阅读项目六任务一中任务关联知识；参观校内或机务段机车实物、模型，准确描述 HXN5 型内燃机车牵引电机冷却系统和辅助/交流发电机冷却系统的冷却通路。制作 PPT。各小组展示汇报，开展评比活动 | | | |
| 任务要求：<br>以小组为单位，每组 5 ~ 8 人，剖析任务内容，商定工作方案，明确成员分工，共同完成任务。小组讨论选派代表，进行汇报分享。PPT 制作要求结构、布局合理，整体色调、风格协调，图文搭配合理，切勿大段文字堆砌。分享时采用普通话，口齿清晰，声音洪亮 | | | |
| 检查意见： | | | |
| 签　章：<br><br>日期：____年____月____日 | | | |

说明：检查意见是在汇总任务评价表内容后，小组集体讨论，由担任学习小组的组长写出小组人员在任务完成过程中存在的问题，描述要准确，便于小组人员后期整改。并给出总体评价成绩[统一采用 A(优秀)、B(良好)、C(合格)、D(努力)4 个]。签章由任课教师签字确认评判成绩的合理性、公正性。

学习笔记

## 任务分组

请在表 6-1-2 中填写任务分工情况。

**表 6-1-2　任务分配表**

<table>
<tr><td>班级</td><td></td><td>组号</td><td></td><td>指导教师</td><td></td></tr>
<tr><td>组长</td><td></td><td>学号</td><td colspan="3"></td></tr>
<tr><td rowspan="5">组员</td><td>姓名</td><td>学号</td><td>姓名</td><td colspan="2">学号</td></tr>
<tr><td></td><td></td><td></td><td colspan="2"></td></tr>
<tr><td></td><td></td><td></td><td colspan="2"></td></tr>
<tr><td></td><td></td><td></td><td colspan="2"></td></tr>
<tr><td></td><td></td><td></td><td colspan="2"></td></tr>
<tr><td colspan="6">任务分工：</td></tr>
</table>

## 任务计划

制定工作方案，填写在表 6-1-3 中。

**表 6-1-3　工作方案**

| 步骤 | 工作内容 | 负责人 |
|---|---|---|
| 1 | | |
| 2 | | |
| 3 | | |
| 4 | | |
| 5 | | |
| 6 | | |

## 任务实施

### 一、知识储备

查阅任务关联知识，完成下列问题。(30 min)

学习笔记

**引导问题 1**：车体通风与独立通风的区别是什么？机车上哪些部件需要通风？

**引导问题 2**：简述离心式通风机的特点及其应用场合。

**引导问题 3**：简述轴流式通风机的特点及其应用场合。

**引导问题 4**：简述牵引电机冷却系统的通风路径。

**引导问题 5**：简述辅助/交流发电机冷却系统的通风路径。

## 二、游戏热身

准备 2 张写有牵引电机通风系统、辅助/交流发电机通风系统的小纸条。以小组为

学习笔记

单位，每组选出一名代表随机抽取其中一张小纸条，在规定时间内讨论，小组派一名组员将小纸条上所写的通风系统通风路径画在黑板上。以所画路径的正确性（40%）、画面的美观性（30%）、布局的合理性（30%）判定输赢。（25 min）

### 三、任务活动

以小组为单位，参观校内或机务段机车实物、模型，准确描述 HXN5 型内燃机车牵引电机通风系统和辅助/交流发电机通风系统的冷却通路。制作 PPT。各小组展示汇报，开展评比活动。以 PPT 制作是否精美，内容是否准确、完整，逻辑是否清晰、正确判断成绩。成绩判定标准见表 6-1-4。（35 min）

表 6-1-4　成绩判定标准

| 判定项目 | 判定标准 | 判定分值 | 得分 |
|---|---|---|---|
| 牵引电机通风系统 | 准确描述牵引电机通风系统的组成及每条通风回路的通风过程，无遗漏、无缺项、无错项 | 0 ~ 25 | |
| 辅助/交流发电机通风系统 | 准确描述辅助/交流发电机冷却系统的组成及每条通风回路的通风过程，无遗漏、无缺项、无错项 | 0 ~ 25 | |
| PPT 制作精美度 | PPT 版式新颖，采用图片、动画、视频、音频等优化，无大段文字堆砌现象 | 0 ~ 25 | |
| 汇报人仪态 | 汇报人仪态大方，口齿清晰，声音洪亮，穿着得体，普通话标准，无卡顿等情况 | 0 ~ 25 | |
| 合　计 | | 100 | |

## 任务评价

各组代表展示任务完成结果，介绍任务完成过程，并填写评价表 6-1-5。

表 6-1-5　评价表

| 序号 | 评价项目 | 分值 | 自我评价 | 互相评价 | 教师评价 | 总评 |
|---|---|---|---|---|---|---|
| 1 | 学习准备 | 0 ~ 10 | | | | |
| 2 | 引导问题填写 | 0 ~ 20 | | | | |
| 3 | 任务完成质量 | 0 ~ 20 | | | | |
| 4 | 是否在规定时间完成 | 0 ~ 10 | | | | |
| 5 | 是否有序规范安全 | 0 ~ 10 | | | | |
| 6 | 是否主动参与互动 | 0 ~ 10 | | | | |
| 7 | 展示汇报 | 0 ~ 20 | | | | |
| 合　计 | | 100 | | | | |

学习笔记

## 任务拓展

查阅资料，了解 HXN3 型内燃机车的通风系统，比较 HXN3 与 HXN5 两种内燃机车的通风系统有什么区别，制作 PPT。PPT 制作要求结构、布局合理，整体色调、风格协调，图文搭配合理，切勿大段文字堆砌。

## 任务关联知识

通风系统是机车上一个重要的系统，机车上很多设备在工作中会产生大量的热量，如果不及时散发出去，会影响电气设备的正常使用，甚至会烧毁设备，但仅凭自然通风远不能满足机车的散热要求，因此必须用通风系统对设备进行强制通风。

HXN5型内燃机车通风系统认知

### 一、通风机的类型和应用

按工作的原理，通风机可分为两大类型。

#### 1. 离心式通风机

离心式通风机又称鼓风机。离心式通风机有一个蜗壳状的壳体，在壳体内装有叶轮，叶轮由电动机驱动，如图 6-1-1 所示。

当叶轮在蜗壳内做高速旋转时，叶片间的空气也被迫做高速旋转，在离心力的作用下沿叶轮甩出来，以一定的速度沿蜗壳经出风口进入风道，由于叶轮间形成真空，外界空气不断从叶轮轴向进风口被吸入。

离心式通风机具有以下特点：

风压较大，风力比较集中，适宜较远距离通风，出风量大；但转速较低（受叶轮形状和强度的影响），效率也较低。

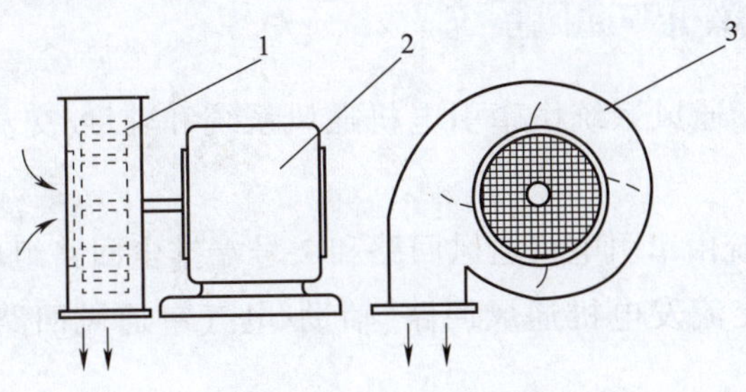


图 6-1-1 离心式通风机

1—叶轮；2—电动机；3—蜗壳

#### 2. 轴流式通风机

轴流式通风机通常称为风扇，如图 6-1-2 所示，叶轮轴与风道平行（也可不设风道），叶轮在电机驱动下高速旋转，由于叶片有一定的斜度，形成空气的轴向流动，叶轮背面形成真空，外界空气不断补入。

学习笔记

轴流式通风机具有以下特点：

风压小，风力较分散，因此不适宜远距离送风，出风量小；但转速高，效率较高。

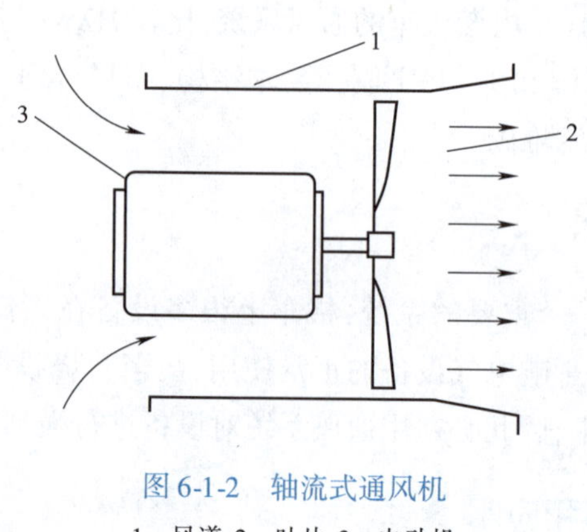


图 6-1-2　轴流式通风机

1—风道；2—叶片；3—电动机

### 3. 通风机在电力机车上的应用

离心式通风机和轴流式通风机在电力机车通风系统中均被采用。电力机车的通风机都安装在车体内部，对于一些距离车体较远的设备，如牵引电机安装在转向架上，通常用离心式通风机冷却；对于距离通风机比较近的发热设备，如制动电阻柜，通常用轴流式通风机冷却，通风效率高，节约机车内部空间。

由于机车车体空间有限，有时候会使用一台通风机冷却多台电气设备，将冷却设备分别布置于通风机的进风口或出风口。不论采用何种方式，都必须计算风道的流通阻力和冷却空气的流量，以保证冷却效果。以上两种冷却方式可以单独使用，也可混合使用。

## 二、HXN5 型内燃机车通风系统

HXN5 型内燃机车通风系统由牵引电机通风系统和辅助/交流发电机通风却系统组成。

牵引电机通风系统由牵引电机通风回路和 2 号端排尘回路组成；辅助/交流发电机通风系统由逆变器/交流发电机通风回路、辅助/电气室通风回路及 1 号端排尘回路组成。

### 1. 牵引电机通风系统

牵引电机通风系统的通风机安装在机车冷却室，其进风口 V 形架两侧共安装 12 个惯性滤清器；排尘通风机安装在牵引电机通风机边上，对柴油机进气系统及牵引电机通风机惯性滤清器进行排尘，然后向机车一侧排出。

(1)牵引电机通风回路

牵引电机通风回路工作过程如图 6-1-3 所示。牵引电机通风机通过冷却室两侧的

学习笔记

V 形滤网从车外以及冷却室内吸进空气。V 形滤网可以阻止大尺寸的杂物(如树叶、植物纤维、羽毛等)进入系统。与牵引电机通风机进口相连的空气滤清器箱内的 12 个惯性滤清器先滤清空气,经过滤清的空气再进入牵引电机通风机。牵引电机通风机把空气吹入压力风道。压力风道设在主车架内,沿机车长度方向全程延伸。6 台牵引电机的每一台与机车主车架间连有挠性空气管道,用来引导空气流过牵引电机。空气为牵引电机内部零件提供冷却,通过设在每台牵引电机端部的通气口排出。在牵引电机(TM1 ~ TA6)回路中,也通过橡胶软管为空气压缩机提供空气。

(2)2 号端排尘回路

冷却室通风机前 V 形架上安装的惯性滤清器分离出去的灰尘被抽到排尘风机,并吹到冷却器室的外面。

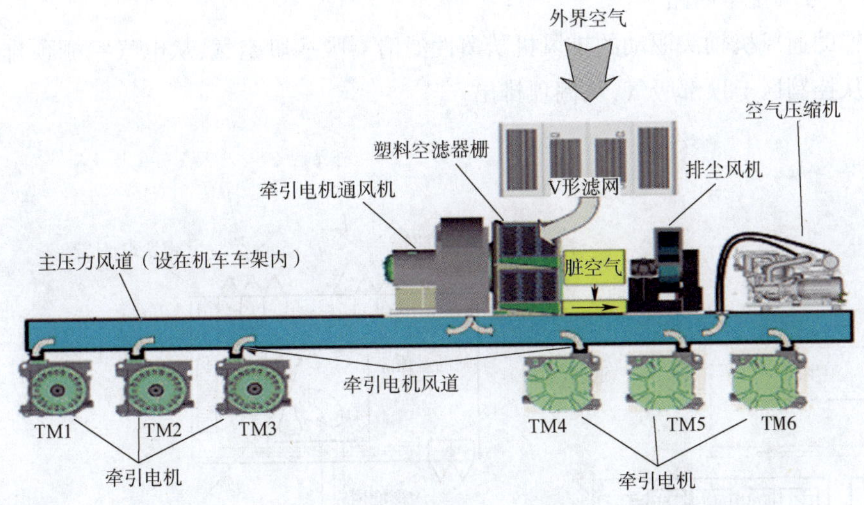


图 6-1-3 牵引电机通风回路

**2. 辅助/交流发电机通风系统**

辅助/交流发电机通风系统工作过程如图 6-1-4 所示。通风机及排尘风机共用一个电机,二者安装于密封的风机室,风机室两侧共布置 8 个惯性滤清器(机车 A 侧 6 个,B 侧2 个),保证进风空气的清洁度。排尘风机出风口朝上,通过机车顶盖向外排尘。

辅助/交流发电机冷却系统由逆变器/交流发电机通风回路、辅助/电气室通风回路及 1 号端排尘回路组成。

交流发电机及辅助室通风机通过上辅助室每侧的 V 形滤网把空气吸入系统。V 形滤网能防止大的杂物进入系统。接下来,空气流过两侧的 8 个惯性滤清器。惯性滤清器能滤除空气中细小的污物颗粒。经过滤清的洁净空气进入风机室。

交流发电机风机接收清洁空气后,把它分成两路,分别进入逆变器组及辅助室。

(1)逆变器/交流发电机通风回路

来自通风机经滤清的洁净空气穿过风道进入逆变器,经过牵引逆变器背面和整流装

学习笔记

置背面的散热片。当空气经过时热量就从散热片传给了空气。空气从逆变器背后流出，经过另一个空气管道进入交流发电机。空气从交流发电机流出后进入柴油机室加压，把污物排出。

(2)辅助/电气室通风回路

来自通风机经滤清的另一股洁净空气穿过 5 个罐状纸质空气滤清器进入辅助室。这些滤清元件能滤掉粒径大于 6 μm 的颗粒。从空气滤清器出来的洁净空气在辅助室又分成两路。一路进入控制区 1(CA1)，该控制区包含一个称为集成式输入输出板的计算机模块，使该计算机模块得到充分的冷却。计算机模块下面设有一组通风孔，用于提供冷却空气。另一路经过辅助室内进入电子设备，从电子设备流出的空气进入辅助室，给辅助室加压，使污物排出去，并提供冷却。

(3)1 号端排尘回路

由辅助通风机轴头驱动的排风机从惯性滤清器吸入脏空气，从电气室棚顶排出。排风机也从控制区 1 顶部吸气，从棚顶排出。

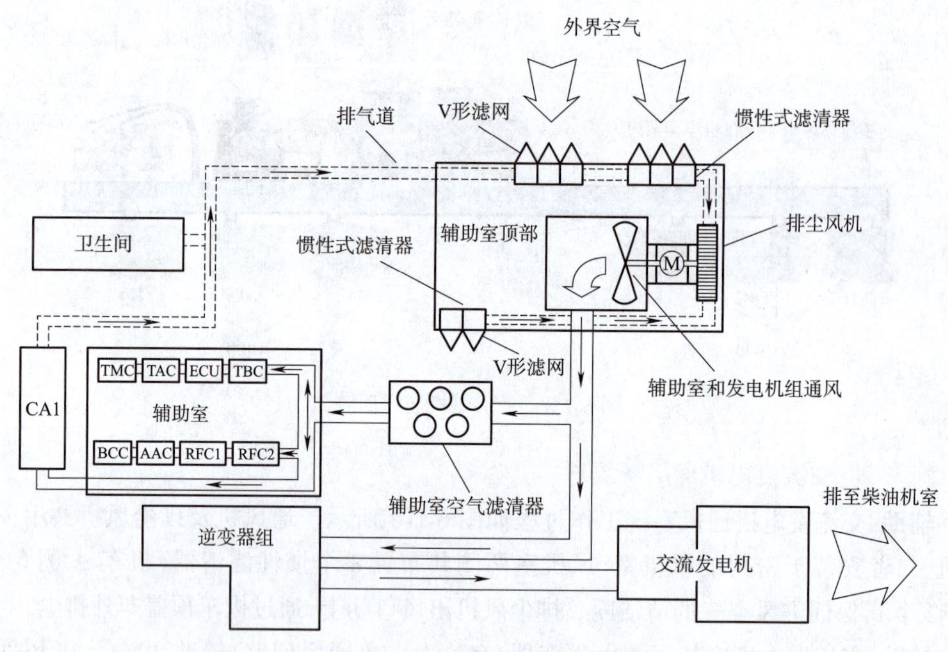


图 6-1-4　辅助/交流发电机通风回路

## 任务二　SS4G 型电力机车通风系统认知

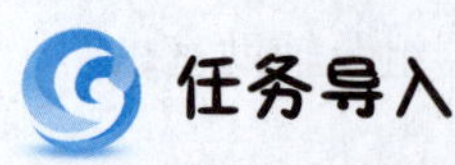

### 任务导入

1. SS4G 型电力机车正常运行时哪些设备发热比较严重？

学习笔记

2. SS4G 型电力机车上的电气设备主要采用什么冷却方式？

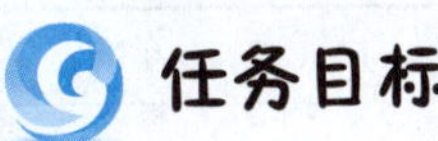

## 任务目标

能描述 SS4G 型电力机车通风系统的功能、类型及应用，并说出 SS4G 型电力机车通风系统的主要设备组成。识记 SS4G 型电力机车主要通风系统的冷却通路。

## 任务内容

任务书见表 6-2-1。

表 6-2-1 任务书

| 任务名称 | SS4G 型电力机车通风系统认知 | 参考学时 | 2 |
|---|---|---|---|
| 任务描述：<br>查阅图书馆和网络上相关资料，阅读项目六任务二中任务关联知识；参观校内或机务段机车实物、模型，准确描述 SS4G 型电力机车牵引、制动、主变压器三大通风系统的冷却通路。制作 PPT。各小组展示汇报，开展评比活动 | | | |
| 任务要求：<br>以小组为单位，每组 5～8 人，剖析任务内容，商定工作方案，明确成员分工，共同完成任务。小组讨论选派代表，进行汇报分享。PPT 制作要求结构、布局合理，整体色调、风格协调，图文搭配合理，切勿大段文字堆砌。分享时采用普通话，口齿清晰，声音洪亮 | | | |
| 检查意见： | | | |
| 签　　章：<br><br>日期：____年____月____日 | | | |

说明：检查意见是在汇总任务评价表内容后，小组集体讨论，由担任学习小组的组长写出小组人员在任务完成过程中存在的问题，描述要准确，便于小组人员后期整改。并给出总体评价成绩[统一采用 A(优秀)、B(良好)、C(合格)、D(努力)4 个]。签章由任课教师签字确认评判成绩的合理性、公正性。

## 任务分组

请在表 6-2-2 中填写任务分工情况。

学习笔记

**表 6-2-2　任务分配表**

| 班级 | | 组号 | | 指导教师 | |
|---|---|---|---|---|---|
| 组长 | | 学号 | | | |
| 组员 | 姓名 | 学号 | 姓名 | 学号 | |
| | | | | | |
| | | | | | |
| | | | | | |
| | | | | | |
| 任务分工： | | | | | |

## 任务计划

制定工作方案，填写在表 6-2-3 中。

**表 6-2-3　工作方案**

| 步骤 | 工作内容 | 负责人 |
|---|---|---|
| 1 | | |
| 2 | | |
| 3 | | |
| 4 | | |
| 5 | | |
| 6 | | |

## 任务实施

### 一、知识储备

查阅任务关联知识，完成下列问题。(35 min)

**引导问题 1：**完成下列填空题。

(1)SS$_{4G}$ 型电力机车采用________，自然风由侧墙吸入车体内，再自行分配进入各风道。

(2)SS$_{4G}$ 型电力机车采用传统的车体通风方式，每节车分为三大通风系统：牵引通风

学习笔记

系统、________和制动通风系统，共设置2台离心式风机、3台轴流式风机。

(3) SS4G型电力机车牵引通风系统冷却对象为________________________。

(4) SS4G型电力机车牵引通风系统采用________式通风机，每节机车2台。

(5) SS4G型电力机车主变压器通风系统冷却对象为________________________。

(6) SS4G型电力机车主变压器通风系统采用________式通风机，每节机车1台。

(7) SS4G型电力机车制动通风系统冷却对象为________________________。

(8) SS4G型电力机车制动通风系统采用________式通风机，每节机车2台。

**引导问题2**：完成下列选择题。

(1) SS4G型电力机车牵引通风系统，每节机车设置(　　)台离心式通风机。

A. 1　　B. 2　　C. 3　　D. 4

(2) SS4G型电力机车主变压器通风系统，每节机车设置(　　)台轴流式通风机。

A. 1　　B. 2　　C. 3　　D. 4

(3) SS4G型电力机车制动通风系统，每节机车设置(　　)台轴流式通风机。

A. 1　　B. 2　　C. 3　　D. 4

**引导问题3**：简述机车牵引通风系统通风路径。

**引导问题4**：简述机车主变压器通风系统通风路径。

**引导问题5**：简述机车制动通风系统通风路径。

学习笔记

## 二、游戏热身

准备3张写有牵引通风系统、主变压器通风系统、制动通风系统的小纸条。以小组为单位，每组选出一名代表随机抽取其中一张小纸条，在规定时间内讨论，小组派一名组员将小纸条上所写的通风系统的通风路径画在黑板上。以所画路径的正确性（40%）、画面的美观性（30%）、布局的合理性（30%）判定输赢。（25 min）

## 三、任务活动

以小组为单位，参观校内或机务段机车实物、模型，准确描述 $SS_{4G}$ 型电力机车牵引、制动、主变压器三大通风系统的冷却通路。制作 PPT。各小组展示汇报，开展评比活动。以 PPT 制作是否精美，内容是否准确、完整，逻辑是否清晰、正确判断成绩。成绩判定标准见表6-2-4。（30 min）

表 6-2-4　成绩判定标准

| 判定项目 | 判定标准 | 判定分值 | 得分 |
| --- | --- | --- | --- |
| 牵引通风系统 | 准确描述牵引通风系统的组成及每条通风回路的通风过程，无遗漏、无缺项、无错项 | 0～20 | |
| 主变压器通风系统 | 准确描述主变压器通风系统的组成及每条通风回路的通风过程，无遗漏、无缺项、无错项 | 0～20 | |
| 制动通风系统 | 准确描述制动通风系统的组成及每条通风回路的通风过程，无遗漏、无缺项、无错项 | 0～20 | |
| PPT 制作精美度 | PPT 版式新颖，采用图片、动画、视频、音频等优化，无大段文字堆砌现象 | 0～20 | |
| 汇报人仪态 | 汇报人仪态大方，口齿清晰，声音洪亮，穿着得体，普通话标准，无卡顿等情况 | 0～20 | |
| 合　计 | | 100 | |

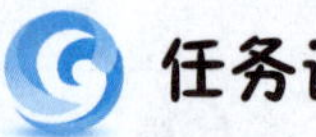

## 任务评价

各组代表展示任务完成结果，介绍任务完成过程，并填写评价表6-2-5。

表 6-2-5　评价表

| 序号 | 评价项目 | 分值 | 自我评价 | 互相评价 | 教师评价 | 总评 |
| --- | --- | --- | --- | --- | --- | --- |
| 1 | 学习准备 | 0～10 | | | | |
| 2 | 引导问题填写 | 0～20 | | | | |

学习笔记

续上表

| 序号 | 评价项目 | 分值 | 自我评价 | 互相评价 | 教师评价 | 总评 |
|---|---|---|---|---|---|---|
| 3 | 任务完成质量 | 0～20 | | | | |
| 4 | 是否在规定时间完成 | 0～10 | | | | |
| 5 | 是否有序规范安全 | 0～10 | | | | |
| 6 | 是否主动参与互动 | 0～10 | | | | |
| 7 | 展示汇报 | 0～20 | | | | |
| 合计 | | 100 | | | | |

## 任务拓展

查阅资料，了解时速 160 km 动力集中动车组通风冷却系统，撰写小论文，字数不少于 800 字。

## 任务关联知识

SS4G 型电力机车采用传统的车体通风方式，每节车分为三大通风系统：牵引通风系统、主变压器通风系统和制动通风系统，共设置 2 台离心式风机、3 台轴流式风机。采用双侧走廊侧墙大面积双层 V 形百叶窗（图 6-2-1）进风，为了减轻质量，百叶窗采用铝合金材料，过滤器过滤材料由原来的天然棕丝胶合物全部改为无纺合成棉新材料，增强了耐冲洗度。过滤器每单元进风面积为 0.65 $m^2$，每节车 22 块过滤器，总进风面积为 14.3 $m^2$。

SS4G型电力机车通风系统认知

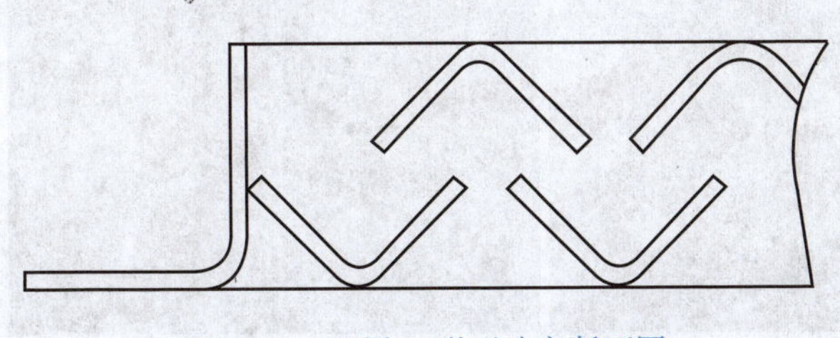
图 6-2-1　双层 V 形百叶窗断面图

### 1. 牵引通风系统

每节车的牵引通风系统由两个独立且完全相同通风支路组成，冷却对象为牵引电机、整流硅机组和 PFC 电容柜。采用离心式通风机，每节机车 2 台，如图 6-2-2 所示。

其冷却通路为：

车外冷空气→侧墙百叶窗→滤尘网→1 号整流装置→1 号 PFC 电容柜→1 号牵引通风机→1、2 位牵引电机→车底大气。

学习笔记

车外冷空气→侧墙百叶窗→滤尘网→2 号整流装置→2 号 PFC 电容柜→2 号牵引通风机→3、4 位牵引电机→车底大气。

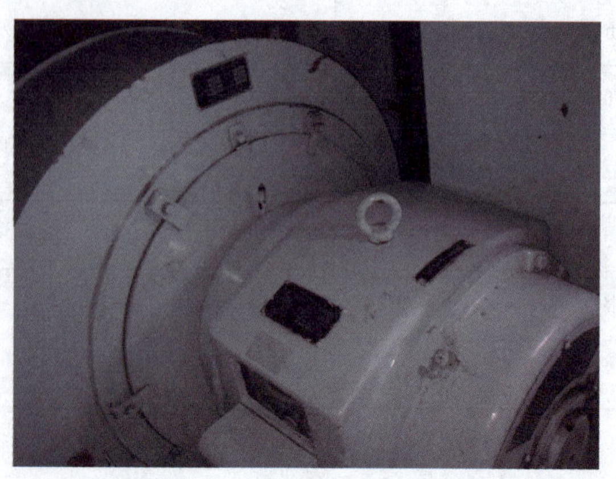

图 6-2-2 SS4G 型电力机车牵引通风机

### 2. 主变压器通风系统

主变压器通风系统仅有一个通风支路，冷却对象为主变压器和平波电抗器（两者都在油箱内），采用轴流式通风机，每节机车 1 台，如图 6-2-3 所示。

其冷却通路为：

车外冷空气→侧墙百叶窗→滤尘网→主变压器油散热器→变压器通风机→车顶百叶窗→车顶大气。

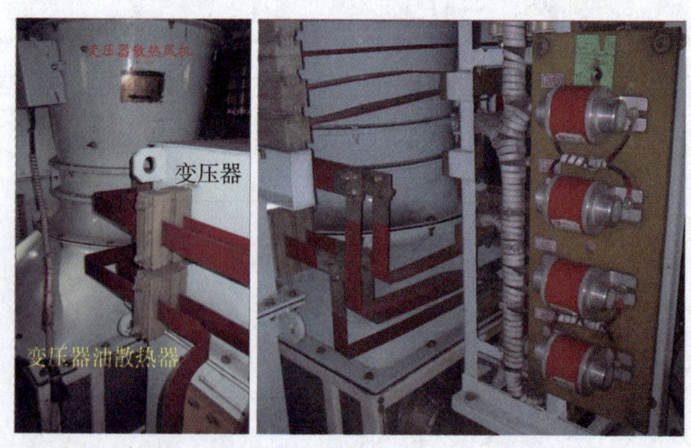


图 6-2-3 SS4G 型电力机车主变压器通风系统

### 3. 制动通风系统

制动通风系统每节机车有两个独立的且完全相同的通风支路，冷却对象为制动电阻柜，采用轴流式通风机（图 6-2-4），每节机车共 2 台。

其冷却通路为：

车底冷空气→进风口（不过滤）→Ⅰ端制动通风机→风道→Ⅰ端制动电阻柜→车顶

学习笔记

百叶窗→车顶大气。

车底冷空气→进风口(不过滤)→Ⅱ端制动通风机→风道→Ⅱ端制动电阻柜→车顶百叶窗→车顶大气。

图 6-2-4　SS4G 型电力机车制动通风机

# 任务三　HXD3 型电力机车通风系统认知

## 任务导入

1. HXD3 型电力机车正常运行时哪些设备发热比较严重?
2. HXD3 电力机车上的电气设备主要采用什么冷却方式?复合冷却器的作用是什么?

## 任务目标

了解 HXD3 电力机车通风系统的总体概况,重点掌握主变压器与主变流器复合冷却通风系统、牵引电机通风系统、辅助变流器通风系统、司机室通风系统的通风路径,并对机车的空气过滤装置有一定了解。

## 任务内容

任务书见表 6-3-1。

表 6-3-1　任务书

| 任务名称 | HXD3 型电力机车通风系统认知 | 参考学时 | 2 |
|---|---|---|---|
| 任务描述:<br>查阅图书馆和网络上相关资料,阅读项目六任务三中任务关联知识;参观校内或机务段机车实物、模型,准确描述 HXD3 型电力机车通风系统的组成及冷却通路。制作 PPT。各小组展示汇报,开展评比活动 | | | |

学习笔记

续上表

<table>
<tr><td>任务要求：<br>以小组为单位，每组 5～8 人，剖析任务内容，商定工作方案，明确成员分工，共同完成任务。小组讨论选派代表，进行汇报分享。PPT 制作要求结构、布局合理，整体色调、风格协调，图文搭配合理，切勿大段文字堆砌。分享时采用普通话，口齿清晰，声音洪亮</td></tr>
<tr><td>检查意见：</td></tr>
<tr><td>签　　章：<br><br>日期：____年____月____日</td></tr>
</table>

说明：检查意见是在汇总任务评价表内容后，小组集体讨论，由担任学习小组的组长写出小组人员在任务完成过程中存在的问题，描述要准确，便于小组人员后期整改。并给出总体评价成绩[统一采用A（优秀）、B（良好）、C（合格）、D（努力）4 个]。签章由任课教师签字确认评判成绩的合理性、公正性。

## 任务分组

请在表 6-3-2 中填写任务分工情况。

表 6-3-2　任务分配表

<table>
<tr><td>班级</td><td></td><td>组号</td><td></td><td>指导教师</td><td></td></tr>
<tr><td>组长</td><td></td><td>学号</td><td colspan="3"></td></tr>
<tr><td rowspan="5">组员</td><td>姓名</td><td>学号</td><td>姓名</td><td colspan="2">学号</td></tr>
<tr><td></td><td></td><td></td><td colspan="2"></td></tr>
<tr><td></td><td></td><td></td><td colspan="2"></td></tr>
<tr><td></td><td></td><td></td><td colspan="2"></td></tr>
<tr><td></td><td></td><td></td><td colspan="2"></td></tr>
<tr><td colspan="6">任务分工：</td></tr>
</table>

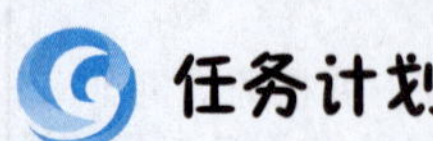

## 任务计划

制定工作方案，填写在表 6-3-3 中。

学习笔记

表 6-3-3 工作方案

| 步骤 | 工作内容 | 负责人 |
|---|---|---|
| 1 | | |
| 2 | | |
| 3 | | |
| 4 | | |
| 5 | | |
| 6 | | |

# 任务实施

## 一、知识储备

查阅任务关联知识,完成下列问题。(40 min)

**引导问题 1:**完成下列填空题。

(1)$HXD_3$ 型电力机车牵引电机通风系统有______台通风机。

(2)$HXD_3$ 型电力机车采用______通风,设置通风专用风道,便于集中去尘,空气净化效果较好。

(3)$HXD_3$ 型电力机车的通风系统采用独立通风系统,按______布置在机车中间走廊两侧。

(4)$HXD_3$ 型电力机车的 2 台辅助变流器装置,分别安装在________,具有各自独立的通风冷却系统。

**引导问题 2:**$HXD_3$ 型电力机车有哪些通风冷却系统?

________________________________________

________________________________________

________________________________________

________________________________________

________________________________________

**引导问题 3:**简述司机室通风系统通风路径。

________________________________________

________________________________________

________________________________________

学习笔记

**引导问题4**：机械间设置通风机的目的是什么？

## 二、游戏热身

准备7张写有牵引电机通风系统、主变压器与牵引变流器复合冷却通风系统、辅助变流器通风系统、列车供电柜通风系统、司机室通风系统、卫生间通风系统、空压机通风系统、机械间通风系统的小纸条。以小组为单位，每组选出一名代表随机抽取其中一张小纸条，在规定时间内讨论，小组派一名组员将小纸条上所写的通风系统的通风路径画在黑板上。以所画路径的正确性(40%)、画面的美观性(30%)、布局的合理性(30%)判定输赢。(25 min)

## 三、任务活动

以小组为单位，参观校内或机务段机车实物、模型，准确描述$HXD_3$型电力机车通风系统的组成及冷却通路。制作PPT。各小组展示汇报，开展评比活动。以PPT制作是否精美，内容是否准确、完整，逻辑是否清晰、正确判定成绩。成绩判定标准见表6-3-4。(30 min)

**表6-3-4 成绩判定标准**

| 判定项目 | 判定标准 | 判定分值 | 得分 |
|---|---|---|---|
| 牵引电机通风系统 | 准确描述通风系统的组成及通风路径，内容无遗漏、无缺项、无错项 | 0~8 | |
| 主变压器与牵引变流器复合冷却通风系统 | 准确描述通风系统的组成及通风路径，内容无遗漏、无缺项、无错项 | 0~8 | |
| 辅助变流器通风系统 | 准确描述通风系统的组成及通风路径，内容无遗漏、无缺项、无错项 | 0~8 | |
| 列车供电柜通风系统 | 准确描述通风系统的组成及通风路径，内容无遗漏、无缺项、无错项 | 0~8 | |

续上表

| 判定项目 | 判定标准 | 判定分值 | 得分 |
|---|---|---|---|
| 司机室通风系统 | 准确描述通风系统的组成及通风路径，内容无遗漏、无缺项、无错项 | 0～8 | |
| 卫生间通风系统 | 准确描述通风系统的组成及通风路径，内容无遗漏、无缺项、无错项 | 0～4 | |
| 空压机通风系统 | 准确描述通风系统的组成及通风路径，内容无遗漏、无缺项、无错项 | 0～8 | |
| 机械间通风系统 | 准确描述通风系统的组成及通风路径，内容无遗漏、无缺项、无错项 | 0～8 | |
| PPT 制作精美度 | PPT 版式新颖，采用图片、动画、视频、音频等优化，无大段文字堆砌现象 | 0～20 | |
| 汇报人仪态 | 汇报人仪态大方，口齿清晰，声音洪亮，穿着得体，普通话标准，无卡顿等情况 | 0～20 | |
| 合　计 | | 100 | |

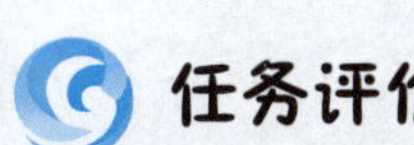

## 任务评价

各组代表展示任务完成结果，介绍任务完成过程，并填写评价表 6-3-5。

表 6-3-5　评价表

| 序号 | 评价项目 | 分值 | 自我评价 | 互相评价 | 教师评价 | 总评 |
|---|---|---|---|---|---|---|
| 1 | 学习准备 | 0～10 | | | | |
| 2 | 引导问题填写 | 0～20 | | | | |
| 3 | 任务完成质量 | 0～20 | | | | |
| 4 | 是否在规定时间完成 | 0～10 | | | | |
| 5 | 是否有序规范安全 | 0～10 | | | | |
| 6 | 是否主动参与互动 | 0～10 | | | | |
| 7 | 展示汇报 | 0～20 | | | | |
| 合　计 | | 100 | | | | |

## 任务拓展

查阅资料，了解高速动车组 CRH380A/380B 通风冷却系统，撰写小论文，字数不少于 800 字。

学习笔记

## 任务关联知识

HXD3型电力机车通风系统认知

### 一、概述

HXD3 型电力机车通风系统的主要特点如下：

1. 采用独立通风冷却技术，具有结构简单、进风面积大、风阻小、各通风风量分配均匀等特点。

2. 冷却空气净化效果较好，如牵引电机通风系统采用惯性过滤器，并有自动排尘功能。

3. 主变压器油冷却和牵引变流器水冷却使用复合冷却器。

4. 通风机组使用进口单列深沟球轴承，具有较高密封性，防尘性能好，平时无须加润滑脂，日常维护方便，运用寿命长。

### 二、HXD3 型电力机车通风系统组成及风量分配

#### 1. 组成

HXD3 型电力机车通风系统主要包括：

(1)牵引电机(M1 ~ M6)通风系统。

(2)主变压器(MT1)与牵引变流器(UM1、UM2)复合冷却通风系统。

(3)辅助变流器(UA11、UA12)通风系统。

(4)列车供电柜通风系统。

(5)司机室通风(EV11、EV12)系统。

(6)卫生间通风系统。

(7)空压机通风散热系统。

(8)机车机械间通风系统。

#### 2. 风量分配

HXD3 电力型机车的通风系统采用独立通风系统，按机车纵向中心线斜对称布置在机车中间走廊两侧。司机室通风系统布置在两端司机室内。各通风系统有各自相对独立的通风部件和管道，各通风系统相互不影响，进风量均匀，不需进行风量再分配。

### 三、牵引电机通风系统

HXD3 型电力机车牵引电机通风系统有 6 台通风机，每一台通风机分别用来冷却一台牵引电机，室外的空气经过过滤器、进气间、通风机、风机底座，在风机底座分成三个通风道，分别通过软管和牵引电机的入口相连接。

每组牵引电机通风支路空气走向如下：

车外大气（5.5 $m^3/s$）→离心沉降式过滤器→棕纤维过滤器→车顶进气间→

学习笔记

通风机→风机底座→车体风道→连接软管→牵引电机→大气，如图 6-3-1 所示。

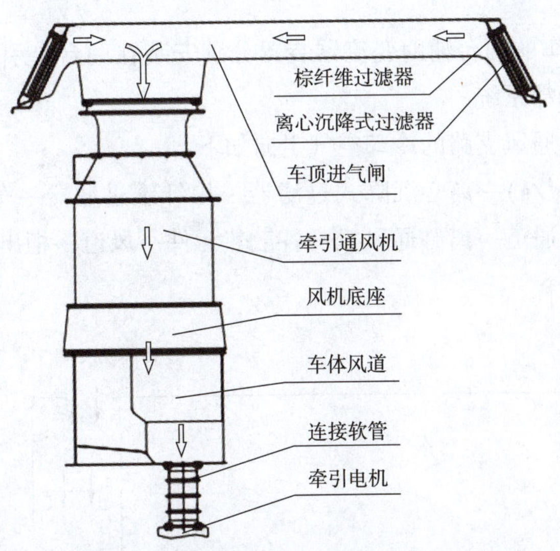


图 6-3-1 牵引电机通风系统工作示意

## 四、复合冷却通风系统

两台由复合冷却通风机组等部件组成的复合冷却通风系统分别对两台复合冷却器进行独立冷却。

每台复合冷却通风支路的冷却空气走向如下：

车外空气(6.5 $m^3/s$)→离心沉降式过滤器→侧墙板式粗滤器→车顶进气间→复合冷却器风机组→异径风道→复合冷却器→车底大气，如图 6-3-2 所示。

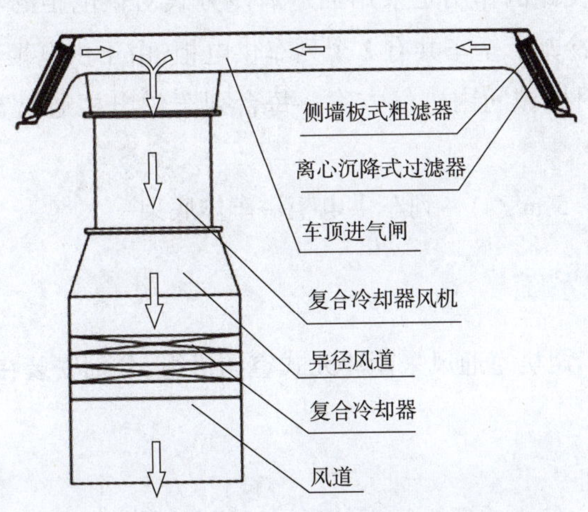


图 6-3-2 复合冷却通风系统工作示意

学习笔记

## 五、辅助变流器通风系统

HXD3 型电力机车的两台辅助变流器装置分别安装在两台牵引变流器装置柜内，具有各自独立的通风冷却系统。

每台辅助变流器通风支路的冷却空气走向如下：

车外空气（0.5 $m^3/s$）→离心沉降式过滤器→棕纤维过滤器→车顶进气间→辅助变流器装置柜进风口→通道→离心通风机→各散热元件→风道→柜出风口→车底大气，如图 6-3-3 所示。

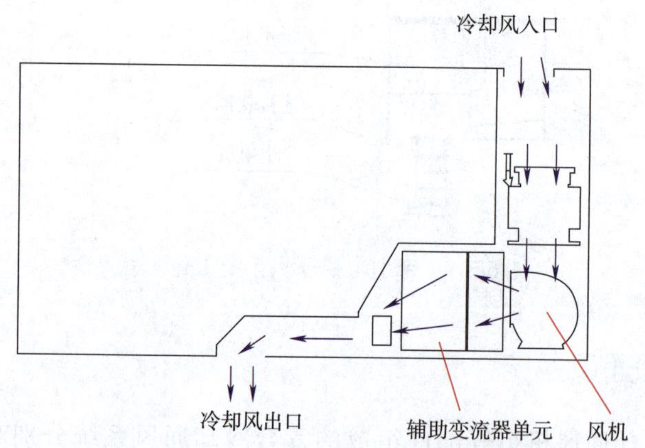


图 6-3-3　辅助变流器通风冷却系统工作示意

## 六、列车供电柜通风系统

列车供电柜通风支路的作用是采用强迫风冷方式对供电柜的功率开关器件和电抗器等发热电器件进行冷却。全车共有 2 个列车供电柜，由于供电柜不允许冷却空气中含有水珠及灰尘，故采用机械间内进气方案。每台列车供电柜通风支路的冷却空气走向如下：

机械间进气（约 1.5 $m^3/s$）→列车供电柜→车体底架→大气。

## 七、司机室通风系统

HXD3 型电力机车司机室通风采用单元式空调机组，分别安装在机车Ⅰ、Ⅱ端司机室前端罩板内。

降温通风支路：

司机室内的循环空气由空调机组内的通风机组经过装有滤尘网的回风道吸入，并与外界的新鲜空气混合，在通过空调机组内的蒸发器后，冷空气经过出风口处的可调出风栅送入司机室内。制冷系统连续工作，使车内温度逐渐降低，从而达到制冷、除湿的目

学习笔记

的，车内空气温度由控制器自动进行控制。

升温通风支路：

司机室内的循环空气被空调机组内通风机吸入，通过空调机组内的电加热器加热，被加热的空气由通风机送入司机室内，使司机室内温度上升。

## 八、卫生间通风系统

机车内设有一个卫生间。车内空气经过卫生间侧壁的电动排风扇进入卫生间内，再经过卫生间顶部的格栅将空气排到车顶进气间并排出车外。

## 九、空压机通风散热系统

空压机通风散热采用机械间进气，冷却空压机后，冬季热空气排到车内，并由车体排气口排出车外；夏季热空气直接通过风道排出车外。

## 十、机械间通风系统

在机械间顶部布置了两个车体通风机，分别往机械间吹风，其主要作用首先是保证机械间始终有一正压，约为70 Pa；其次是保证提供空气压缩机、卫生间等所需的清洁空气；第三带走机械间电气设备所散发的热量。

风扇吹入机械间的风量约4 $m^3/s$，通过车体底架排出约1 $m^3/s$。机械间内有一压力平衡装置，当机械间压力超过70 Pa时，在压力作用下自动打开平衡装置的排气门，降低车内压力。

# 任务四　HXD3型电力机车复合冷却通风系统设备检查

### 任务导入

1. 司机是如何对通风系统设备进行检查的？
2. 检查的顺序如何？
3. 检查的方法是什么？

### 任务目标

进一步熟悉HXD3型电力机车通风系统，掌握HXD3型电力机车复合冷却通风系统设备检查技能。

## 任务内容

任务书见表 6-4-1。

**表 6-4-1　任务书**

<table>
<tr><td>任务名称</td><td>HXD3 电力机车复合冷却通风系统设备检查</td><td>参考学时</td><td>2</td></tr>
<tr><td colspan="4">任务描述：<br>查询图书馆和网络上相关资料，阅读项目六任务四中任务关联知识。小组讨论，熟练掌握复合冷却通风系统组成结构及各设备安装位置，牢记通风机、电机等关键部件检修内容和要求。2 人为 1 组，其中 1 人为主检人，另外 1 人为监护人。展开复合冷却通风系统检查工作，未参与检查的人员在安全区域观察</td></tr>
<tr><td colspan="4">任务要求：<br>检查人员必须头戴安全帽，脚穿防砸劳保鞋，身穿工装。携带必要的检查工具，采用正确的走姿、站位、手势、标准用语，开展复合冷却通风系统检查作业</td></tr>
<tr><td colspan="4">检查意见：</td></tr>
<tr><td colspan="4">签　章：<br>日期：　　年　　月　　日</td></tr>
</table>

说明：检查意见是在汇总任务评价表内容后，小组集体讨论，由担任学习小组的组长写出小组人员在任务完成过程中存在的问题，描述要准确，便于小组人员后期整改。并给出总体评价成绩[统一采用 A(优秀)、B(良好)、C(合格)、D(努力)4 个]。签章由任课教师签字确认评判成绩的合理性、公正性。

## 任务分组

请在表 6-4-2 中填写任务分工情况。

**表 6-4-2　任务分配表**

<table>
<tr><td>班级</td><td></td><td>组号</td><td></td><td>指导教师</td><td></td></tr>
<tr><td>组长</td><td></td><td>学号</td><td colspan="3"></td></tr>
<tr><td rowspan="5">组员</td><td>姓名</td><td>学号</td><td colspan="2">姓名</td><td>学号</td></tr>
<tr><td></td><td></td><td colspan="2"></td><td></td></tr>
<tr><td></td><td></td><td colspan="2"></td><td></td></tr>
<tr><td></td><td></td><td colspan="2"></td><td></td></tr>
<tr><td></td><td></td><td colspan="2"></td><td></td></tr>
<tr><td colspan="6">任务分工：</td></tr>
</table>

学习笔记

## 任务计划

制定工作方案，填写在表 6-4-3 中。

表 6-4-3 工作方案

| 步骤 | 工作内容 | 负责人 |
|---|---|---|
| 1 | | |
| 2 | | |
| 3 | | |
| 4 | | |
| 5 | | |
| 6 | | |

在表 6-4-4 中列出完成任务所需的材料设备。

表 6-4-4 材料清单

| 序号 | 名称 | 型号与规格 | 单位 | 数量 | 备注 |
|---|---|---|---|---|---|
| | | | | | |
| | | | | | |
| | | | | | |
| | | | | | |
| | | | | | |
| | | | | | |

## 任务实施

### 一、知识储备

仔细阅读任务关联知识中 $HXD_3$ 型电力机车复合冷却通风系统设备检查相关内容，并对认为重要的地方最好标记。(20 min)

**引导问题：**结合去机务段、车辆段等企业实习的经历，想一想进入空间相对狭小的机械间对复合冷却通风系统重要设备检查会有哪些安全风险，提出规避风险的措施？(10 min)

______

______

______

学习笔记

## 二、任务实施

有序进入机械间,对复合冷却通风系统按照检查顺序进行检查,注意要做到“眼看到、手指到、口呼道、心想到”。检查人员填写检查结果,监考人员填写检查用时及得分。成绩判定标准及评分表见表6-4-5。(30 min)

表6-4-5 复合冷却通风系统设备检查及评分表

| 姓名 | | 机/型号 | | 监考人签字 | |
|---|---|---|---|---|---|
| 时间 | 起: 止: 用时: | | | | |
| 序号 | 检查项目 | 结果记录 | | 用 时 | 得 分 |
| 1 | 通风机外观 | □外观良好<br>□异常( ) | | | |
| 2 | 通风机螺栓 | □螺栓齐全、螺母无松动<br>□异常( ) | | | |
| 3 | 通风机叶轮 | □叶轮平衡<br>□异常( ) | | | |
| 4 | 通风机叶轮和导风板的间隙 | □间隙正常<br>□异常( ) | | | |
| 5 | 电机外观 | □外观良好<br>□异常( ) | | | |
| 6 | 电机螺栓 | □螺栓齐全、螺母无松动<br>□异常( ) | | | |
| 7 | 电机各端子 | □端子无松动、螺钉齐全,绝缘电阻10 MΩ以上<br>□异常( ) | | | |
| 8 | 电机蝶形弹簧装置 | □蝶形弹簧装置无损伤、疲劳等现象<br>□异常( ) | | | |
| 9 | 电机轴承套 | □轴承套有无磨耗<br>□异常( ) | | | |
| 10 | 电机垫圈 | □垫圈无裂痕等不良现象<br>□异常( ) | | | |
| | | 合 计 | | | |
| 备注 | 1. 检查人员准备及进入机械间时间5 min<br>2. 每项检查限时2 min,每超2 min扣3分,超5 min失格<br>3. 每个设备检查得分5分 | | | | |

## 任务评价

各组代表展示任务完成结果，介绍任务完成过程，并完成评价表6-4-6。

表6-4-6　评价表

| 序号 | 评价项目 | 分值 | 自我评价 | 互相评价 | 教师评价 | 总评 |
|---|---|---|---|---|---|---|
| 1 | 学习准备 | 0～10 | | | | |
| 2 | 引导问题填写 | 0～20 | | | | |
| 3 | 任务完成质量 | 0～20 | | | | |
| 4 | 是否在规定时间完成 | 0～10 | | | | |
| 5 | 是否有序规范安全 | 0～10 | | | | |
| 6 | 是否主动参与互动 | 0～10 | | | | |
| 7 | 展示汇报 | 0～20 | | | | |
| 合　计 | | 100 | | | | |

## 任务拓展

以小组为单位，每组选择一名代表，工装穿戴整齐，规范展开复合冷却通风系统检查。将小组检查过程录制成视频，小组同心协力，对视频进行剪辑处理。

## 任务关联知识

### 一、作业前的准备

1. 劳动防护用品穿戴整齐。按要求穿好工作服、防油鞋，戴好安全帽，系好安全带。

2. 做好安全防护措施。停放制动装置处于制动位，在车体外侧醒目位置插上禁动红旗，在车轮下方放置止轮器。

### 二、复合冷却通风系统设备检查(表6-4-7)

表6-4-7　复合冷却通风系统设备检查内容及方法

| 设备 | 序号 | 部件名称 | 检查内容及要求 | 方法 |
|---|---|---|---|---|
| 通风机 | 1 | 外观 | 各部件无损坏、无变形及灰尘附着，并清扫各部件 | 目视<br>手动 |
| | 2 | 螺栓 | 各安装螺栓齐全、螺母无松动 | 目视<br>手动 |
| | 3 | 叶轮 | 用手轻轻扳动叶轮，叶轮不会停在同一位置。如果停在同一位置，是叶轮不平衡的表现，因此要确认有无平衡配重，并清扫叶片 | 目视<br>手动 |
| | 4 | 叶轮和导风板的间隙 | 叶轮和导风板的间隙最低2 mm(用塞规等工具进行测量) | 目视<br>测量 |

学习笔记

铁道机车通风系统检查维护习题

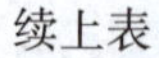

续上表

| 设备 | 序号 | 部件名称 | 检查内容及要求 | 方法 |
|---|---|---|---|---|
| 电机 | 5 | 外观 | 各部件转子无变形、无变色、无损伤 | 目视 |
| | 6 | 螺栓 | 各安装螺栓齐全、螺母无松动 | 目视<br>手动 |
| | 7 | 各端子 | 端子无松动,各端子和接地间为 500 V,用兆欧表测量在 10 MΩ 以上 | 手动<br>测量 |
| | 8 | 蝶形弹簧装置 | 蝶形弹簧装置无损伤、疲劳等现象 | 目视 |
| | 9 | 轴承套 | 轴承套有无磨耗 | 目视 |
| | 10 | 垫圈 | 确认垫圈无裂痕等不良现象,如有裂痕更换 | 目视 |

# 参考文献


[1] 张有松,朱龙驹. 韶山4 型电力机车[M]. 北京:中国铁道出版社,2006.

[2] 丁菊霞,王凤臣. 电力机车机械部分[M]. 成都:西南交通大学出版社,2010.

[3] 崔晶,王冰. 电力机车总体及走行部[M]. 北京:中国铁道出版社,2012.

[4] 高伟,钟恩松. 电力机车构造[M]. 2 版. 成都:西南交通大学出版社,2019.

[5] 陈友伟,董亚男. 机车总体技术[M]. 成都:西南交通大学出版社,2015.

[6] 崔晶,张省伟. 电力机车总体及走行部[M]. 成都:西南交通大学出版社,2016.

[7] 江利国. 电力机车总体及走行部[M]. 3 版. 北京:人民交通出版社,2021.

[8] 蔡跃. 职业教育活页式教材开发指导手册[M]. 上海:华东师范大学出版社,2020.

[9] 中国国家铁路集团有限公司机辆部. 铁路机车概论[M]. 北京:中国铁道出版社有限公司,2022.

[10] 吴秀霞,于彦良. 内燃机车总体[M]. 北京:北京交通大学出版社,2022.

[11] 北京铁路局. HXN5 型内燃机车乘务员手册[M]. 北京:中国铁道出版社,2011.